유식삼십송

김성규(金成奎) 정명(淨名)

1955년 경주에서 태어남. 현 영남대학교 의과대학 교수
저서로는 고등학교시절부터 관심사였던 자연과학과 불교의 접목을 시도하여 불교의 연기론과
물리학의 상대론을 접목시킨 〈불교적 깨달음과 과학적 깨달음〉을 1990년에 처음 세상에 내 놓
았으며, 불교우화 백유경을 현대적 감각으로 해설한 〈부처가되는 100가지 방법〉, 불교의 진수
인 선불교에 대한 화두여행 〈화두〉, 〈이것이 불교다〉, 불교경전중 최대의 관심을 모으고 있는
금강경에 대한 해설서 〈마음은 보석〉, 우리말로 알기 쉽게 번역한 〈묘법연화경〉, 〈우리말 유마
경〉이 있으며, 과학과 불교의 접목 에세이 〈과학속의 불교, 불교속의 과학〉, 〈반야심경 강의〉,
부처님이 깨친 연기에 대한 내용과 체계와 구조를 설명한 〈부처님이 깨친 연기를 이야기하다〉,
〈2600년 불교의 역사〉, 〈금강경 강의〉, 〈부처님〉, 〈천수경강의〉가 있다. 또한 2년 동안 대구불
교방송에서 강의한 내용을 정리한 불교대특강(CD 108개 포함)이 있다. 2013년에는 관응스님
의 유식강의를 3여년의 작업을 걸쳐 〈관응스님 유식 대특강〉을 세상에 내 놓았다. 2014년에는
〈우리말금강경독송집〉를 편찬하였다. 2015년에는 〈우리말묘법연화경〉과 동영상 강의록을 발
간. 2016년에는 〈우리말육조단경〉과 동영상 강의록을 발간하였다. 2010년부터는 21세기 불
교의 페러다임을 구상하는데 주력하고 있다. http://www.tongsub.com을 치면 미래불교를 창
출하는 인터넷 불교 교육원 통섭불교사이버대학을 운영하고 있으며, 2013년에 이 모든 불교운
동을 아우르는 (사)통섭불교를 설립하여 격월간지 통섭불교, 통섭불교강의등을 통하여 불교활
동을 펼치고 있다.

유식삼십송

지은이 김성규
편낸이 심진희

초판 2쇄 인쇄 2023년 5월 23일
초판 2쇄 발행 2023년 5월 27일

등록번호 제2014-4호
등록일자 2014년 3월 18일

주소 대구시 남구 대명역1길 11
Tel (053) 621-2256, Fax (053)624-3559
E-mail tongsub2013@daum.net
       www.tongsub.com

값 35,000원

ISBN 979-11-953733-4-5 03220

유식삼십송

김 성 규 지음

통섭출판사

머리말

1970년 고등학교 시절 처음 불교를 접하면서 만난 반야
심경은 나의 영혼을 흔들어 놓았습니다.
30대 선에 미쳐 세상이 온통 선 천지였을 때(이 무렵 이
생 안 태어난 샘치고 참선하다 죽자는 '이뭣고 백년결사
운동'을 펼쳤습니다.) 대학시절에 본 구사론을 우연히
다시 한번 보게 되었습니다. 이때 구사론과 유식삼십송
을 보게 된 것은 정말 행운이었습니다. 유식을 통하여
선을 다시 볼 수 있게 된 눈이 열린 것입니다.
막연하게 찾아다녔던 견성의 세계에 대한 희미한 길이
보였습니다.

성동격서聲東擊西, 결국 유식을 통하여 선의 실체를 알
게 되었습니다.
법대를 공부하지 않은 사람이 사법고시에 합격할 수도
있습니다. 그러나 99%는 법학을 전공한 사람들이 사법
고시에 합격합니다. 우리의 인생을 1%의 우연에 맡길
사람은 없을 것입니다.
불교의 철학과 체계, 구조를 모르고 견성의 세계에 들어
간다는 것은 낙타가 바늘구멍으로 들어가는 것과 같은

1%의 우연에 우리 인생을 맡기는 것입니다.
유식에 대한 이해는 불교 철학의 체계와 구조를 이해하는데 가장 중요한 역할을 할 것입니다.

통섭불교원에서 2014년에 강의한 '유식삼십송'을 정리하여 책으로 다듬었습니다.
불교 세상을 열어 가는데 조금이나마 도움이 되었으면 합니다.

모든 유정을
이익 되게 하기 위하여.
보이지 않는 깨달음의 세계에 대한 인식으로 유정들을 행복하게 하기 위하여.

이 책을 감히 세상에 내 놓습니다.

2016년 8월 백중에
淨名 김성규

| 차 례 |

머리말

제1장 불교와 유식

제2장 아뢰야식, 이숙식

제3장 말나식, 사량식

제
1
장

불교와 유식

001 식의 전개와 유식의 바다

불교 이론 중에서 복잡하면서도 가장 묘미가 있는 가르침이 유식일 것입니다.

유식에는 생소한 언어가 많이 나옵니다. 그러나 말 자체가 어렵다고 내용이 어려운 것은 아닙니다.

유식이란 우리가 생각하고 일으키는 마음 작용들, 의식들의 총집합체에 대한 연구라고 생각하면 됩니다.

우리의 삶은 깨치는 것이 목적인데 마음에서 일어나는 모든 의식을 제대로 알아봄으로써 깨달음의 세계로 들어갈 수 있습니다.

마음작용, 심리 명상과 밀접한 관계가 있는 것이 유식이며, 유식을 제대로 알면 우리가 추구하는 목적지인 깨달음에 도착하기가 수월하지 않을까 싶습니다.

신라시대의 혜초 스님은 젊은 나이에 고국을 떠나 당

나라를 거쳐 서역 인도로 불교 유학을 갑니다. 지금으로 치자면 젊은 시절 미국으로 유학을 가서 최첨단 학문을 배우는 상황과 비슷하다고 할 수 있습니다.

인도에서 불법을 공부하면서 나이가 육십이 넘어 감회를 표현했던 글이 '고향 하늘 바라보며'라는 시입니다.

지금부터 약 천오백 년 전에 구법을 떠났던 한 구도자의 삶의 여정이 눈물겹습니다.

고향하늘 바라보며

혜초

달 밝은 고요한 밤에 고향 길 바라보니
뜬 구름은 너울너울 고향으로 돌아가네.
내 마음 가득 담아 구름에 띄우려하니
바람이 먼저 알고 구름이 비껴 가는구나.
내 나라는 하늘 끝 동쪽에 있고
나는 지금 땅 끝 서쪽에 있네.
해가 따가운 여기에는 기러기조차 없으니
누가 내 고향 계림에 소식 전해 줄거나.

고국을 그리워했던 혜초의 마음을 보고 불법에 대해 더욱 간절했습니다. 그 후 불교를 전법하겠다는 의지로

이 시를 연구실에 걸어 놓고 매일 읽었습니다.

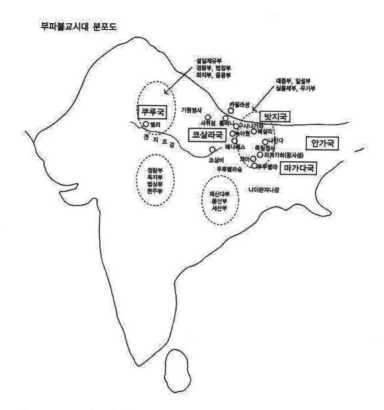

부파불교시대 분포도

지도를 보면 갠지즈 강 유역은 당시 인도 불교가 성했던 지역입니다

갠지스 강을 따라 마가다국에서 코살라국에 이르는 이 루트가 부처님께서 45년 동안 전법을 했던 곳입니다.

베살리, 코살라국 쪽에서 쿠루 국으로 올라오면 히말

라야 산맥의 오지가 있습니다. 부처님께서 깨친 연기인 불교교리를 완벽하게 체계화시킨 것은 코살라국 중심의 오지에서 형성된 설일체유부와 경량부입니다.

불교의 원천은 설일체유부이며, 이 내용을 가지고 요약, 정리한 것이 경량부입니다. 모든 불교의 원천은 설일체유부로 히말라야 깊은 오지에서 불교교리가 완성되었다는 것을 알 수 있습니다.

불교의 전파 지역은 전 인도를 포함하고 있습니다. 해변가를 따라 교통 요지에서는 대승불교가 일어났고 오지를 중심으로 상좌부 계통의 전통적인 불교가 성했습니다.

프로이트
- 지그문트 프로이트(Sigmund Freud, 1856-1939)
- 정신분석이론은 인간에 대한 결정론(determinnism)과 무의식(unconscious)
- 당면 문제에 대한 대처 방법 – 방어기제

현대 서양과학에서 인간의 정신에 대한 심리학을 최초

로 학문적으로 체계화시킨 사람이 독일의 지그문트 프로이트(1856~1939) 입니다.

"꿈의 해석"이라는 책이 유명합니다.

프로이트의 정신분석이론에서는 우리 인간에 대한 결정론과 무의식을 설명하고 있습니다.

결정론이라는 것은 인간의 삶은 어떻게 살려고 애를 써지만 그 노력에 상관없이 우리의 삶은 결정이 되어 있다는 것입니다.

그리고 프로이트의 무의식이란 우리가 일반적으로 일으키는 생각과 의식의 더 깊은 뿌리입니다. 프로이트는 무의식이란 용어를 처음으로 쓰면서 인간의 생각의 원천은 무의식에 있다고 했습니다.

결정론과 무의식은 누가 나를 비난하거나 공격했을 때 그에 대해서 방어기제를 가지고 있습니다.

이 방어기제는 곧 자기 합리화입니다. 공격에 대해 자기 합리화를 시켜서 '당연하게 그런 일들이 일어날 수 있겠구나.' 하고 받아들이면서 충격을 완화시키는 방법이 방어기제입니다.

프로이트의 정신분석학에서는 인간의 사고는 과학적이고 합리적이기보다는 자기 편리 한대로 결정을 하고 자기 주장대로 행위를 하는 비합리적인 것입니다. 프로이트는 우리의 삶이 결정되어 있는 존재로 가정하고 인간의 내면을 살펴보기 시작했습니다.

프로이트에 의하면 인간의 행동이란 기본적인 생물학적 충동과 본능을 만족시키려고 하는 욕망에 의하여 동기화되는 것입니다. 그래서 우리 인간들이 동물과 다를 바가 없으며 이 모든 생명의 뿌리는 충동과 본능을 만족시키려고 하는 욕구에 의해서 행위, 행동이 동기화됩니다.

불교 용어로 표현한다면 근본적으로 가장 선하지 못한 의식인 탐심 진심 치심이 있습니다.

치심은 바른 것을 보지 못하는 상태에서 어리석음이 발동하는 것입니다. 그 치심에서 나누어진 것이 탐심과 진심입니다. 탐심이라는 것은 물질적인 탐욕이며, 진심이라는 것은 감정적인 탐욕입니다.

프로이트는 생물학적인 충동과 본능(우리 인간들이 갖고 있는 본능 욕구인 감정적인 진심)을 인간들이 갖고 있는 뿌리라고 여기고, 그 진심을 충족시키기 위해서 인간들의 행위가 발동한다고 생각했습니다.

결국 이 문제는 본질적으로 접근하면 똑같습니다.

충동적이고 감정적인 본능에 충실하려는 그 마음을 제어하고 수련하여 빛으로 바뀌게 해야 합니다.

또 프로이트에 의하면 인간들의 모든 행위는 충동과 본능에 준하여 일어난다고 합니다. 인간은 출생에서 5세 사이의 어린 시절에 경험한 무의식 속에서 잠재되어 있는 심리 성적인 사건들에 의하여 결정되는 존재라고 했습니다.

인간의 삶이 5세 이전의 어린 시절에 모든 것이 결정된다고 한 것은 인간의 가장 기본적인 속성이 충동적인 본능이라는 생각에서 출발한 것입니다.

서양의 심리학은 프로이트로 시작해서 칼 융의 분석심리학 쪽으로 들어가면 훨씬 더 폭넓게 전개되면서 과학적으로 체계화됩니다.

불교에서 인식하는 것은 안이비설신의의 6식입니다. 불교에서는 의식을 더 세분화해서 6식, 7식 그리고 새로운 삶과 새로운 행위의 씨앗이 되는 8식 아뢰야식으로 나누었습니다.

프로이트가 생각하는 일상적으로 행하는 행위는 의식이고 이 의식의 뿌리가 되는 것은 무의식이라고 했습니다. 무의식은 말나식인 제7식에 해당합니다.

그래서 뿌리인 제8식 아뢰야식까지 생각하지 못한 상태에서 심리학을 공부하고 있는 것입니다.

서양의 심리학을 아무리 공부해도 유식을 따라갈 수 없는 이유는 우리가 갖고 있는 제7식으로부터 시작하여 체계화된 것이기 때문입니다.

우리의 정신을 빙산에 비유하면 9/10 정도가 물속에 잠겨 있는 빙산과 같은 무의식의 세계입니다. 또 1/10

은 현실에 나타나는 의식으로 빙산의 일각이 세상에 드러나 있는 것과 같습니다. 물 표면에 떠 있는 작은 부분이 의식이고 물속에 잠겨 있는 큰 부분이 무의식입니다. 의식과 무의식의 중간 경계 부분에 있는 것을 전의식이라고 합니다. 그런 빙산에 파도가 치면 어떻게 됩니까? 그 빙산에 파도가 올라갔다 내려왔다 합니다.

어떤 경우에는 전의식 부분이 무의식이 되었다가 의식이 될 수 있습니다. 그래서 파도가 치는 경계 부분인 전의식 아래에 잠겨 있는 그 부분을 무의식이라고 합니다.

불교에서 제 6식 제 7식 제 8식을 이야기할 때 제 6식인 의식은 한 개인의 감각기관을 통해서 인식하는 모든 행위와 감정입니다.

전의식은 이용 가능한 의식으로 의식의 부분은 아니지만 주위를 집중하면 의식으로 떠올릴 수 있습니다. 평소에는 무의식이지만 잘 활용하면 의식으로 써먹을 수 있습니다.

무의식은 개인의 의식으로 떠 올릴 수 없는 생각이나 감정들을 포함하며 감각기관으로 인식할 수 없는 마음 깊은 곳에 감추어진 정신세계입니다. 본능, 열정, 억압된 관념, 감정 등이 잠재되어 있습니다.

유식의 제 7식에 해당하는 것을 프로이트는 무의식으로 표현했습니다.

프로이트의 심리학, 정신분석학은 우리의 세계를 단순한 의식의 세계에서 무의식의 세계까지 확장하고, 이 무의식의 어마마한 보고가 결국은 우리가 살아가는 의식의 뿌리가 된다는 것입니다.

2000여 년 보다 더 전에 체계화시켜 놓은 불교의 유식에서 제 7식 말나식에 대한 의견이 서구에서는 프로이트를 통해 출발합니다.

프로이트는 모든 정신 과정이 무의식으로부터 기원하기 때문에 무의식을 가장 중요한 의식 수준이라고 보았습니다.

우리가 갖고 있는 모든 의식은 무의식에부터 출발한다고 생각한 것입니다. 유식으로 넘어가면 의식의 뿌리는 무의식보다 더 깊은 뿌리인 제 8식 아뢰야식부터 출발합니다. 유식에는 무의식을 넘어서 더 깊은 의식의 뿌리가 있는 데 거기서부터 우리는 출발하는 것입니다.

방어기제는 쉽게 표현하면 자기 합리화입니다. 스트레스를 받았을 때 이에 대처하는 방법으로 문제를 직접 다루어 가는 방법과 스트레스에 수반되는 부정적인 정서를 완화시키는 방법 두 가지가 있습니다.

내가 어떤 스트레스를 받았다면 그 스트레스를 직접 다뤄 해결하는 방법이 있고, 또 하나는 '원래 나만 안 그러면 되지.' 하면서 스스로 자기 합리화를 하여 그 스트레스를 완화시켜 가는 방법이 있습니다. 이것이 바로 인간들이 가지고 있는 방어기제입니다.

어떠한 상황에 부딪치면 거의 다 이 두 가지로 해결합니다.

이 방어기제는 내가 의도적으로 어떻게 하겠다 하여 만들어지는 것이 아니라 그냥 무의식 속에서 자기 합리화를 하여 자연스럽게 이루어지는 것입니다.

다시 말해서 우리가 의식을 결정하는 더 근원적인 것은 무의식에서 다 일어납니다. 자아를 성공적으로 방어하기 위해서는 자기 스스로를 속이고 자기합리화 하는 것을 모르고 있어야 됩니다.

그러나 순간적으로 자기합리화에 성공하여 스트레스로부터 모면할 수는 있을지 몰라도 결과적으로는 도움이 안 됩니다.

왜냐하면 시간이 지나면 자기 합리화를 했다는 것을 스스로 알기 때문입니다. 그때는 후회와 같은 다른 정서가 일어나게 됩니다. 어쨌든 인간은 근본적으로 이렇게 방어기제를 가지고 있습니다.

인도에서 오천 년 전부터 지금까지 내려왔던 수행방법이 요가와 선입니다.

yama라는 말은 보통 행위를 제어하는 계율을 말하며

요가와 선

1. yāma ▶ (행위를 제어하다) ▶ 계율
2. niyāma ▶ 권하다 ▶ 권하는 계율
   → 윤리적 수련
3. āsana ▶ 있다 ▶ 있는 방법
4. pranayāma ▶ 호흡을 금한다 ▶ 호흡조절
5. pratyahāra ▶ 감정조절 → 육체적 수련

규칙적인 행동을 하면서 우리의 행위를 제어하는 것을 말합니다. niyama는 계율 요가를 통해서 윤리적 수련을 하는 것입니다.

asana는 있는 방법이고 pranayma는 호흡을 금한다는 말로 호흡을 조절하는 것입니다. 호흡을 조절함으로써 궁극적인 본질에 들어가는 수련 방법입니다. pratyahara는 감정을 조절하여 육체적인 수련까지 하는 과정입니다.

이것을 바탕으로 좀 더 깊게 집중하는 것이 다라나 dharana입니다. 집중하는 것을 선으로 표현합니다.

집중된 상태를 유지하는 것을 선이라고 합니다. 호흡의 조절을 통해서 정신을 집중하고, 정신을 집중하는 것

6. dharana ▶ 집중
7. dhyāna ▶ jhana → 선禪 ▶ Zen
   → 집중된 상태를 유지
   a가 빠지고
8. samādhi ▶ 참된 자기를 드러낸다
   자기가 배제된 상태

을 지속적으로 유지하는 것이 요가를 통한 선이 됩니다. 집중된 상태를 유지하면 현상적으로 자신이라고 생각하는 것이 배제된 그곳에 참된 자신이 드러나는 것입니다.

요가와 선

▶ vipassanā 관법觀法

▶오온 : 색수상행식
• 색(물질작용) • 수(감수작용) • 상(표상작용)
• 행(행위작용) – 내면에 있는 모든 유지작용
• 식(분별작용)

• aññā 안냐 (깨달음의 경지에 있음)

이것이 위빠사나 즉 관법입니다.

이 vipassana 관법은 오온인 색수상행식을 통해서 색인 육신과 수상행식의 정신을 관찰하는 것입니다. 이 관찰의 구체적인 내용들이 유식을 이루고 있는 내용입니다.

색수상행식을 있는 그대로 봅니다. 있는 그대로 보면 무아, 즉 내가 눈에 보이는 전부가 아니더라는 것을 알게 됩니다. 현상적으로 이루고 있는 것들이 내가 아니라는 것을 알게 됩니다. 내가 아닌 것은 정신을 집중한 상태로 지속적으로 유지하면 그런 현상들이 나타납니다. 이렇게 일상의 수행을 통하여 깨달음에 이르게 되는 것이 초기불교의 관점입니다.

일상수행을 열심히 하다 보면 그 결과로 어떤 계기가 되어 깨달을 수 있다는 것입니다.

Sati

- Sati ▶ 념念
- 행의 작용을 다스리는 것
- 이때 행의 작용은 탐, 진, 치
- 개인적인 메카니즘이지만 탐진치가 일어 나는 것은 관계 속의 문제이다.

sati 일으키는 생각입니다. 념이라는 것은 행의 작용을 다스립니다. 이때 행은 념을 통해서 탐 진 치를 다스립니다.

내 속에 탐 진 치가 들어 있을 때는 크게 문제가 되지 않습니다. 어떤 것이든 내 안에 들어 있을 때는 크게 문제가 되지 않습니다. 하지만 내가 다른 사람과 관계가 발생하게 되면 서로가 갖고 있는 탐 진 치가 부딪혀 상처가 됩니다. 그러므로 탐 진 치는 관계 속에서 생기는 문제입니다.

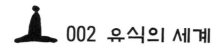# 002 유식의 세계

   존재에 대한 구체적인 인식은 유식을 통하여 성립됩니다. 우리 마음이 평생 살아가며 일으키는 모든 생각이 유식입니다.

유식

- 유식 – vijnaptimatrata, 인식은 마음이 나타난 것
1. BC 2세기 중반경 – 가티야야니 푸트라가 "발지론"을 저술하여 설일체유부의 교의를 완성함.
2. 카니시카왕대(재위기간 129 – 152)에 "발지론에 대한 주석서 "대비바사론"이 편찬되었음.
3. 바수반두(세친)이 방대한 "대비바사론"를 체계적으로 정리 요약하여 "아비달마구사론"을 저술함.
4. abhidharma
   abhi – '... 에 대한' '.... 로 향한'
   dharma – '법' → 법을 연구하는, 법을 분석하는

약 2세기 중반에 가티아야니푸트라가 발지론을 저술하

여 설일체유부의 교리를 완성합니다. 부처님의 연기 교리가 BC 2세기경에 체계화됩니다. 카니슈카왕대에 발지론의 대한 주석서인 대비바사론이 편찬됩니다. 깨친 자 500명의 아라한을 모아 놓고 수십 년에 걸쳐 대비바사론이 편찬됩니다.

구사론의 전설

- 설일체유부 – 카쉬미르국
- 유부의 성전 〈대비바사론〉 200권
- 바샤수바드라의 이야기
- 아요디야(중인도 북쪽)국의 법사
- 카쉬미르국에 잡입하여 12년 동안 배움
- 세번 탈출 시도 – 신들에게 걸림
- 네번째 탈출 성공 – 〈대비바사론〉이 세상에 알려짐

우리가 공부하는 유식의 원천이 구사론입니다. 바샤수바드라아는 대비바사론이라는 책이 카쉬미르국에만 한정되어 있다는 것에 불만을 품고 전 세계에 대비바사론을 전파하기 위해 카쉬미르국에 갑니다.

그래서 12년 동안 대비바사론 200권을 토시 하나 안 틀리고 다 외워 세 번의 탈출을 실패 하고 결국 바보 연기를 하여 탈출에 성공합니다. 바샤수바드라아의 노력에 의해

대비바사론이 인도의 다른 곳에도 전파된 것입니다.

세친은 구사론을 지었던 사람입니다

세친은 대비바사론을 600일 동안 강의하면서 하루에 한 게송 씩 지어 200권에 달하는 대비바사론을 600송으로 축약하는 데 성공합니다.

부처님의 초기 경전에서는 12처 18계 5온이었던 것이 구사론에서는 5위 75법으로 표현합니다. 우리가 공부하려고 하는 유식 30송에서는 5위 100법을 이야기합니다. 100법은 75법을 조금 더 자세히 나눈 것입니다.

우리가 보고 있는 모든 것이 마음입니다. 눈을 통해 대상을 볼 때 다 똑같은 생각을 일으킵니까? 사람마다 대상을 보는 순간 다 다른 생각을 일으킵니다. 눈을 통해서 대상을 보는 것이 안식입니다. 그 안식이 결부되어

존재
- 중관학 – 무자성
- 유식학 – 변계소집성, 의타기성, 원성실성
- 유식사상 – 색심호훈설(만물은 진여가 오염되어 일어난다)
- 변계소집성(遍計所執性)– 분별성
  인과 연에 의하여 일어나는 현상 – 경계
- 의타기성(依他起性)– 의타성
  인과 연이 일어나는 원인 – 존재
- 원성실성(圓成實性)– 진실성

일으키는 생각이 의식입니다.

우리는 마음을 어떻게 일으키느냐에 따라 다른 의식을
일으킵니다.

우리의 마음은 변계소집성, 의타기성, 원성실성으로
표현할 수 있습니다.

변계소집성은 인과 연의 관계에 의해 일어나는 현상인
경계입니다.

의타기성은 인과 연이 일어나는 원인입니다.

원성실성은 존재의 본질을 가리킵니다.

변계소집성

- 정(고락)은 있으나 이치(본성)가 없음.
- 중생이 태어나서부터 죽을 때까지 쓰는 마음.

- 산속에 선비와 사냥꾼, 바람둥이가 걸어가는데
  예쁜 여자가 튀어나와 허겁지겁 가는데 옷이 헝
  클어져 있는 상황임.

변계소집성은 정(고락)은 있으나 이치(본성)는 없습니다.

중생이 태어나서 죽을 때까지 쓰는 마음이 변계소집성

입니다. 변계소집성의 뿌리는 의타기성이고 머릿속에서 일으키는 모든 생각이 변계소집성에 속합니다.

예를 들어 봅시다. 산속에서 선비와 사냥꾼과 제비족이 걸어가고 있었습니다. 그들이 길을 가는데 어떤 예쁜 여자가 옷이 흐트러진 상태에서 허겁지겁 튀어나왔습니다. 이 상황에서 사냥꾼, 선비, 제비족이 일으키는 생각이 다 다릅니다.

선비는 '막되 먹은 여자구나.'고 생각했고

제비족은 '저 것 또 웬 남자하고 정을 통하고 튀어나오는구나.' 생각합니다.

사냥꾼은 '산 속에 짐승들이 많은데 나물 캐다 짐승을 만나 정신 없이 저렇게 튀어나오는구나.'고 생각합니다.

모두 자기 관점에서 이 여자를 말하는 것입니다.

실제로 이 여자는 약초를 캐러 갔다가 약탕관에 약을 올려놓은 것을 깜빡하고 있다가 정신 없이 집으로 달려가는 상황이었던 것입니다. 단지 급하게 숲에서 튀어나왔을 뿐이었습니다.

각자 생각 속에서 그 여자를 생각하는 것입니다. 바로 그 일으키는 생각들이 변계소집성이라고 합니다.

자기 의식으로 일으키는 생각이 바로 변계소집성입니다.

또 이런 예가 있습니다. 어떤 사람이 산속을 지나가는데 새끼줄이 하나 있었습니다. 그런데 얼핏 보니 뱀 같아서 순간적으로 깜짝 놀랍니다. 새끼줄을 뱀으로 보고 일으키는 생각이 변계소집성입니다.

 다시 여자와 세 사람의 이야기로 돌아가서 여자의 상태는 의타기이고, 그 여자를 보고 일으키는 그 생각은 변계소집입니다. 결국 변계소집성이라는 것은 우리가 일으키는 생각이며 인과 연에 의하여 연을 보고 부딪쳐서 일어나는 현상 세계입니다.

의타기성
- 여기 금목걸이가 있다.
  → 금목걸이라고 보는 사람들에게는 금목걸이로 가치를 가진다.(변계소집성)
- 금목걸이의 개념 욕구가 없을 때
  → 금밖에 없는 나라에서는 장난감이다
▶ 주관적으로는 실재하지 않지만 객관적으로는 실재한다.
  → 원인과 결과에 의해서, 즉 금을 가지고 돈을 벌려고 하는 욕심에서 금목걸이를 만들었다

 의타기성이란 변계소집성의 인과 연이 일어나는 원인입니다. 변계소집성의 원인입니다. 만약 여기에 금목걸이가 있다고 했을 때 그 금목걸이에 대해서 사람들마다 가치를 매기는 것이 변계소집성이고, 인연에 의해 만들

어진 금목걸이 자체는 의타기성이고, 금의 본질은 원성
실성이 됩니다.

원성실성
• 원래 금이었던 금에 대한 인식
• 본래 성품
• 원래 없는 것을 있다고 생각하는 것을 인식하여 아
  는 것 – 변계소집성의 바른 조망, 변공
• 객관적인 실상은 인연이 있을 때만 존재한다는 것
  을 인식하여 아는 것 – 의타기성에 대한 조망, 의공
• 마음의 본래 모습을 인식하여 아는 것 – 원성실에
  대한 조망, 원공, 진공

원성실성은 본질입니다.

우리는 유식을 통해서든 어떤 불교 공부를 통해서든
원래 성품인 본질을 찾아야 합니다.

선불교에서 가장 화려했던 당 송 시대를 장식한 선사
들 중 한 사람이 조주입니다. 어떤 선사가 조주를 찾아
와서 '부처가 무엇입니까?'라고 묻자 조주가 '뜰 앞의 잣
나무니라.'라고 대답했습니다.

우리는 '뜰 앞의 잣나무니라.'를 들었을 때 나름대로 자
기 생각을 일으킵니다. 우리는 나름대로의 판단으로 분
별심을 일으켜 생각을 합니다.

우리는 어떻게 마음을 일으켜 답을 할까요? 변계소집성, 의타기성에 의해 모두 다른 생각을 일으킵니다. 그러나 원성실성, 본질에서 나오는 답은 조주가 했던 답과 본질적으로 같습니다.

위에서 일어나는 현상은 다 다르지만 뿌리에서 나오는 답은 같습니다.

변계소집성, 의타기성에서 일으키는 답은 다 다르지만 원성실성에서 하는 답은 똑같습니다.

그렇다면 이 답이 어떻게 다 같을까요? 본질을 보게 되면 모든 것을 있는 그대로만 보게 됩니다. 자신이 갖고 있는 업에 의하여 영향을 받지 않습니다.

눈을 뜨고 이 강의실을 있는 그대로 보는 것이 깨친 상황입니다. 예를 들어서 박은 여기 있고 최는 구석에 있다고 합시다. 부처가 무엇인가 물었을 때 '박은 여기에 있다' '최는 구석에 있다' 했을 때 두 답은 다 맞습니다. 이것이 조주의 답입니다.

내가 원성실성으로 그 답을 하면 조주의 '뜰 앞의 잣나무'와 같은 정답을 할 수 있습니다. 이것이 앞으로 우리가 유식을 공부하면서 알아야 할 부분입니다.

깨달음의 세계를 적절히 표현한 진공묘유라는 말이 있습니다. 본질인 본래 성품은 아무 것도 없는데 여기에서 끝도 없이 모든 것이 나옵니다. 이것들이 바로 묘

유입니다. 이 세상의 모든 것이 진공에 의거한 묘유에
속합니다.

　유식을 공부하면서 본질적으로 나아가야 될 것은 깨달
음의 세상에 도달하는 것입니다.

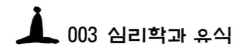 # 003 심리학과 유식

　마음에서 일어나는 모든 것을 유식의 입장에서는 어떻게 표현할 수 있을까요? 유식의 문제를 현대 과학에서는 심리학과 연결시킬 수 있습니다. 그럼 심리학과 유식은 어떤 차이가 있을까요.

심리학과 유식
- 심리학과 유식의 차이
- 자신의 주관적인 의도 → 사물에 대한 판단
- 탁자가 있다
  안(볼뿐), 이(들을 뿐), 비(냄새를 맡을 뿐)
  설(맛볼 뿐), 신(감촉 뿐)
▶ 의 (좋다, 싫다 판단, 분별)
▶ 의가 개입되지 않는 무심
  무심 – 본질을 본다, 공이다, 직지인심

심리학은 일반적으로 우리 마음에서 일으키는 의식,

무의식을 체계화한 것입니다. 유식은 우리가 일으키는 모든 의식을 총 정리한 것입니다. 현대 심리학은 아무리 공부해도 우리의 본질을 이해하기 힘듭니다. 하지만 유식에서는 우리의 깊은 본질을 알 수 있습니다.

 모든 의식은 자신의 주관적인 의도에서 나옵니다. 어떤 사물을 보면 그 순간 눈을 통해 볼 뿐인데, 보고 난 다음 판단하는 것은 의식입니다. 예를 들어 탁자를 봅시다. 탁자를 보고 우리는 모두 각자의 생각으로 판단합니다. 학교 다닐 때 선생님이 생각난다거나, 옛 짝꿍을 떠올린다거나, 탁자 때문에 친구와 싸웠던 일 등 각자 나름대로 생각을 일으킵니다. 단지 눈은 대상을 볼 뿐이고 귀는 대상을 들을 뿐이고 코는 대상의 냄새를 맡을 뿐이고 혀는 대상의 맛을 볼 뿐이고 몸은 대상의 감촉을 느낄 뿐입니다. 이런 것들에 대해 좋다, 싫다, 나쁘다 등의 판단은 모두 의식이 하는 것입니다. 안이비설신 뿐인 여기에 내 속에 들어있는 어떤 의식과 결부되어 내가 판단을 일으킵니다. 그에 반해 내 의식과 결부되지 않고 (응당 소所에 머무르지 않고 그 마음을 일으키는 것) 어떤 생각을 일으킨다면 그것을 무심이라고 합니다. 우리가 도를 깨친 사람을 보고 무심 도인이라고 합니다. 유식 속에는 유심과 무심이 다 들어있습니다. 깨닫지 못한 상태에서 일으키는 마음과 깨달은 마음에서 일으키

는 마음이 전부 포함되어 있습니다. 이 문제에 대해 좀
더 접근하기 위해 깨달음의 본질은 무엇인가를 알아 보
겠습니다.

깨달음의 본질
- 교외별전 – 경전 밖에 따로 전하니
- 불립문자 – 판단과 분별, 생멸심
  현량 – 전오식, 아뢰야식(제8식)
  비량 – 의식(제6식), 말나식(제7식)

- 직지인심 – 본질의 마음
- 견성성불 – 본래 성품을 보아 부처되다

깨달은 마음을 가장 집약적으로 표현한 말이 교외별
전, 불립문자, 직지인심, 견성성불이라고 할 수 있습니
다. 우리는 부처가 되기 위해서 열심히 공부하는데 무
엇이 부처인가요? 우리의 마음을 바로 볼 수 있는 그 상
태가 부처입니다. 그렇게 하기 위해서는 우선 교외별전
을 알아야 합니다. 부처님께서 도를 얻으시고 45년 동
안 법을 설하셨습니다. 45년 동안 법을 설하신 그 내용
이 지금 우리가 공부하고 있는 84000이나 되는 경전입
니다.

교외별전이란 깨달음의 본질을 경전 밖에서 따로 전했다는 말입니다. 실질적으로 언어를 통해 본질을 나타낼 수 없다는 것입니다. 예를 들어 병원에서 진료를 받으면 의사 선생님이 처방을 해줍니다. 그런데 우리가 그 처방전만 쳐다보면 병이 낫습니까? 그 처방전을 가지고 약을 먹어야 병이 낫습니다. 경전은 처방전일 뿐입니다. 부처가 될 수 있는 방법은 설명했을지 몰라도 그것 자체로 부처가 될 수 없다는 말입니다. 84000이나 되는 경전은 단지 부처가 되는 방법을 설명해놓은 것뿐입니다. 경전 자체는 부처가 아닙니다. 본질은 경전으로 전할 수 없습니다.

그 다음은 불립문자입니다. 불립문자란 문자를 세우지 않는다는 말입니다. 인간이 위대한 업적을 낳을 수 있게 한 것은 기호 언어를 발달시켰기 때문입니다. 한국에서 태어난 사람들은 한국어를 할 수 있습니다. 그러나 한국어를 아무리 잘 해도 미국에 가면 미국 사람들은 못 알아 듣습니다. 이와 같이 언어는 지역성을 가집니다. 그 지역에 태어나서 그 언어를 사용하기 위해 익힌 사람은 알 수 있지만 다른 지역에 태어난 사람들은 알 수 없습니다. 그러나 수학 문제는 한국 학생이 풀어내나 미국 학생이 풀어내나 답은 같습니다. 이 기호 언어는 세계 만국 언어입니다. 수학이라는 기호 언어는 어떤 내용이든 세계 어느 나라에서 전부 통용됩니다. 수학을 바탕으로 모든 지역의 문화가 누적됩니다. 이렇게 인류를 급속도로 발달시킬 수 있었던 것이 바로 기호 언어입니다. 어떤 언어든 분별과 판단을 합니다. 결국 분별, 판단이 우리로 하여금 생멸심을 일으킵니다. 언어를 통해서 받아들이는 모든 것은 생멸심을 일으키기 때문에 본질적인 것이 아닙니다.

여기서 현량과 비량이라는 중요한 내용이 나옵니다. 현량은 있는 것을 있는 그대로 받아들이는 것입니다. 몸 가운데 안이비설신 이 다섯 가지가 현량입니다. 비량은 있는 것을 있는 그대로 받아들이는 것이 아니라 자기 주관대로 받아들이는 것입니다. 보는 것과는 다르게 받아들이는 것입니다. 우리들은 나름대로 일으키는 생각이 제각각 다릅니다. 이것은 모두 비량입니다. 우리가 감각기관을 통해 무언가를 받아들이는 순간 받아들이는 것은 같지만 받아들여 분별하고 판단하는 것은 다 틀립니다.

제6식 의식, 제7식 말나식은 비량입니다. 제6식 의식, 제7식 말나식에서는 전부 다르게 판단합니다. 자기 속에 누적된 것으로 대상을 판단합니다. 즉 대상과는 아무 상관없이 자기 속에 저장된 업으로 대상을 판단하는 것입니다. 예를 들어 누가 마음에 든다는 것은 그 사람이 마음에 드는 것이 아니라, 자기가 갖고 있는 업에 의해 그 사람이 좋을 뿐입니다. 자기의 업에 맞는 것입니다. 그 사람과는 아무 상관없습니다. 세상의 모든 존재는 그냥 있을 뿐인데 우리가 좋다, 싫다 하는 것은 모두 본인의 생각에 불과합니다. 유식에 나오는 전5식, 6식, 7식, 8식을 현량, 비량으로 나누어보면 현량은 전5식과 제8식이고 비량은 제6식과 제7식입니다. 의식의 모든 분별과 판단은 다르기 때문에 비량입니다. 그러나 바다의 깊은 속과 같은 아뢰야식, 본질로 내려가면 다 똑같습니다.

어떤 사람이 조주에게 '부처가 무엇인가?' 묻자 '뜰 앞의 잣나무'라고 했습니다. '뜰 앞의 잣나무'라고 했던 말을 제6식 의식과 제7식 말나식에서 생각하면 전부 다릅니다. 그러나 제8식 아뢰야식에서 생각하면 그 답은 똑같습니다. 조주가 했던 말이나 다른 누군가 했던 답도 전부 같을 수 밖에 없습니다. 현량이기 때문입니다. 깨치고 도를 이루고 나면 화두의 모든 답이 같습니다. 같다는 것은 정답입니다. 하지만 같다고 해서 모두 같은 답이 아닙니다. 조주가 '뜰 앞의 잣나무'라고 했어도 비량인 사람이 '뜰 앞의 잣나무'라 하면 답이 아닐 수 있습니다. 가장 큰 문제는 모든 것을 자기 기준으로 판단하는 것입니다. 이것은 있는 것을 있는 그대로 보는 것이 아닙니다. 자기 기준 속에서 잘 했다, 못했다가 판단됩니다. 사람들은 똑같은 사건을 가지고 다르게 판단합니다. A와 B가 싸웠을 때 내가 A와 친하다고 합시다. 그러면 아무리 똑같은 이야기를 듣더라도 나는 A에게 마음이 쏠려 A가 좀 더 잘 했다고 판단하기 쉽습니다. 만약 B와 가깝다면 B가 맞다고 판단하기 쉽습니다.

하지만 진리, 본질은 어떻게 보더라도 다 같습니다. 예를 들면 6x6이 36이고 7x7이 49인 것은 어떻게 해도 모두 맞습니다. 이와 같이 진리, 본질은 비량이나 현량

유식이야기

이 논서를 짓는 이유
1. 두 가지 공에 대하여 미혹하고 오류가 있는 자로 하여금 바르게 이해하도록
2. 두 가지 무거운 장애(번뇌장, 소지장)를 끊게 하기 위하여
 * 자아와 법에 대한 집착 때문에 – 두 가지 공을 증득하면 장애도 따라 끊어진다.
3. 장애를 끊고 나면 두가지 과가 생긴다
 – 열반과 보리를 얻기 위해서 이다.

의 눈으로 보나 전부 같습니다.

유식 30송을 지은 첫 번째 이유는 두 가지 공에 대하여 미혹하고 오류가 있는 사람을 바르게 이해시키기 위해서입니다. 공은 깨친 마음, 본질입니다. 공을 잘못 이

해하면 무기공과 악취공에 빠지게 됩니다. 우리의 생각은 끊임없이 평화롭고(적적) 살아 있어야(성성) 하는데 무기는 아무 생각도 없는 것입니다. 멍청하게 아무 것도 안 하는 상태입니다. 우리가 TV를 볼 때의 상태입니다. 한 군데 집중하는 것이 아니라 아무 생각 없이 그냥 가만히 있는 것입니다. 악취공은 악취를 풍기듯이 잘못된 생각에 빠져 있는 것입니다. 공견(잘못된 생각), 공병(잘못된 생각으로 인한 병)의 위험성에 빠진 것입니다. 공을 잘못 파악하고 있는 것입니다. 자신에 대한 잘못된 생각에서 무기공이 생기고 대상, 세상에 대해서 잘못 이해하는데서 악취공이 생깁니다.

두 번째 이유는 두 가지 무거운 장애인 번뇌장과 소지장를 끊게 하기 위해서입니다. 우리는 끊임없이 번뇌 망상을 일으킵니다. 내가 일으키는 번뇌망상은 번뇌장이고 대상에 의해 일어나는 번뇌 망상은 소지장입니다. 부처가 될 때 나는 비교적 제도하기 쉽습니다. 하지만 대상을 비롯한 모두를 깨닫게 하고 바로 이해시키는 것은 훨씬 어렵습니다. 우리가 견성을 하려면 번뇌장과 소지장을 해결해야 합니다. 대부분 견성했다고 하는 것은 번뇌장만 해결된 상태고 소지장은 해결되지 않은 상태입니다.

세 번째 이유는 열반과 보리를 얻기 위해서입니다. 자아와 법에 대한 두 가지 공을 증득하면 장애도 따라 끊어집니다. 공을 터득하게 되면 그에 따라 내가 일으키는 모든 번뇌 망상도 소멸됩니다. 장애를 끊고 나면 두 가지 과가 생깁니다. 바로 열반과 보리입니다. 열반과 보리를 얻으면 끊임없는 지혜, 자비로움, 평화로움이 내 삶 속에서 이루어집니다. 견성성불을 요즘 말로 표현하면 자유와 평화라고 할 수 있습니다. 우리는 항상 자유와 평화 속에 있지 않습니다. 관계 속에서 조금만 부딪히면 내 마음에 있는 자유와 평화가 무너져버립니다. 어떠한 상황에서도 자유롭고 평화로움을 유지할 수 있는

유식이야기2
4. 번뇌를 끊음으로 참다운 해탈을 증득한다.
5. 소지장을 끊음으로써 큰 깨달음을 증득한다.
6. 유식에 미혹한 자에게 두 가지 공을 통달함으로써 유식의 궁극적인 진리에 대하여 사실 그대로를 알게 하기 위해서이다.
7. 잘못된 집착들을 없애고 유식의 심오하고 미묘한 도리 속에서 참된 지혜를 얻게 하기 위해서

것이 깨친 자의 과보입니다.

번뇌를 끊음으로 참다운 해탈을 증득합니다. 왜 우리는 유식을 공부합니까? 내가 자유롭게 되고 내가 평화

롭게 되는 해탈이 목적입니다. 번뇌를 끊으면 해탈을 증득 할 수 있습니다. 미혹한 자에게 유식의 궁극적인 진리를 사실 그대로 알게 하기 위해서 이 유식을 설명합니다. 잘못된 집착들을 없애고 유식의 심오하고 미묘한 도리 속에서 참된 지혜를 얻게 하기 위해서 입니다. 잘못되어 있는 것을 바로 봄으로써 번뇌장과 소지장을 끊고

주리반특

1. 주리반특(쭐라빤타까, Culla Pantaka) 이야기
• 마음전개에 능숙한 제자들 가운데 으뜸
• 빗자루를 주며 절 마당을 깨끗하게 쓸어라
• 주리반특은 어느 날, 〈부처님께서 내게 빗자루를 주신 것은 정사를 쓸라는 것으로 그친 것이 아니라, 내 마음의 번뇌를 쓸라는 것이었구나〉 하고 마음의 티끌도 함께 쓸어냈습니다.
• 주리반특은 마음이 청정(淸淨)하게 맑아지면서 아라한(阿羅漢)이 되었습니다. 부처님께서는 즉시 주리반특이 아라한이 된 것을 아시고 찾아와 〈빗자루는 어떻게 했느냐?〉고 물었다.
• 주리반특은 〈제 마음의 먼지를 쓸어냈습니다〉라고 대답했다.

진리에 들어가야 합니다.

 주리반특은 부처님 당시 수행자 중 한 명입니다. 인도어로 꿀라빤타까라고 하는데 천민 출신이었습니다. 형도 출가하고 주변 사람들이 출가하니까 따라 출가합니다. 그런데 시간이 지나 형이나 다른 친구들은 부처님의 말씀을 잘 외우는데 주리반특은 듣고 나오면 다 잊어버

립니다. 그래서 아무것도 외우지 못하는 주리반특은 주변 사람들의 놀림감이 됩니다. 주리반특은 '나는 좋다고 따라서 출가했는데 차라리 출가 전 청소하며 살았던 삶이 훨씬 좋은 것 아닌가.'라고 생각합니다. 그 후 부처님을 찾아가서 말합니다. "부처님 저는 다시 마을로 돌아가겠습니다." "왜 그러느냐?" "저는 여태껏 절에 있었지만 부처님 말씀 한 구절도 제대로 외우지 못했습니다. 그래서 주변 사람들에게 놀림당하며 사는 것보다 마을에 돌아가서 여태껏 살았던 대로 사는 것이 훨씬 편하고 좋을 것 같습니다." "출가하기 전에 무엇을 했는가." "청소부였습니다." "그래 그럼 이왕 마음먹은 거 한 달만 내가 시키는 대로 하고서 내려가거라." 주리반특이 생각할 때 지금 내려가나 한 달 후에 내려가나 별 차이가 없었습니다. 그래서 부처님 시키는 대로 하기로 합니다. 부처님은 "오늘부터 아무것도 하지 말고 청소만 해라."고 합니다. 주리반특은 자신이 잘 하던 것을 시키자 신이 났습니다. 주리반특이 청소한 후에는 절이 매우 깨끗해집니다. 주리반특은 청소를 하면서 부처님께서는 왜 청소를 시켰을까 생각합니다. 마침내 '아! 내 마음을 깨끗이 하게 하려고 시키신 것이구나.'하며 부처님께서 청소를 시키신 이유를 깨달았습니다. 마음의 번뇌를 청소하라는 것이 부처님의 뜻이었던 것입니다. 마음의 티끌을 쓸면서 번뇌 망상도 함께 쓸어냅니다. 주리반특은 마음이 청정해지면서 아라한이 됩니다. 부처님은 주리반특이 아라한 과를 터득한 것을 아시고 찾아와 "빗자루는 어떻게 했느냐?"고 묻습니다. 그러자 주리반특은 "제 마음의 먼지를 쓸어냈습니다."고 했습니다. 마음의 번뇌 망상을 쓸어냈다는 것입니다. 그래서 주리반특은 부처님께 마음 전개에 가장 능숙한 제자라고 칭찬을 들었습니다.

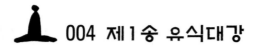 004 제1송 유식대강

> **유식삼십송 1송**
>
> • 유식 1송
> 유가설아법 由假設我法 유종종상전 有種種相轉
> 피의식소변 彼依識所變 차능변유삼 此能變唯三
>
> 허망된 것에 의거해서 자아와 법이 있다고 말하니,
> 자아와 법의 갖가지 모습들이 생겨난다. 그것들의
> 식이 전변된 것에 의지한다. 이 능변식能變識은 오
> 직 세 종류이다.

유식삼십송의 제 1송은 '유가설아법 유종종상전 피의
식소변 차능변유삼'입니다. 해석해보면 '허망한 것에 의
거해서 자아와 법이 있다고 말하니 자아와 법의 갖가지
모습이 생겨난다. 그것들의 식이 전변 된 것에 의지한
다. 이 능변식은 오직 세 종류이다.'의 뜻입니다.

'유가설아법'은 허황된 뜻에 의거해서 나와 법을 가짜로 세우는 것입니다. 원래 없는 나와 대상을 있다고 생각하고 세우는 것입니다. '유종종상전'은 자아와 법의 갖가지 모습이 생겨난다는 것입니다. 우리는 대상을 보고 온갖 생각을 일으킵니다. 나와 대상은 원래 없는 데 있다고 생각하고 세워놓으니까 모든 생각이 일어나는 것입니다. '피의식소변'은 그것들의 식이 전변 된 것에 의지하는 것입니다. '차능변유삼'이란 능변식은 오직 세 종류라는 것입니다. 그 세 가지는 6식, 7식, 8식입니다.

 원래 나도 없고 대상도 없는 데 있다고 생각하니까 여기서 모든 생각이 일어납니다. 부처가 되면, 진리를 알면 허황된 생각은 일어나지 않습니다. 나도 있다고 생각하고 대상도 있다고 생각하기 때문에 일어나는 모든 생각도 있다고 생각하는 것입니다. 중생들은 없는 것을 모릅니다. 그래서 다 내 것이라고 고집하면서 평생을 살아갑니다. 하지만 바로 없다고 한다면 그들에게 이야기 전개가 안 됩니다. 원래는 없지만 중생이 있다고 생각하니까 있다고 생각하고 설명하는 것입니다. 그 일어나는 생각들을 분류하면 6식, 7식, 8식 세 가지 종류로 나눌 수 있습니다.

 존재는 나와 대상, 주체와 객체, 아와 법이 있습니다.

1. 존재의 설정

- [생명적 존재](atman, 아, 我) – 자기, 자신, '생명 있는 것' 을 의미한다. 인무아
- [사물적 존재](dharma, 법, 法) – 생명적 존재를 구성하는 육체와 정신, 나아가 산이나 강 등의 외계의 자연. 법무아
- [설정, 設定](upacara, 가설, 假設) – 어떤 곳에 실재하지 않는 사물을 개념을 사용하여 잠정적으로 거기에 존재한다 고 설정하는 것.
- 방편으로 임시적으로 생명적 존재와 사물적 존재를 마련한 다.

아我는 자기, 자신입니다. 법法은 사물적 존재로 산이나 강 등 내가 아닌 모든 것입니다. 산도 강도 이 절도 모 두 사물적 존재에 속합니다. 그래서 이 세상은 아와 법 으로 나누어집니다. 나는 안이비설신의로 이루어졌고 대상은 색성향미촉법으로 이루어져 있습니다. 나와 대

자아와 법

1. 자아 – 생명이 있는 모든 것, 범부, 성인, 사생(태란 습화), 27현성
   - 태 – 포유류와 같이 태로 태어나는 것
   - 난 – 조류와 같이 같이 알로 태어나는 것
   - 습 – 습기에서 태어나는 것. 벌레등
   - 화 – 다른 물건에 기생하여 스스로의 업력에 의하 여 갑자기 생성되는 것. 천신등

2. 법 – 5온, 12처 18계 유위 무위 등은 법의 양상이다

상이 부딪히면 안식, 이식, 비식, 설식, 신식, 의식이 생깁니다.

자아에는 생명 있는 모든 것으로 범부도 성인도 다 속합니다. 부처 빼고 모두 여기에 속합니다. 자아가 있다고 생각하는 것입니다. 사람을 포함한 포유류는 탯줄로 태어납니다. 조류는 알로 태어납니다. 모기와 같은 벌레들은 습기에서 태어납니다. 그리고 다른 물건에 기생하여 스스로 업력에 의해서 갑자기 생성되는 것이 바로 화생입니다. 천신이나 귀신이 이에 속합니다. 이 세상에 존재하는 모든 것의 자아는 이렇게 네 가지로 나눌 수 있습니다.

법은 5온이고 12처고 18계입니다. 나와 대상을 모두 포함하는 12처와 나와 대상이 부딪혀서 일으키는 생각까지 포함한 18계가 있습니다. 5온은 색수상행식이며, 12처는 육근인 안이비설신의와 육경인 색성향미촉법이며, 18계는 육근과 육경에 육식인 안식, 이식, 비식, 설신, 신식, 의식을 더한 것입니다. 유위와 무위는 법의 양상입니다.

법에서 삼계라는 것은 욕계, 색계, 무색계입니다. 우리가 살고 있는 곳은 욕계입니다. 욕계에는 욕과 물과 심이 있습니다. 색계에 들어가면 심과 물 밖에 없고, 무색계에 들어가면 심 밖에 없습니다. 색계는 17천, 무색계

〈 삼계 구성도 〉

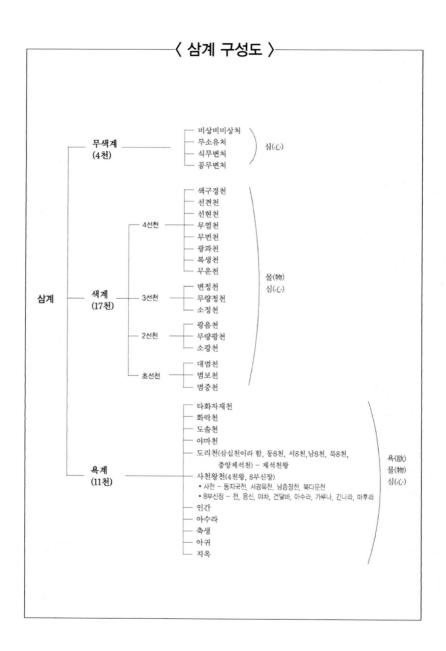

삼계

무색계
(4천)
- 비상비비상처
- 무소유처
- 식무변처
- 공무변처

심(心)

색계
(17천)

4선천
- 색구경천
- 선견천
- 선현천
- 무열천
- 무번천
- 광과천
- 복생천
- 무운천

3선천
- 변정천
- 무량정천
- 소정천

물(物)
심(心)

2선천
- 광음천
- 무량광천
- 소광천

초선천
- 대범천
- 범보천
- 범중천

욕계
(11천)
- 타화자재천
- 화락천
- 도솔천
- 야마천
- 도리천(삼십천이라 함, 동8천, 서8천, 남8천, 북8천, 중앙제석천) - 제석천왕
- 사천왕천(4천왕, 8부신장)
  • 사천 - 동지국천, 서광목천, 남증장천, 북다문천
  • 8부신장 - 천, 용신, 야차, 건달바, 아수라, 가루나, 긴나라, 마후라
- 인간
- 아수라
- 축생
- 아귀
- 지옥

욕(欲)
물(物)
심(心)

는 4천, 그리고 욕계는 11천으로 나눌 수 있습니다. 우리가 몸 받아 윤회하고 살아가는 이 삼계는 욕계 위에 색계, 색계 위에 무색계로 이루어져 있습니다.

모든 생명이 갖고 있는 본질적인 번뇌를 나누어보면 탐심과 진심과 치심입니다. 탐 진 치가 엄청 강할 때는 지옥의 과보를 받고 아귀의 과보를 받고 축생의 과보를 받습니다. 이것보다 탐 진 치가 약하면 아수라, 인간, 천상의 과보를 받습니다. 육도 윤회는 아귀, 지옥, 축생, 아수라, 인간, 천상입니다. 우리는 인간 몸을 받았으니 6등급 가운데 5등급에 속합니다. 그래서 인간 정도 되면 아주 나쁘지는 않습니다. 인간이 잘 하면 부처가 되는데 만약 이 생에서 내가 이렇게 공부를 했는데 윤회를 해서 과보를 못 받으면 공부할 필요가 없습니다. 만약 공부에 대한 대가가 다음 생애에 없어진다면 공부를 열심히 할 필요가 없어집니다. 부처님은 이 윤회에서 장치를 해놓았습니다. 어느 단계 이상 가면 다음 생애에는 웬만하면 그 단계 밑으로 몸을 받지 않습니다. 이렇게 되면 공부를 한 만큼 받아서 다음 생애에 태어나게 됩니다. 만약 공부를 하는 둥 마는 둥 하면 그것은 자기 것이 되지 않습니다. 하지만 열심히 해서 내 것이 되어 있으면 다음 생애에 태어나도 내가 아는 것입니다. 대학 시험에 커트라인이 있듯이 이 생에서 삶이 합격점을 넘어가면 어떠한 일이 있어도 떨어지지 않습니다. 그래서 인간 몸 밑으로는 받지 않는 것입니다. 하지만 엄청난 악행을 하거나 엄청난 잘못된 생각을 하면 지옥에 떨어질 수도 있고 축생의 몸을 받을 수도 있습니다. 인과를 잘 알고 제대로 살면 절대로 이 밑으로는 떨어지지 않습니다. 인과를 믿지 않는 사람들은 죽다 깨어나도 인간 몸을 받지 못하고 그 아래가 될 위험이 큽니다. 천상은 죽어서 극락에 가는 것입니다. 사천왕천이나 도리천과 같은 곳입니다. 인간 위가 사천왕천이고 사천왕천 위가 도리천입니다. 인간의 모든 삶을 좌지우지하는 곳이 바로 도리천입니다. 이 도리천은 인간의 삶과 가장 관계가 깊은 곳입니다. 우리 인간의 삶을 관장하는 곳이 제석천왕입니다. 하늘나라 가운데 도리천에는 동서남북으로부터 갈라진 32천이 있습니다. 그 가운데 정중앙에는 제석천이 있습니다. 그래서 총 33천이 됩니다. 절에서는 아침저녁으로 종을 칩니다. 아침에는 28번 종을 치고 저녁에는 33번을 칩니다. 아침의 28번은 이 우주의 모든 생명이 살고 있는 28천을 깨우는 것입니다. 저녁의 33번은 도리천의 33천을 의미하며 모든 생명을 잠재우며 쉬라는 것입니다. 절에 들어가면 4천왕이 있습니다. 4천왕은 부처님의 나라를 지키는 수호신입니다. 4천은 동서남북으로 있고 이 4천을 지키는 신장神將들이 팔부신장입니다. 우리가 기도할 때 '신장님 보호하사.' 라고 합니다. 신장이 지켜주고 도와 주면 모든 일이 해결됩니다. 도를 깨친 사람들은 어떤 곳에 가더라도 타인으로부터 피해를 입지 않습니다. 신장이 지켜주기 때문입니다. 내가 도를 얻고 맑고 깨끗하면 어떠한 상황에서도 두려움이 없습니다. 원효 스님도 그랬습니다. 의상 스님은 수행하고 있으면 천녀들이 천상에서 공양을 날라와 천공을 했습니다. 하루는 의상 스님이 원효 스님에게 점심 공양을 대접해야겠다고 생각합니다. 의상 스님이 청하자 원효 스님은 그쪽으로 갔습니다. 의상 스님은 하늘에서 천공을 받아 원효 스님께 대접하려고 했는데 시간이 지나도 천공이 오지 않는 것입니다. 기다리다 말고 원효 스님은 배가 고파서 떠납니다. 원효 스님이 떠나자 기다렸다는 듯이 천공이 내려옵니다. 그러자 의상은 천공을 가지고 온 천녀들에게 불만을 토해냅니다. "내가 원효 스님께 대접하려고 천공을 기다렸는데 왜 이제 공양을 가지고 오시오?" 하니까 그 천녀들이 말합니다. "원효 스님을 지키던 신장들이 워낙 빽빽하게 들어서 있어 저희들이 감히 들어갈 수 없었습니다." 이렇듯이 공부를 열심히 하여 진리를 아는 도인은 신장들이 지켜주는 것입니다. 팔부신장은 천, 용, 야차, 건달바, 아수라, 가루라, 긴나라, 마후라가가 있습니다. 도리천 위에는 야마천, 도솔천이 있습니다. 도솔천은 부처님과 미륵보살이 현세에 오시기 전에 있었던 곳입니다. 부처가 되려면 도솔천에는 가야 합니다.

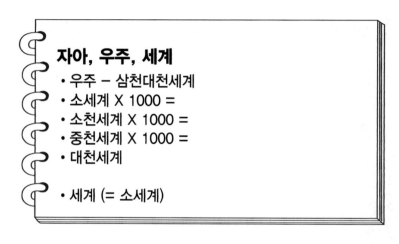

자아, 우주, 세계
- 우주 – 삼천대천세계
- 소세계 X 1000 =
- 소천세계 X 1000 =
- 중천세계 X 1000 =
- 대천세계

- 세계 (= 소세계)

이제 우주와 세계를 살펴봅시다. 불교의 우주는 삼천대천세계입니다. 소세계에서 1000을 곱하면 소천세계가 되고 소천세계에서 1000을 곱하면 중천세계가 되고 중천세계에서 1000을 곱하면 대천세계가 됩니다. 그러니까 대천세계는 소세계에서 1000을 세 번 곱한 것입니다. 대천세계는 우주를 상징합니다. 삼천대천세계는 즉 1000을 세 번 곱한 대천세계라는 것입니다. 결국 대천세계나 삼천대천세계는 같은 말입니다.

우주의 중심에는 수미산이 있고 동서남북에 동쪽에는

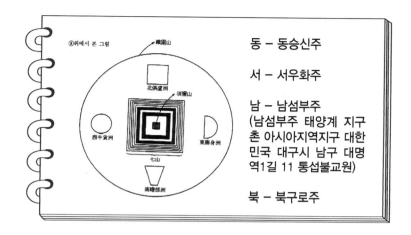

ⓐ위에서 본 그림 鐵圍山

北俱盧洲 須彌山

西牛貨洲 東勝身洲

七山

南贍部洲

동 – 동승신주

서 – 서우화주

남 – 남섬부주
(남섬부주 태양계 지구
촌 아시아지역지구 대한
민국 대구시 남구 대명
역1길 11 통섭불교원)

북 – 북구로주

동승신주, 서쪽에는 서우하주, 남쪽에는 남섬부주, 북쪽에는 북구로주가 있습니다. 남섬부주가 우리가 살고 있는 태양계 지구를 말합니다. 우리 지구에 석가모니가 태어났습니다. 석가모니가 다스리는 세계가 남섬부주입니다. 남섬부주는 남방화주라고도 합니다.

 부처로 돌아간다는 회귀 사상은 우리가 부처인 것을 회복하는 것입니다. 우리가 살아가는 목적은 원래 부처였다는 것을 회복해 가는 것입니다. 회복해야 하는 삶의 과정을 지옥으로 만들면 안 됩니다. 우리는 고민하며 생각해야 합니다. 생각하는 삶이 바로 부처로 회복하는 것입니다. 생각은 깊고 정확하게 해야 합니다. 정확하게 생각하는 것이 위빠사나로 왜 그 일이 일어나는지 밝히는 것이고, 깊이 생각하는 것은 한 가지 생각에 깊이 빠져드는 것으로 사마타입니다. 위빠사나와 사마타는 우리의 삶을 부처로 만들어가고 회복시켜 줍니다. 수 많은 경전을 공부해도 궁극적이고 중요한 내용은 위빠사나와 사마타입니다. 우리는 이제 목적은 압니다. 그 목적을 여러 가지 각도, 방향, 방법에서 접근해볼 수 있습니다.

묘법연화경의 서품을 한 번 살펴봅시다. 부처님의 설법 장소는 마가다국의 수도 왕사성 부근에 있는 기사굴산입니다. 청중은 13,000 제자, 8만 보살, 10만이 넘는 천자, 용왕, 긴나라, 건달과 아수라, 가루라 등 반인반수, 마가다국의 아사세 왕도 신하들을 데리고 왔습니다. 기사굴산은 모여든 사부대중으로 가득 차 버립니다. 부처님께서는 설법 전에 깊은 선정에 드셨고 선정에서 깨어나 중생을 위하여 대승법을 설하셨고 하늘은 축복으로 꽃비를 내렸고 땅은 놀라움으로 진동하였습니다. 이 때 부처님께서는 미간인 백호상에서 광명을 놓아 동쪽 1만 8천 세계를 비추니 그 세계가 대중의 눈 앞에 생생하게 펼쳐졌습니다. 모든 대중은 이러한 기적에 놀라 무슨 일이 일어났는가 하고 문수보살에게 묻습니다. 문수보살은 일월등명 부처님이 법화경을 설하실 때 지금과 같은 기적이 일어났다고 말하고서 '아마 석가모니 부처님께서 법화경을 설하실 것이다.'라고 합니다. 법화경에 나오는 육서는 성스러운 여섯 가지 서입니다. 설법서는 부처님 설법의 성스러운 서입니다. 입정서는 부처님께서 선정에 드신 성스러운 서입니다. 우화서는 하늘에서 꽃비를 내리는 성스러운 서입니다. 지동서는 땅이 놀라 진동하는 서입니다. 중희서는 청중, 대중이 기뻐하는 서입니다. 방광서는 부처님께서 빛을 발하시는 서입니다. 지혜가 극에 달하면 빛을 발합니다. 사마타가 극에 달하는 순간 빛이 발하게 됩니다. 간혹 열심히 참선을 하고 있으면 누군가 그 참선하는 곳을 보고 훤하더라는 말을 합니다. 이렇듯이 본인이 알든 모르든 방광은 수시로 일어날 수 있습니다. 가장 성스러운 여섯 가지 서瑞가 서품에서 전개됩니다. 또 서품에는 법화삼매, 무량의처와 같은 말이 나옵니다. 이것은 부처님이 가장 깊은 선정삼매에 들었을 때의 모습을 설명한 것입니다.

여기서 사제법인 고집멸도가 나옵니다. 부처님께서는 고집멸도 사성제법을 말씀하셨습니다. 부처님께서 인류에게 주신 가장 큰 선물이 사성제법입니다. 우리는 사성제법에 따라 공부를 할 수 있습니다.

사성제법을 살펴봅시다. 고는 과제의 제시이며 집은 그 일이 일어난 원인입니다. 멸은 사건이 해결된 상태이고 도는 실천 방법입니다. 고집멸도는 우리 삶에서 끊임없이 되풀이되는 생활 양상입니다. 우리는 어떤 일에서든지 고집멸도 속에서 움직이게 됩니다. 예를 들어 차를 타고 오다가 아버지와 아들이 싸움을 했습니다. 싸운 내용이 과제의 제시인 고입니다. 집은 왜 싸움을 했는가입니다. 아버지가 늦게 퇴근해서 자식이 많이 기다리게 되자 아버지에게 화를 냅니다. 이런 경우 아버지가 늦게 퇴근한 것이 원인이 됩니다. 멸은 사건의 해결입니다. 아버지는 자식에게 회사에서 매우 중요한 일이 있었다고 해명을 합니다. 자식은 그 말을 듣고 설득이 됩니다. 아버지를 이해하게 됩니다. 그렇다면 실천 방법인 도는 회사에 있었던 일들을 자식이 알아듣게 말하는 것입니다. 어떠한 일이든 고집멸도로 다 해결이 됩니다.

 어떤 사건이 일어났을 때 원인을 알면 해결 방법이 생깁니다. 해결 방법에 따라 실천하면 사건이 해결됩니다. 부처가 되는 과정을 예로 들어봅시다. 고는 우리가 부처가 되지 못한 상태인 중생으로 있는 것입니다. 집은 이유를 살피는 것입니다. 공부를 열심히 안 한 것도 부처가 되지 못한 이유가 되겠지요? 도는 실천 방법입니다. 위빠사나와 사마타를 열심히 하면 부처가 됩니다. 부처가 되기 위한 실천 방법인 도가 위빠사나와 사마타입니다. 불교의 12연기는 사제법과 별개의 것이 아닙니다. 같은 맥락에서 나오는 것입니다. 12연기는 그 일이 일어난 원인으로 사성제의 집입니다. 그래서 사제법을 잘하면 12연기도 자연스럽게 잘 하게 됩니다.

최근 일주일 동안에 일어났던 가장 큰 사건을 떠올려 봅시다. 부부싸움, 자식과의 싸움, 직장 상사와의 갈등 등이 떠오를 것입니다. 다시 원인을 찾아보고 생각해보면 과거보다 훨씬 더 나은 해결책을 찾을 수 있습니다. 다음에는 달라집니다. 그러나 내가 원인을 끝까지 분석하지 않고 넘어가면 똑같은 사건이 되풀이 됩니다. 예를 들어 학생들이 시험을 보면 틀리는 문제를 계속 틀립니다. 문제집을 서너 권 풀어도 그렇습니다. 틀리는 문제의 해결 방법을 모르기 때문에 계속 틀리는 것입니다. 공부 잘 하는 사람은 계속 잘 하고 못하는 사람은 계속 못합니다. 못하는 상황에서 잘 하게 되려면 잘 하는 방법을 터득해야 합니다. 터득했으면 어떻게든 해봐야 하는데 노력을 안 하고 그대로 가게 됩니다. 그러니 제자리일 수밖에 없습니다. 우리가 이 생에서 고집멸도를 제대로 터득하지 못하면 다음 생도 똑같은 삶을 살게 됩니다.

　고집멸도의 고의 내용은 무상과 무아입니다. 무상하고 무아이기 때문에 고입니다. 왜 무상이냐 하면 생노병사하기 때문입니다. 생멸을 하기 때문입니다. 여기에 더해지는 네 가지 고를 살펴봅시다. 네 가지 고는 애별리고, 원증회고, 구부득고, 오음성고가 있습니다. 무아를 모르면 애별리고를 합니다. 좋아하다 보면 언젠가 헤어지게 되어있습니다. 가까운 사람도 언젠간 헤어지는데 죽으면 헤어집니다. 애별리고는 항상 우리에게 가까이 있습니다. 그리고 원증회고가 있습니다. 원망하고 증오하는 마음은 살아가는 데 있어서 고통이 됩니다. 가만히 자신을 돌아봅시다. 자기 생각대로 안 되는 것은 다 원망합니다. 그런데 자기 생각대로 되는 것은 하나도 없습니다. 그렇게 우리 속에는 원망하는 마음들이 쌓여만 갑니다. 특히 강력한 원망은 기억에 강렬하게 남습니다. 그리고 구부득고가 있습니다. 구하는 것을 전부 얻을 수 있다면 얼마나 좋겠습니까. 하지만 구하는 것은 잘 얻어지지 않습니다. 그 때문에 우리의 삶은 고인 것입니다. 그리고 오음성고가 있습니다. 우리의 몸은 제각각 제멋대로 하려고 합니다. 자제가 되지 않습니다. 자기 멋대로 하겠다는 생각이 몸에 가득 차 있습니다. 이런 것들이 우리를 고통으로 몰고 가는 원인이 됩니다. 이런 문제를 해결하기 위해서 집을 해야 합니다. 내 삶의 방향과 각도를 0.1도라도 바꿀 수 있는 것은 집제입니다. 왜 그 일이 일어났나의 원인을 철저하게 생각해야 합니다. 훌륭한 사람 중에는 집제를 실천하고 있는 사람들이 많습니다. 우리는 끊임없이 연습을 해야 합니다. 하지만 업 때문에 하기가 쉽지 않습니다. 내가 목숨을 걸 정도의 각오가 되어야 조금씩 보이기 시작합니다. 그러면 바꿔기 시작합니다. 우리 자신을 돌아봅시다. 어렸을 때 내 모습과 지금의 모습을 보면 하나도 틀리지 않을 것입니다. 만약 그것이 바뀌었다면 살아오는 과정에서 문제를 해결하기 위해 노력을 했다는 것입니다.

부처님께서는 연기를 깨쳤습니다. 무명은 깨닫지 못해 모르는 상태이고 연기는 깨달아 아는 상태입니다. 불교는 끊임없이 무명과 연기가 되풀이 되는 것입니다. 무엇을 깨닫지 못했는가는 과제의 제시인 고가 됩니다. 무엇 때문에 깨닫지 못하고 있는가, 발생의 이유는 집입니다. 그래서 깨달음에 이르는 방법이 도이고 올바른 관찰, 올바른 생각, 올바른 행위, 올바른 생활, 올바른 수행이 이에 속합니다. 이것들에 의해 무명에서 연기로 넘어갑니다. 그래서 멸의 상태가 이루어집니다. 부처님의 상태로 돌아가기 위해서는 이 과정을 끊임없이 되풀이 해야 가능합니다. 사성제를 가볍게 생각하지 말고 삶에 배어들게 해야 합니다. 이것이 내 삶을 바꿉니다. 우리는 끊임없이 일의 원인에 대해 생각해야 합니다. 하지만 업이 우리로 하여금 못하게 만듭니다. 관성은 그대로 살아가게 만듭니다. 그 관성에 제동을 거는 것이 사성제입니다. 왜 그 일이 일어난 것일까 생각하는 것이 제동을 거는 것입니다.

제
2
장

⏱ 아뢰야식, 이숙식

005 제2송 능변체

부처님은 내가 가르치는 법은 바다와 같다고 했습니다. 바다는 들어갈 수록 계속 깊어집니다. 이와 같이 불법은 공부할 수록 깊이가 더해집니다. 물 위에서 노는 것과 깊은 곳에서 노는 차이는 엄청납니다.

식에 대한 설명
· 식이 전변된 것 → 견분, 상분

능변식能變識은 오직 세 종류
→ 이숙식異熟識
  사량식思量識
  요별경식了別境識

우리는 원래 없지만 자아와 법이 있다고 생각합니다.

허망 된 생각에 의해서 있다고 생각하기 때문에 이 세상 모든 것의 모습이 생겨납니다. 그것은 식이 전변 된 것에 의지합니다. 식이 전변 된 것에는 견분, 상분이 있습니다. 견분은 대상을 봄으로써 주어지는 주관적인 생각이고 상분은 주관에 인식되는 대상의 형상에 대한 생각입니다. 능변식은 세 종류입니다. 이숙식, 사량식, 요별경식이 있습니다. 이숙식은 다르게 익어가는 식입니다. 제8식인 아뢰야식입니다. 사량식은 끝도 없이 생각하는 식으로 제7식인 말나식입니다. 요별경식은 뭔가 분별하는 것입니다. 제6식입니다.

유식 2송

위이숙사량 謂異熟思量　급료별경식 及了別境識
초아뢰야식 初阿賴耶識　이숙일체종 異熟一切種

- 이숙식異熟識과 사량식思量識 및 요별경식了別
  境識을 말한다. 첫 번째 능변식은 아뢰야식이고
  이숙식이며, 일체 종자식이다.

유식 2송을 살펴봅시다. '위이숙사량 급료별경식 초아뢰야식 이숙일체종'입니다. 뜻은 '이숙식과 사량식 및 요별경식을 말한다. 첫 번째 능변식은 아뢰야식이고 이숙식이며 일체 종자식이다.'입니다. 유식 2송의 앞의 두 구절을 봅시다. '위이숙사량 급요별경식'은 이숙과 사량과 요별경식을 이른다는 말입니다. 우리가 일으키는 모든 생각을 나누어 보면 안식 이식 비식 설식 신식 의식으로 합니다. 의식을 구체적으로 나누면 제6식 의식인 요별경식, 제7식인 사량식, 8식 이숙식인 아뢰야식이 있습니다.

식의 전변

[식의 전변](vijnana-parinama, 식전변, 識轉變) – '마음의 활동'
초기불교에서 '인연소생의 법'을 세친이 식일원론 입장에서 '식의 전변'이라는 말로 표현.
모든 존재를 이 '식의 전변' 속으로 포섭한다.
전변은 세 가지 – '다르게 성숙한 것(이숙, 異熟), 사량(思量)이라 불리는 것, 대상을 인식하는 것.

2. 세 가지 전변
1) 다르게 성숙한 것(이숙, 異熟) – 아뢰야식
2) 사량(思量)이라 불리는 것 – 말나식
3) 대상을 인식하는 것 – 6식

식의 전변이란 마음으로 일으키는 모든 마음의 활동을 말합니다. 마음에서 일어나는 생각은 끝도 없이 바뀝니다. 식의 전변을 초기 불교에서는 인연소생법이라고 했습니다. 인연소생법이란 인과 연에 의해 생성되는 법을 말하는데 세친에 와서 식의 전변으로 바뀌게 됩니다. 세친은 모든 존재를 식의 전변 속에 포함시킵니다. 전변에는 세 가지가 있습니다. 세 가지는 다르게 성숙한 것(이숙), 사량이라 불리는 것, 대상을 인식하는 것입니다. 사량식 제7식 말나식은 현재 일으키는 모든 의식의 바탕, 근원이 되는 것입니다. 우리는 그 넘어를 잘 모릅니다. 그 넘어를 아는 것이 제8식을 아는 것입니다. 그러니까 뿌리는 모르고 뿌리에 근원하여 서 있는 줄기만 가지고 나뭇잎을 만들어 내는 것입니다. 나뭇잎이 6식이라면 줄기 전체는 7식이고 그 뿌리는 8식입니다. 땅속에 숨어있는 제8식은 모릅니다. 우리는 잎과 줄기만 가지고 평생을 써먹습니다. 이와 같이 내가 일으키는 모든 생각은 생각창고에 저장되어 있는 것을 그대로 써먹는 것입니다. 제6식은 어떤 대상을 인식하는 것입니다. 내가 어떤 대상을 접함으로써 일으키는 생각입니다. 2차적으로 대상을 보고 내 머리 속에서 다른 생각이 연상됩니다. 대상과 별개로 다른 생각이 나옵니다. 이것은 제7식에 의거하는 것입니다.

 전변이란 변화하는 것입니다. 조용히 눈을 감고 생각해 봅시다. 머릿속에서 끝도 없는 생각이 떠올랐다가 사라집니다. 이렇게 변화하는 모든 것이 전변인 것입니다.

전변

[전변](parinama, 轉變) – 변화하는 것, 원인의 찰나가 멸함과 동시에 그 원인의 찰나와 양상을 달리한 결과가 생하는 것.

원인으로서의 전변과 결과로서의 전변
1) 원인으로서의 전변 – 아뢰야식 속에서 종자가 생장하는 것
2) 결과로서의 전변 – 과거세의 업의 영향력이 가해질 때 아뢰야식이 이 세상에서 다음 세상으로 생겨나는 것, 아뢰야식으로부터 그 이외의 7식이 생겨나는 것.

어떤 순간에 생각이 일어나면 원인의 찰나가 멸함과 동시에 그 원인의 찰나와 양상을 달리 한 결과가 나오는 것입니다. 원인의 찰나가 멸한다는 것은 내가 어떤 대상을 접한 순간 대상은 사라지고 그것으로 인해 다른 생각을 일으키는 것입니다. 내 기억, 업 속에 들어있던 다른 생각을 일으키는 것입니다. 원인 즉 대상을 받아들였지만 그 원인은 사라지고 일으킨 결과는 다르다는 것입니다. 전변에는 원인으로서의 전변과 결과로써의 전변이 있습니다. 원인으로서의 전변은 아뢰야식 속에서 종자가 생장하는 것입니다. 내가 어떤 생각을 일으킬 때 그 근본 뿌리입니다. 수억 겁 동안 살아오면서 행했던 모든 씨앗이 내 속에 들어있습니다. 나는 그것을 자각하지 못합니다. 우리는 내 속에 무엇이 들어있는지 모릅니다.

하지만 어떤 사물에 부딪히면 그것을 써먹습니다. 우리는 대상을 접하면 내 속에 잠재된 많은 의식과 결합해서 생각을 일으킵니다. 모든 존재는 살아오며 쌓인 업이 다릅니다. 그래서 같은 대상을 접하면서도 다른 생각이 나오는 것입니다. 내 속에 가지고 있는 씨앗이 다르기 때문에 다른 생각을 하는 것입니다. 대상을 접하며 일으킨 생각들은 내 속으로 들어와 씨앗으로 남게 됩니다. 대상을 접해서 자기화를 하는 것입니다. 내 속의 씨앗과 부딪혀 일어나는 결과는 모두가 다 다릅니다. 그것이 바로 결과로써의 전변입니다. 예를 들어 우유통 안에는 우유가 들어있습니다. 그러니까 안의 것을 아무리 끄집어 내 봤자 우유 밖에 안 나옵니다. 만약 내 속에 부처 밖에 없다면 누구와 부딪혀도 부처 밖에 안 나올 것입니다. 만약 내 속에 지옥, 악밖에 없다면 무엇과 부딪치면 나오는 것은 지옥이고 악일 것입니다. 좋은 것이 들어와도 나오는 것은 나쁜 것 밖에 없습니다.

다르게 성숙한 이숙식은 아뢰야식으로 저장소인 곳간입니다. 아뢰야식 안에는 모든 것이 다 들어있습니다. 중생은 들어있는 것을 모르고 끄집어 내어 쓰는 것에 불과합니다. 그러나 공부를 깊이 해서 본질, 진리를 알고 제8식을 알면 곳간 안에 불을 켜는 것과 같습니다. 불이

아뢰야식, 말나식, 육식

[다르게 성숙한 것](vipaka, 이숙, 異熟) - 아뢰야식, 저장소, 곳간(藏)
1) 이 식은 그것을 생하게 하는 원인과 시간을 달리해서 생하기 때문이다
2) 이 식은 그것을 생하게 하는 원인과 성질을 달리해서 생하기 때문이다
[사량(思量)이라 불리는 것](mananakhya, 사량)
  - 말나식, 심층적 자아집착심
[대상을 인식하는 것](visaya-vijnapti, 요별경, 了別境)
  - 6식 : 안식, 이식, 비식, 설신, 신식, 의식을 말한다.
  전오식 - 안식, 이식, 비식, 설신, 신식
  6식 - 의식

켜지면 안에 무엇이 들었는지 훤히 알게 됩니다. 그래서 끄집어 내어 쓰도 가장 적당한 것을 쓰게 됩니다. 우리는 가진 능력만큼 끄집어 내 씁니다. 내가 선한 능력이 많으면 선한 것을 좀 더 많이 쓸 것이며, 내가 악한 능력이 많으면 악한 것을 많이 쓸 것입니다. 그러나 곳간에 대해 훤히 다 알면 그 가운데 가장 좋은 것만 끄집어 내 쓸 수 있습니다.

아뢰야식은 그것을 생하게 하는 원인과 시간을 달리하기 때문에 '다르게 성숙한다.'라고 합니다. 만약 내가 누군가에게 돈을 빌려 줍니다. 그런데 이 생에서 그 돈을 못 돌려 받으면 다음 생애에 받습니다. 그것은 이 상황에서 동시에 일어나는 것이 아니라 시간을 달리해서 사건이 전개된 것입니다. 인과는 분명하지만 원인과 결

과가 시간을 달리해서 생합니다. 그리고 아뢰야식은 원인과 결과가 성질을 달리해서 생깁니다. 누군가에게 돈을 빌려 줬다고 할 때 무조건 돈 그대로를 받는 것이 아니라 그 값어치에 해당하는 것을 받게 됩니다. 돈을 빌려 줬는데 나를 어딘가에 취직을 시켜줄 수도 있고, 땅을 싸게 사서 그 돈만큼 이득이 남게 해줄 수도 있습니다. 아뢰야식은 시간과 성질을 달리합니다.

사량식은 말나식으로 심층적 자아집착심입니다. 우리를 평생 자기밖에 모르는 중생으로 살게 합니다. 진리를 제대로 보고 나면 무아와 무상이 됩니다. 하지만 새로운 생명이 탄생하는 순간 거기에 업의 창고(제8식)가 들어갑니다. 원래는 나라는 것이 없으나 업의 창고를 보고 내가 있다고 생각합니다. 업의 덩어리를 나라고 착각하는 것을 아치라고 합니다. 아치가 생기면 자기 밖에 모르는 아집이 생기고 자기가 최고인 아만이 생기고 자기 밖에 사랑하지 않는 아애가 생깁니다. 우리 삶은 이 네 가지입니다. 이것을 벗어나면 부처가 됩니다. 이것을 못 벗어나면 중생으로 살아가는 것입니다. 부처가 되려면 아치, 아집, 아만, 아애를 깨트려야 합니다. 이것들 때문에 탐 진 치가 생깁니다. 내가 있다는 아치가 있으니까 거기서 탐심과 진심이 생겨나는 것입니다. 탐심은 나를 중심으로 일어나는 물질적인 모든 욕망이고 진심은 정신적인 욕망입니다. 무소유는 물질적인 것과 정신적인 것이 모두 없는 것을 말합니다. 거지는 무소유가 아닙니다. 재산이 없다고 무소유인 것이 아니라 내가 탐심, 진심, 치심을 일으키지 않아야 무소유인 것입니다. 재산이 있어도 그것을 제 때에 쓰지 못한다면 바로 탐심이고 진심인 것입니다.

　대상을 인식하는 것이 요별경식, 육식입니다. 육식은 안이비설신의를 가리킵니다. 바로 우리의 신체구조입니다. 전5식은 안이비설신을 말하고 6식은 의식을 가리킵

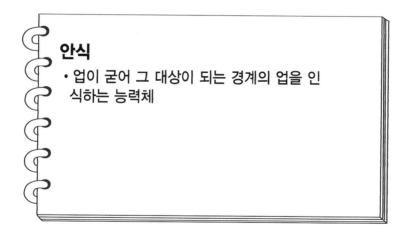

안식
• 업이 굳어 그 대상이 되는 경계의 업을 인
　식하는 능력체

니다. 6식이 없는 것은 바로 죽은 것입니다.

　식은 업이 굳어 그 대상이 되는 경계의 업을 인식하는 능력체입니다. 눈은 어떤 대상을 보고 귀는 어떤 소리를

듣습니다. 하지만 눈으로 소리를 들을 수는 없습니다. 눈은 보는 것 밖에 못합니다. 귀는 듣는 것 밖에 못합니다. 실질적으로 나라는 것은 안이비설신이고 바깥의 대상은 색성향미촉이 있습니다. 사실 안과 색은 같습니다. 같은 것이 안으로 들어오면 안이 되고 바깥으로 나가면 색이 됩니다. 두 개는 같은 것이기 때문에 서로 인식할 수 있는 것입니다.

삼성, 삼량, 삼경

1) 삼성三性과 삼량三量과 삼경三境에 통하니

- 삼성 – 선, 불선, 무기
- 삼량 – 현량現量, 비량非量, 비량比量
- 현량現量 – 있는 것을 있는 그대로 아는 것
- 비량非量 – 있는 것을 있는 그대로 알지 못하는 것
- 비량比量 – 유추와 추리로서 사물을 아는것
- 삼경 – 성경, 독영경, 대질경
- 성경 – 주관이 없이 객관 그대로 보는 세계
- 독영경 – 주관적인 영향에 의하여 나타나는 망상적 경계
- 대질경 – 본질은 있으나 본질 그대로는 나타나지 않는 경계

식으로 돌아가 봅시다. 보는 것을 담당하는 안식은 성경이고 현량이며 세 가지 성품에 통하는 것입니다. 내가 어떤 대상을 보면 그 대상 경계에는 세 가지가 있습니다. 성경, 독영경, 대질경입니다. 성경은 거울에 물건이 비치는 것과 같이 자기 모습 그대로가 비칩니다. 어떤 분별도 없는 있는 그대로 비칩니다. 내 생각대로 비치는 것이 아니라 있는 그대로 비칩니다. 눈은 내가 갖고 있는 생각이 비치는 것이 아니라 있는 그대로 비칩니다. 그것이 바로 안식입니다. 눈으로 보는 순간 눈에 비치는 대상은 똑같다는 것입니다. 그러나 의식이 전부 분별합니다. 안식은 주관이 없이 객관을 그대로 보는 세계입니다. 그러므로 눈은 어떤 대상을 있는 그대로 받아들이는 것입니다. 현량이란 대상을 인식할 때 있는 그대로 받아 들이는 것입니다. 눈은 거울과 같이 그대로만 비춰 받아들입니다. 그러므로 현량이 됩니다.

대상을 그대로 보는 것까지는 같지만 모두 다르게 판단합니다. 의식인 6식은 현량이 아니고 비량입니다. 비량은 있는 것을 있는 그대로 못 받아들입니다. 의식의 뿌리가 되는 제7식 말나식도 비량입니다. 현재 우리는 있는 것을 있는 그대로 보지 않습니다. 대상을 전부 자기 생각대로 요리해서 보는 것입니다. 그래서 어떤 대상을 보고 의견을 나누면 모두 비량입니다. 자기대로 생각하고 판단하는 것입니다. 우리의 삶은 태어나서 죽을 때까지 전부 비량입니다. 나라는 저장창고 속에 업이 잔뜩 들어있습니다. 만약 어떠한 사건이 내게 들어오면 생각과 부딪혀 판단을 합니다. 자기 나름대로의 분별과 생각 속에 평생을 살아가게 됩니다. 그리고 내 창고, 업은 세 가지 성품으로 나눌 수 있습니다. 선, 불선, 무기입니다. 무기는 선도, 불선도 아닌 것입니다. 내 속에 있는 것을 분류해 보면 착한 것, 악한 것, 착하지도 악하지도 않은 것이 있습니다.

6식과 7식은 비량이지만 5식과 8식은 현량입니다. 안이비설신 전5식은 판단 능력이 없기 때문에 있는 것을 있는 그대로 받아들입니다. 조주 스님이 부처를 '뜰 앞의 잣나무'라고 했습니다. 내가 깨달음을 얻고 나서는 조주 스님의 답이나 다른 답이나 똑같이 들리는 것은 아뢰야식에서 보기 때문입니다. 있는 것을 있는 그대로 보기 때문에 같은 본질인 것을 알기 때문입니다.

안식과 이식과 신식 셋은 이지二地에 머뭅니다. 안이비설신 중에서 안이신은 이지에 머무른다는 것입니다. 이 우주는 9지로 구성되어 있습니다. 9지란 잡거지, 색계4지, 무색계4지입니다. 이지란 욕계의 오취를 뜻하는 잡거지와 색계4지의 초선을 말합니다. 잡거지는 우리

3) 안식과 이식과 신식의 셋은 이지(二地)에 머무느니라.

- 二地 – 욕계의 오취를 뜻하는 잡거지와 색계의 초선
- 오취 –지옥, 아귀 축생, (아수라), 인간, 천
- 색계 초선은 선열만 있기 때문에 안식과 이식과 신식만이 작용한다.
- 9지 – 잡거지, 색계 4지, 무색계 4지

가 사는 육도윤회의 세계를 말합니다. 색계에는 초선부터 4선까지 있습니다. 즉 안식, 이식, 신식은 색계의 초선에서 작용한다는 것입니다. 오취는 지옥, 아귀, 축생, 인간, 천상을 말합니다. 색계의 초선에서는 심사, 기쁨, 즐거움이 다 있습니다. 그러므로 그것을 다 느낄 수 있

활동 영역

- (중부 니까야)
- 존자여, 이들 오근, 즉 안근, 이근, 비근, 설근, 신근은 서로 다른 다양한 경계와 행처가 있어서 다른 것의 활동영역을 인지하지 못한다. 이와같이 다른 것의 활동영역을 인지하지 못하는, 서로 다른 활동영역을 갖는 오근의 의지처는 무엇이며, 그들의 활동영역을 인지하는 자는 누구인가?
- ...... 존자여, 이들 오근의 의지처는 의이며, 의가 그들의 활동영역을 인지한다.
- 존자여, 이들 오근, 즉 안근, 이근, 비근, 설근, 신근은 무엇에 의지하여 머무는가?
- 존자여, 이들 오근은 수명에 의지하여 머문다.

는 안식, 이식, 신식이 작용하는 것입니다.

5식은 동일하게 정색근에 의지합니다. 이 말은 안식은 안근에 의지하며 이식은 이근에 의지하며 비식은 비근에 의지하며 설식은 설근에 의지하며 신식은 신근에 의지한다는 말입니다. 그래서 자기 영역대로 눈은 보는 능력밖에 안 되고 귀는 듣는 능력밖에 안 되고 혀는 맛만 보고 코는 냄새만 맡고 몸은 감촉만을 느낍니다. 아무리 눈이 좋더라도 눈으로 냄새를 맡고 소리를 듣지 못합니다. 전부 자기 활동 영역이 국한되어 있습니다. 이들 오근의 의지처는 의입니다. 의가 그들의 활동영역을 인지합니다. 의가 안이비설신을 주관하는 것입니다. 그리고 이들 오근은 수명에 의지하여 머뭅니다. 안이비설신은

5) 아홉 가지 연緣과 여덟 가지와 일곱 가지 연이 잘 서로 인접하느니라.

- 9연 – 공空, 명明, 근根, 경境, 작의作意, 분별分別, 염정染淨, 종자種子, 근본根本
- 공空 – 허공, 공간
- 명明 – 밝고 어두움, 빛
- 근根 – 인식하는 능력 주체
- 경境 – 인식 대상
- 작의作意 – 근이 경으로 나아가려고 하는 의지
- 분별分別 – 옳고 그름을 분별하는 것, 번뇌망상을 일으키는 것
- 염정染淨 – 더러움과 깨끗함, 번뇌에 물듬과 물들지 않음
- 종자種子 – 번뇌를 일으키는 잠재적인 힘
- 근본根本 – 제 8식

우리가 죽으면 없어지는 것입니다.

'아홉 가지 연과 여덟 가지 연과 일곱 가지 연이 잘 인접한다.'는 말을 봅시다. 9연이란 공, 명, 근, 경, 작의, 분별, 염정, 종자, 근본입니다. 존재하는 모든 것의 인연은 9연으로 이루어져 있습니다. 공은 허공, 공간을 말하고 명은 밝고 어두움 빛을 말합니다. 근은 인식하는 능력 주체이고 경은 인식 대상입니다. 작의는 근이 경으로 나아가려는 의지를 말합니다. 내가 눈으로 물건을 봅니다. 그런데 왜 눈으로 대상을 봅니까? 안 보일 수도 있는데 눈만 뜨면 대상이 보입니다. 근이 경(대상)으로 나아가려고 하는 의지가 있어서 그렇습니다. 작의, 의지 때문에 눈을 뜨면 대상이 보이는 것입니다. 나아가려고 하는 의지가 없으면 눈으로 보지도 못하고 귀로 듣지도 못하고 코로 냄새를 맡을 수도 없습니다. 관계를 일으키는 본질적인 힘이 바로 작의입니다. 그래서 모든 작용의 바탕에는 작의가 있습니다. 대상에 나아가고 나면 분별이 생깁니다. 우리는 옳고 그름을 분별하는 번뇌망상을 항상 일으킵니다. 6식과 7식으로 이 세상을 보는 한 끊임없이 분별을 일으키게 됩니다. 분별하는 모든 것에는 염정이 있습니다. 깨끗하고 더러운 것이 있기 마련입니다. 번뇌에 물들지 않은 것은 깨끗한 것이고 번뇌에 물든 것은 더러운 것입니다. 종자는 번뇌를 일으키는 잠재적인 힘입니다. 근본은 제8식을 말합니다. 이 앞의 모든 것이 근본에서 출발하는 것입니다.

안이비설신 가운데 눈은 9연을 다 갖추어야 활동이 가능합니다. 9연 가운데 한 가지만 없어도 눈은 작용을 못합니다. 이식 귀는 명(빛)이 없어도 활동합니다. 8연 만으로 활동합니다. 비식, 설식, 신식은 공(공간)과 명(빛)이 없어도 7연만으로도 활동할 수 있습니다. 아홉 가지 연과 여덟 가지 연과 일곱 가지 연이 잘 인접한다는 말의 아홉 가지 연은 안식이고, 여덟 가지 연은 이식이고 일곱 가지는 비식, 설식, 신식을 가리킵니다.

이 세상에서 일어나는 모든 생각이 9연에 의해 작동합니다. 6식은 경, 작의, 염정, 종자, 근본만 있으면 작용합니다. 제7식은 작의, 종자, 근본만 있으면 작용하고

식의 활동 상황

- 제 6식 – 경, 작의, 염정, 종자, 근본
- 제 7식 – 작의, 종자, 근본
- 제 8식 – 경, 작의, 종자, 근본

제8식은 경, 작의, 종자, 근본이 있어야 작용합니다. 제 7식은 경 즉, 대상이 없어도 작용합니다. 대상을 접하는 것과 상관없이 생각이 일어나기 때문입니다. 전5식은 9개, 8개, 7개의 연이 있어야 작용을 했고 6식은 5개, 7

7) 셋은 합하고 둘은 떨어져서 세상을 관하니

- 셋은 합한다 – 비식, 설식, 신식은 대상과 화합해야 활동
- 둘은 떨어져서 – 안식과 이식은 대상과 떨어져도 활동이 가능

식은 3개, 8식은 4개의 연이 있으면 작용합니다.

그리고 '셋은 합하고 둘은 떨어져서 세상을 관하니'란 말을 봅시다. '셋은 합한다'는 말은 비식과 설식과 신식은 대상과 합해야 활동한다는 말입니다. 냄새, 맛, 촉감은 대상과 부딪혀야 작동을 합니다. '둘은 떨어져서'라는 말은 안식과 이식은 대상과 떨어져야 활동을 한다는 말입니다. 눈이나 귀는 바로 앞에 붙으면 제대로 작동하

8) 어리석은 자는 식과 근을 분별하기 어려우니라.

- 식 – 분별작용하는 인식 주체, 제 8식의 견분에 해당.
- 근 – 인식을 발생하는 구조적인 감각기관, 제 8식의 상분에 해당.

지 않습니다.

'어리석은 자는 식과 근을 분별하기 어려우니라.'는 말을 봅시다. 식은 분별작용을 하는 인식 주체로 제8식의 견분에 해당합니다. 우리가 일으키는 모든 것은 식입니다. 근은 뿌리로, 인식이 발생하는 구조적인 감각기관입

9) 상이 변하고 공을 관하나 오직 후득지로 얻는 것이며,

- 전 5식은 제 8식을 근본으로 삼음으로, 제 8식이 전환하면 전 5식도 따라 전환한다.
- '상이 변함'이란 심식이 생길 때 세속 경계인 상분이 변한다는 것이며, 그 관찰한 바가 곧 공해 진다. 이렇게 그 상이 공하지 만 그러나 공상을 떠나지 못했으므로 이것은 오직 후득지로 얻어지는 것이며 근본지의 작용이 아니다. 불지에는 근본지 와 후득지가 있는데 근본지는 능히 진여를 반연하고 후득지 는 다만 세속의 차별상을 요별할 뿐이다.
- 후득지 – 다만 세속의 차별상을 요별할 뿐이다
- 근본지 – 능히 진여를 반연한다.

니다. 제8식의 상분에 해당합니다. 본질적인 문제는 근이고 이 근에 의해 일어나는 생각은 식입니다.

'상이 변하고 공을 관하나 오직 후득지로 얻는 것이며' 라는 말을 봅시다. 여기서 후득지와 근본지를 살펴보면 후득지는 세속의 차별상을 요별하는 것입니다. 제6식과 7식에 의해서 세상의 모든 것을 분별하는 것이 후득지 입니다. 이 세상을 분별하는 것은 후득지로 얻는 것입니다. 근본지는 진여를 반연하는 것입니다. 즉 진여, 본질을 아는 것입니다. 원래 청정한 본연을 아는 것입니다. 우리가 배우고 분별하는 모든 것은 후득지에 속하고, 본질을 알게 되면 근본지를 얻었다고 할 수 있습니다. 우리가 추구하는 목적은 후득지를 통해 근본지로 가는 것입니다.

006 제2송 이숙능변의 삼상문

그대는 아직도 여인을 등에 업고 있는가?

• 탄산스님의 이야기
  지난 밤에 내린 폭우로 강물이 불어 강을 못 건너고
  있는 여인을 등에 업고 강을 건네주는 탄산스님

• (문제)
• 무엇이, 무엇으로 여인을 등에 업고 있는가?

본 내용에 들어가기 전에 두 가지 일화를 소개하겠습니다. 탄산스님이 어느 날 제자와 길을 갑니다. 길을 가다 보니 큰 냇가가 있는데 전날 비가 와서 그냥 건널 수 없을 정도로 물이 흐르고 있었습니다. 마침 그 냇가를 건너려는 한 여인이 못 건너가고 있었습니다. 그러자 탄산스님은 별 말을 하지 않고 그 여인을 업고 건네 줍니다. 여인을 건너게 해 준 뒤 각자의 길을 떠납니다. 여인과 헤어진 뒤 길을 가다가 제자가 묻습니다. "스님 저희들은 출가사문인데 어떻게 여자를 업고 갈 수 있습니까?" 그러자 탄산스님이 "나는 강을 건너고 여인을 내려놓았는데 너는 아직도 그 여인을 등에 업고 있는가?" 라고 했습니다. 탄산스님은 이미 내려놓았는데 제자는 마음속에 아직도 업고 있는 것이었습니다.

돌을 갈아 거울 만들기

- 마조스님 이야기
- 젊은 스님이 열심히 수행 잘 한다는 소문이 남악 회양 (육조 → 회양 → 마조) 의 귀에 까지 들어감
- 마조가 수행하고 있는 암자를 찾아가 하루 종일 기다림
- 오후 늦게 화장실에 간다고 밖으로 나옴
- 회양선사가 기와를 줏어 법당 앞에 있는 돌에 갈기 시작함
- 회양 "기와를 갈아 거울을 만들려고 하네."
- 마조 "기와는 아무리 갈아도 거울이 되지 않습니다."
- 회양 "그러면 앉아만 있다고 부처가 되나?"
- 마조 "그러면 어떻게 해야 합니까?"

다음은 남악회양과 마조의 이야기를 봅시다. 회양은 육조 혜능의 제자이고 마조는 회양의 제자입니다. 어떤 젊은 승려가 열심히 수행하고 있다는 이야기가 회양의 귀에 들어갑니다. 마침 회양은 자신의 법을 물려줄 제자를 찾고 있었는데 그 소문을 듣고 젊은 승려를 찾아갑니

다. 젊은 승려가 바로 마조입니다. 회양은 마조를 찾아 갔으나 마조는 공부에 열중한다고 회양을 맞이 하지도 않고 그를 기다리게 합니다. 저녁때가 되어서 마조가 화장실에 가려고 나오다가 회양 선사를 보았습니다. 마조가 인사를 하자 회양은 벽돌을 하나 집어 들고 법당 앞의 큰 돌에 갈기 시작합니다. 마조는 그것을 보고 의아해서 회양에게 "뭐하는 것입니까?"하고 묻습니다. 그러자 남악회양은 "난 거울을 만들고 있네."라고 합니다. 그 말을 듣고 마조는 피식 웃으면서 말합니다. "스님 그 벽돌은 아무리 갈아도 거울이 되지 않습니다." 회양은 그 말을 듣고 말합니다. "그럼 자네같이 하루 종일 앉아 있기만 해서 부처가 되나?" 그 말을 듣고 마조는 깨달은 바가 있어 회양에게 어떻게 하면 부처가 되는지 묻습니

유식 2송

위이숙사량 謂異熟思量　급료별경식 及了別境識
초아뢰야식 初阿賴耶識　이숙일체종 異熟一切種

• 이숙식異熟識과 사량식思量識 및 요별경식了別境識을 말한다. 첫 번째 능변식은 아뢰야식이고 이숙식이며, 일체 종자식이다.

다. 그러자 회양은 마조에게 질문을 하나 던집니다. "수레가 가지 않을 때 소를 치겠느냐? 수레를 치겠느냐?" 이 말을 듣고 마조는 큰 깨달음을 얻습니다.

지난 시간에 이어서 유식 2송을 살펴봅시다. 전5식은 안이비설신이고 의식인 6식은 요별경식이고 잠재의식인 7식은 사량식이고 본질적인 근본 의식은 제8식 아뢰야식, 이숙식입니다.

2송의 뒤 두 구절을 보면 '첫 번째 능변식은 아뢰야식이고 이숙식이며, 일체 종자식이다.'입니다. 제8식을 보면 삼상이란 것이 있는데 삼상은 제8식에 포함되어 있는 자상自相과 과상果相과 인상因相을 말합니다. 제8식을 자상의 입장에서 보면 아뢰야식이 되고, 과상의 입장에서 보면 이숙식이 되고, 인상의 입장에서 보면 일체 종자식입니다.

아뢰야식은 자상자체로서 모든 것을 포함하고 있어 장식이라고 합니다. 제7식과 6식이 사용할 수 있는 저장 창고와 같은 것입니다.

이숙식은 과상으로 다르게 익는 것입니다. 인과와 응보가 시간에 따라 다르게 작용한다는 것입니다. 내가 이생에 돈 천만 원을 누구에게 빌려주고 못 받았다면 다음 생에 그 누구에게 돈 천만 원을 돌려받는 것이 아니라 그에 상응하는 가치의 다른 것으로 받는 것을 뜻합니다.
 일체 종자식은 인상으로 다음 생을 받게 하는 원인이
들어 있는 창고입니다. 갑은 교수가 될 확률이 많은 종
자가 들어 있으면 다음 생에 교수가 되고, 을은 사업가
가 될 확률이 많은 종자가 들어 있으면 사업가가 될 확

삼성, 삼량, 삼경
1) 삼성三性과 삼량三量과 삼경三境에 통하니
• 삼성 – 선, 불선, 무기
• 삼량 – 현량現量, 비량非量, 비량比量
• 현량現量 – 있는 것을 있는 그대로 아는 것
• 비량非量 – 있는 것을 있는 그대로 알지 못하는 것
• 비량比量 – 유추와 추리로서 사물을 아는것

률이 높음을 말합니다.
 6식 의식은 뇌의 활동입니다. 이것들을 잘 제어하려면
명상과 관조를 해야 합니다. 여기서 삼성, 삼량, 삼경이
나옵니다. 우리의 의식은 삼성, 삼량, 삼경과 통해 있습
니다. 삼성은 세 가지 성품으로 선, 불선, 무기입니다.
무기는 선도 아니고 불선도 아닌 것입니다. 아뢰야식에
들어가면 선인지 불선인지 무기인지 아무런 분별이 없

습니다. 하지만 내가 끄집어 내어 쓰면 작용할 때 상대적으로 선, 불선, 무기가 될 수 있습니다. 작용하지 않고 내 속에 들어 있으면 아무것도 아닙니다. 이 아무것도 아닌 것에 주변 환경이 매우 중요하게 작용합니다. 만약 내 속에 선이 30%밖에 없고 불선이 70%가 있습니다. 하지만 옆에 착한 친구가 있으면 선만 자꾸 쓰게 됩니다. 자꾸 착한 마음만 일으키게 됩니다. 내게 악한 마음이 아무리 많아도 다른 사람이 보면 아주 착한 사람으로 보입니다. 주변의 환경이 중요한 이유는 바로 내 속에 있는 이 마음들 중에서 끄집어내는 것이 달라지기 때문입니다. 이렇게 주변 사람을 잘 만나 선한 마음을 자꾸 꺼내 쓰면 그 업에 따라 좋은 생으로 태어날 수 있게 됩니다.

삼량은 현량現量, 비량非量과 비량比量입니다. 현량은 있는 것을 있는 그대로 보는 것입니다. 비량은 있는 것을 있는 그대로 못 보는 것입니다. 마지막 비교할 비의 비량은 유추와 추리로 사물을 아는 것입니다. 전5식인 안이비설신은 있는 것을 있는 그대로 봅니다. 우리의 의식인 6식과 7식은 있는 것을 있는 그대로 못 봅니다. 8식은 있는 것을 있는 그대로 봅니다. 있는 것을 있는 그대로 본다는 것은 누가 봐도 다 같습니다. 있는 것을 있는 그대로 못 보니까 다 다른 것입니다. 우리가 깨치고 나면 부처님의 마음을 알고 부처님의 마음이 내 마음이 됩니다. 이때 현량이란 개념을 이해하게 되는 것입니다. 그래서 깨친 사람들이 어떤 화두를 던지든 다 똑같이 보

삼경의 설명
- 성경 – 주관이 없이 객관 그대로 보는 세계
  (예) 거울에 비친 자신의 모습
- 독영경 – 주관적인 영향에 의하여 나타나는 망상적 경계
  (예) 환영을 보는 것
- 대질경 – 본질은 있으나 본질 그대로는 나타나지 않는 경계
  (예) 새끼줄을 뱀으로 착각

입니다. 왜냐하면 현량에서 진리를 보기 때문입니다.

6식에는 삼경인 세 가지 경계가 있습니다. 삼경이란 성경, 독영경, 대질경입니다. 성경이란 주관이 없이 객관 그대로 보는 세계입니다. 거울을 놔두고 비추면 주관 없이 있는 그대로 비칩니다. 독영경은 주관적인 영향에 의하여 나타나는 망상적인 경계입니다. 아무런 현상도 없는데 망상으로 일으키는 생각입니다. 대질경은 본질은 있으나 본질 그대로는 나타나지 않는 경계입니다. 예를 들어 여기에 새끼줄이 있다고 합시다. 본질은 새끼줄

입니다. 하지만 내가 새끼줄을 보는 순간 뱀이라고 착각합니다. 그것이 바로 대질경입니다. 6식, 의식은 이 삼성, 삼량, 삼경을 모두 느낍니다. 6식은 마음이 일으킬

삼계 윤회

2) 삼계에 윤회할 때에 쉽게 알 수 있느니라.

• 중생이 삼계에 윤회할 때에 삼계에서 받는 생사와 선과 불선의 인과는 바로 이 제6식의 작용으로 말미암은 것이므로 그 행상이 8식 중에서 가장 뚜렷하여 쉽게 알 수 있다.

수 있는 전부를 느낄 수 있습니다.

 삼계에 윤회를 할 때 태어나고 죽고를 반복하는 현상을 6식에서 가장 쉽게 알 수 있습니다. 우리가 살아가면서 느끼는 모든 감정이 6식입니다. 중생이 삼계에 윤회할 때 받는 생사와 선과 불선의 인과는 바로 제6식의 작용으로 말미암는 것입니다. 현재 우리에게는 6식이 끝도 없이 작용합니다.

 '상응하는 심소는 51가지이니 선과 불선에 임할 때 각

3) 상응하는 심소는 51가지이니, 선과 불선에 임할 때 각각 그것에 배정하느니라.

- 변행(5) - 작의(作意), 촉(觸), 수(受), 상(想), 사(思)
- 별경(5) - 욕(欲), 승해(勝解), 염(念), 등지(等持), 혜(慧)
- 선심소법(11) - 신(信), 참(慚), 괴(愧), 무탐(無貪), 무진(無瞋), 무치(無痴), 정진(精進), 경안(輕安), 불방일(不放逸), 사(捨), 불해(不害)
- 번뇌지법(6) - 탐(貪), 진(瞋), 만(慢), 무명(無明), 견(見), 의(疑)
- 수번뇌지법(20) - 분(忿), 한(恨), 부(覆), 뇌(惱), 질(嫉), 간(慳), 광(誑), 첨(諂), 교(憍), 해(害), 무참(無慚), 무괴(無愧), 혼침(惛沈), 도거(掉擧), 불신(不信), 해태(懈怠), 방일(放逸), 실념(失念), 심란(心亂), 부정지(不正知)
- 부정법(4) - 악작(惡作), 수면(睡眠), 심(尋), 사(伺)

각 그것을 배정하느니라.'의 문장을 살펴봅시다. 51개의 심소를 봅시다. 첫 번째는 변행으로 작의, 촉, 수, 상, 사입니다. 예를 들어 내가 눈을 통해 어떤 대상을 봅니다. 그러면 대상이 내 눈에 들어옵니다. 그것이 왜 들어올까요? 내가 그 대상을 볼 때 내가 그 대상을 인식하게끔 내 의지가 눈을 통해 작용하는 것입니다. 그것이 바로 작의입니다. 작의가 작용하기 때문에 우리는 대상을 볼 수 있습니다. 촉이란 감각이 대상에 부딪히는 것입니다. 촉이 작용하면 그 대상에 대한 느낌이 옵니다. 그것이 바로 수입니다. 느낌은 내 속에 저장되어 있는 모든 업과 작용해서 일어납니다. 느낌이 오면 형상으로 만들어집니다. 그것이 상입니다. 이때 생각이 일어나는데 그것은 사입니다. 우리는 어떠한 경우에도 이 변행 다섯 가지를 거치게 됩니다. 6식이든 7식이든 8식이든 전부 이 변행을 거칩니다.

두 번째는 별경으로 욕, 승해, 념, 정, 혜이고 세 번째 선심소법은 11로 신, 참, 괴, 무탐, 무진, 무치, 정진, 경안, 불방일, 상, 불해입니다. 네 번째는 번뇌지법입니다. 번뇌지법 여섯 개는 선과 불선 가운데 불선에 해당합니다. 탐, 진, 만, 무명, 견, 의입니다. 기본적인 번뇌지법 가운데 탐진치가 포함되어 있습니다. 무명이 바로 치에 해당합니다. 다섯 번째는 수번뇌지법으로 20개가 있습니다. 분, 한, 부, 뇌, 질, 간, 광, 첨, 교, 해, 무참, 무괴, 혼침, 도거, 불신, 해태, 방일, 실념, 심란, 부정지입니다. 선심소법은 11개인데 번뇌지법은 총26개나 됩니다. 일반적으로 생각을 일으키면 선한 생각보다 불선한 생각을 일으키기 더 쉬운 것입니다. 마음을 내버려 두면 선한 생각보다 불선한 생각을 일으키기 쉽다는 것입니다. 그래서 우리는 공부, 수행, 절제를 하는 것입니다. 마지막 부정법은 네 개인데 악작, 수면, 심, 사입니다. 이것이 모두 심소에 작용하는 51가지입니다. 이것에 대한 구체적인 설명은 다음에 하나씩 자세히 살펴볼 것입니다.

'삼성과 삼계와 삼수가 항상 전변하여 근본 번뇌와 수

> ## 총체적으로 서로 연관
>
> 4) 삼성과 삼계와 삼수가 항상 전변하여 근본번
>   뇌와 수번뇌와 신 등이 총체적으로 서로 연
>   관하니,
> - 몸을 움직이고 말을 하는데 홀로 가장 뛰어나서
>   (업)을 이끌고 (과보)를 만족하여 능히 업력을 부
>   르고 (8식)을 이끄느니라.
> - 삼계 – 욕계, 색계, 무색계
> - 삼수 – 고苦, 락樂, 사捨

번뇌와 선 등이 총체적으로 서로 연관하니'의 문장을 봅시다. 삼성은 앞에서 설명했고 삼계는 욕계, 색계, 무색계를 말하고 삼수는 우리가 받는 느낌으로 고苦와 낙樂과 고도 낙도 아닌 사捨 세 가지입니다. 6식은 우리가 일으킬 수 있는 모든 것입니다. 마음이 생각의 바다라면 그 마음은 6식이 일으키는 모든 것입니다. '몸을 움직이고 말을 하는데 홀로 가장 뛰어나서 업을 이끌고 과보를 만족하여 능히 업력을 부르고 이끄느니라.'는 말은 8식을 이끈다는 것입니다. 이 문장을 살펴보면 우리는 6식, 7식, 8식 가운데서 6식의 말을 듣습니다. 6식이 현상적으로 나타나면서 나의 업을 이끄는 것입니다. 업을 이끌어 어떤 행위를 하면 나타난 행위는 과보를 유발합니다. 내 속에 있는 8식이 무엇인지는 모르지만 내가 6식

이 하는 것을 보고 그 저장 창고에는 무엇이 들어있는지를 아는 것입니다. 우리는 내 속에 선과 악이 얼마나 들어있는지 모릅니다. 그렇지만 저장 창고에 무언가를 빼내 봅니다. 빼내 보면 무엇인가 나올 것입니다. 그것을 보고 안에 무엇이 들어있는지 알 수 있습니다. 6식이 하는 것을 보고 8식에 무엇이 들어있는지 알 수 있는 것입니다. 6식은 업의 창고를 이끌어갑니다. 내 업의 창고에 무엇이 들어있는지는 모르지만 6식이 나타나는 것을 보면 알 수 있습니다. 예를 들어 똑똑한 아이가 있습니다. 그 아이를 보면 전생에 어떻게 살았는지 짐작할 수 있습니다. 태아일때 어머니의 능력이 태아에게 전달됩니다. 반대로 태아의 능력이 어머니에게 전달될 수도 있습니다. 여성들이 임신을 하면 평소에 전혀 먹고 싶지 않았던 것들이 먹고 싶은 것은 아이의 습성이 영향을 주었기 때문입니다. 불교 역사에서 산스크리트어로 된 불교 경전을 한자로 번역한 대승인 구마라집이 있습니다. 그는 묘법연화경, 반야경 등 경전을 번역했습니다. 구마라집의 어머니가 구마라집을 임신했을 때 종전에는 전혀 알지도, 한 번도 듣거나 말한 적이 없었던 언어들을 사용하기 시작합니다. 아이의 능력이 어머니에게 전달된 것입니다. 하지만 구마라집을 낳자마자 그 능력이 모두 없어져버립니다.

내 속에는 부처부터 지옥까지 다 들어있습니다. 그것을 내가 어떻게 쓰느냐에 따라 나의 삶은 달라집니다. 만약 내가 선한 마음보다 악한 마음이 많지만 의지가 굳어 내가 목표를 잘 세워놓고 그 목표를 향해 끊임없이 정진한다면 나는 내가 가진 것 중에서 선한 마음을 훨씬 더 많이 끄집어 내 쓸 수 있습니다. 이 생에서 한 번 그렇게 살다 보면 내가 갖고 있는 이 업의 창고에 악한 마음보다 선한 마음이 훨씬 더 많이 채워지는 것입니다. 그럼 다음 생애에 훨씬 더 선하게 살기 쉽습니다. 우리가 이 한 생을 사는 것은 수억 겁을 생각해볼 때 변함이 없습니다. 엄청나게 큰 공간 속에 물 한 방울이 우리의 한 생의 삶입니다. 그러나 묘하게도 그 물 한 방울 때문에 큰 공간이 변하기도 합니다. 우리의 삶은 화살이 날아가는 것과 같습니다. 우리의 한 삶은 화살이 0.1도 정도 변하도록 사는 것입니다. 0.1도라면 미미해서 변하는지 안 변하는지 알지 못합니다. 하지만 0.1도가 변해서 계속 나아가면 완전히 달라집니다. 0.1도가 변해서 부처가 되고 0.1도 변하지 않아서 지옥에 가기도 하는 것입니다. 우리의 삶은 엄청나게 대단한 것 같지만 0.1도의 각도를 바꾸는 것에 불과합니다. 그러나 그 각도에 의해 부처가 될 수 있는 것입니다.

환희지와 구생혹

5) 초심의 환희지에서 지智가 발생하나 구생 혹은 오히려 스스로 전纏과 면眠을 나타내느니라.

• 제 6식은 무루지가 발생하는 초지 환희지에서 묘관찰지로 전환하여 아와 법에 대한 분별혹分別惑은 그치게 된다. 그러나 구생혹俱生惑은 거기에서도 여전히 활동하고 있다.

환희지와 구생혹을 봅시다. '초심의 환희지에서 지가 발생하나 구생혹은 오히려 스스로 전과 면을 나타내느니라.'의 문장을 봅시다. 우리는 살다 보면 환희를 느낀 적이 있을 것입니다. 환희는 보통 기쁨을 뛰어넘는 엄청난 기쁨입니다. 환희지는 그 환희보다 더 지극한 환희입니다. 참선과 명상을 통해서 마음의 깊은 내면까지 들어갔을 때 느낄 수 있는 것입니다. 지금 단계에서 그 위의 단계로 훌쩍 오르는 때가 있습니다. 지금 갖고 있는 이 상황을 뛰어넘는 상황입니다. 환희지는 그 뛰어넘을 때 느끼는 기쁨입니다. 그 깊은 공부에서 처음으로 뭔가를 느껴 희열에 차 있을 때의 환희는 세상 어느 것과도 바꿀 수 없습니다. 그 환희를 느끼는 순간 환희는 지혜를 동반합니다. 그것은 우리로 하여금 사성제라든가 팔정

환희지와 구생혹

5) 초심의 환희지에서 지智가 발생하나 구생 혹은 오히려 스스로 전纏과 면眠을 나타내느니라.

• 구생혹이란 선천적으로 익혀 온 번뇌이며, 환희지에서는 의식작용 중 분별혹은 멈추지만 구생혹인 전과 면은 아직 남아서 활동하고 있다는 것이다. 전은 현행을 말하고 면은 종자를 말하므로 초지에서는 구생혹의 현행과 종자는 활동하는 것이다.

도 등을 명쾌하게 알고 실천하게끔 합니다.

제6식은 무루지가 발생하는 초지 환희지에서 묘관찰지로 전환하여 아와 법에 대한 분별혹을 그치게 합니다. 우리는 평생 번뇌 망상과 분별심을 가지고 삽니다. 6식이 일으키는 모든 것이 분별심입니다. 초지 즉 환희지에 들어가면 분별심이 그치게 됩니다. 그러나 구생혹은 거기에서도 여전히 활동합니다.

뭔가 뿌리 깊이 자리 잡은 것은 이 생에서 아무리 없애려고 해도 없어지지 않습니다. 그 사람이 갖고 있는 근본 뿌리는 어떻게 하더라도 돌아서면 본래 모습대로 됩니다. 절대적으로 바뀌지 않고 뿌리 깊이 아뢰야식에 연결되어 있는 번뇌 망상, 업이 구생혹입니다. 초지(환희지)에 가면 일반적인 분별혹은 다 없어지지만 구생혹은 초견성을 했다 하더라도 없어지지 않습니다. 껍질은 없어지지만 속에 있는 알맹이는 죽다 깨어나도 없어지지 않습니다. 업의 덩어리 중에서 단단하게 굳지 않은 것은 쉽게 허물어지고 없어집니다. 하지만 단단하게 굳은 것은 없어지지 않습니다. 몇 생을 걸쳐 익힌 습은 분별심입니다. 하지만 수억 생을 살아오면서 굳어 있는 번뇌 망상은 구생혹입니다. 우리에게 일어나는 분별심 중에서는 가벼운 분별심이 있고 뿌리 깊은 분별심이 있습니다. 가벼운 분별심은 조금 노력하면 없앨 수 있으나 뿌리 깊은 분별심은 아무리 노력해도 변하지 않습니다. 이 구생혹이 깨트려져야 부처가 될 수 있습니다.

한 생명이 탄생하면 나라고 고집하는 마음이 일어납니다. 그것이 나에 대한 어리석음인 아치입니다. 근본적으로 내가 없는데 나라고 고집하는 것입니다. 아치가 생기면 아집이 생깁니다. 아만이 생기고 아애가 생깁니다. 평생 우리가 갖고 있는 이 생각의 뿌리는 아치이고 아집이고 아만이고 아애입니다. 이것이 바로 구생혹입니다. 구생혹은 선천적으로 익혀 온 번뇌이며 환희지에서는 의식 작용 중 분별혹은 멈추지만 구생혹인 전과 면은 아직 활동을 합니다. 전은 현행을 말하고 면은 종자를 말합니다. 전은 현재 하고 있는 행위, 현행을 말하고 면은 현행을 나타나게 하는 종자입니다. 구생혹이 남아 있는 한 사람의 습은 죽다 깨어나도 깨트려지지 않고 그대로 남아 있습니다. 공부를 해서 초지만 가도 세세생생 몸을

원행지와 구생혹

6) 원행지 후에는 순수한 무루가 되어 묘관찰지로 둥글게 밝아 대천세계를 비추느니라.

제7지 원행지에 이르면 구생혹도 없어져서 번뇌가 완전히 없어진다. 즉, 원행지인 7지에서 보살이 무상정에 들어가면 의식의 여러 작용이 완전히 그쳐서 분별혹은 물론 구생혹까지 없어져서 의식작용이 순수한 묘관찰지로 바뀌어 대천세계를 밝게 비추게 된다.

받아가면서 더 이상 진리에서 물러나지 않게 됩니다.

7지 원행지를 봅시다. 초지 환희지로부터 시작해서 2지 이구지, 3지 발광지, 4지 염혜지, 5지 난승지, 6지 현전지를 거쳐 7지 원행지에 가면 구생혹이 깨트려집니다. 7식이 갖고 있던 뿌리인 아치, 아만, 아집, 아애가 깨트려집니다. 화엄경에서는 단계별로 수행 성과를 설명해 놓았습니다.

초지 환희지를 얻은 사람은 일지 보살이고 이 7지 원행지를 얻은 사람은 7지 보살입니다. 7지 보살을 넘어서야 부처가 됩니다. 7지 보살이 되어야 완전한 견성이

라고 할 수 있으며 진정한 부처가 될 수 있습니다. 원행지 이상에서는 순수한 무루가 됩니다. 무루란 번뇌가 없어지는 것입니다. 어떠한 일을 하더라도 번뇌가 없는 것입니다. 7지 보살 이상의 부처에서는 어떠한 행위든 생명을 상하게 하는 행위는 하나도 없습니다. 선 밖에 없습니다. 7지 보살 이상 가면 모든 탐 진 치는 0이 됩니다.

화엄경 보살 10지를 보면 초지가 환희지고 2지가 이구지입니다. 이구지란 더러움으로부터 벗어나는 것입니다. 3지는 발광지입니다. 부처님을 보면 후광이 있듯이 여기에 이르면 빛을 발하게 되며 후광이 생깁니다. 4지 염혜지는 지혜가 무르익어 넘쳐 정情의 장애를 모두 불태우게 됩니다. 5지 난승지는 어려운 경지를 성취하여 진여와 속제가 조화를 이루게 됩니다. 6지 현전지, 7지가 원행지이고 8지가 부동지이며 수상행식을 끊고 이미 완전한 진여를 얻었음으로 다시 동요되지 않습니다. 9지는 선혜지이며 진공묘유의 묘유를 세상에 실천하는 지위입니다. 10지가 법운지입니다. 이 지구에서 몇 명 정도는 8지 보살 이상을 갔을 것입니다. 우리 나라의 대표적인 고승인 원효 대사가 8지 보살이라고 합니다. 원행지를 가야 구생혹이 없어집니다. 원행지 7지 보살 이후에는 순수한 무루가 되어 어떠한 행위를 하더라도 번

제3능변

7) 제3능변

차별하여 여섯 종류가 있으니,
경계를 요별하므로 성과 상으로 삼으며 선과 불선
과 무기가 된다.

뇌가 생기지 않습니다. 진짜 무루입니다. 원행지인 7지
에서 보살이 무상정에 들어가면 의식의 여러 작용이 완
전히 그쳐 분별 혹은 구생혹까지 없어집니다. 이 경지에
이르면 의식 작용이 순수한 묘관찰지로 바뀌어 대천세
계를 밝게 비추게 됩니다. 오로지 자비와 광명밖에 없게
됩니다.

제3능변을 봅시다. 제3능변은 차별하여 여섯 가지 종
류가 있습니다. 6식이 제3능변, 7식이 제2능변, 8식이
제1능변입니다. 6식은 차별하여 여섯 가지가 있다는 말
은 안이비설신의를 가리킵니다. '경계를 요별하므로 성
과 상으로 삼으며 선과 불선과 무기가 된다.'는 말은 현
상에서 나타내는 모든 것은 선, 불선, 무기로 된다는 것
입니다. 이 마음의 작용은 변행과 별경과 선과 번뇌와

의식이 생하지 않는 것

- 무상천에 태어나는 것 - 색계 제 4천
- 무심의 두 선정 - 무상정과 멸진정
- 수면 - 숙면의 상태
- 기절 - 의식이 없어진 상태

부정으로 모두 삼수와 상응합니다. 삼수란 선, 불선, 무기입니다. 이 현상이 일어나는 것에는 무상천에 태어나는 것, 무심의 두 선정, 수면과 기절은 제외됩니다.

의식이 있는 것은 살아있는 것이고 의식이 없는 것은 죽은 것입니다. 살아있는 한 의식은 계속 일어납니다. 기절하는 것은 의식이 없이 죽은 것과 같은 상태입니다. 기절했을 때는 의식이 없습니다. 무심의 두 선정이란 우리가 공부를 하여 선정에 든 상태를 말합니다. 무상정, 멸진정에 든 상태입니다. 선정에 들면 의식이 없습니다. 의식이 없이 살아있는 것입니다. 그래서 선정에 들면 몇 달이고 몇 년이고 그 상태로 있을 수 있는 것입니다. 무상천은 색계 제4천입니다. 여기서 말하는 수면이란 잘 때도 의식이 생기지 않는 때가 있는데 바로 숙면에 든 상태입니다.

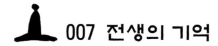

007 전생의 기억

전생 기억의 증거
- 미국 버지니아대학의 스티븐슨 교수
- 1975년 까지 1300명의 전생 기억 사례 수집
- 이스마일의 전생
- 1950년경 터키 남부의 아나다라는 마을
- 건너 마을 과수원집 주인이었는데 50살에 죽었음.
- 1962년 조사 결과 사실로 밝혀짐.
- 이스마일은 그 마을에 가서 전생의 빚을 받았음

유식 자체가 전생에 했던 행위, 축적물과 연관이 되어 있습니다.

한 번의 행위에 의해 그 습을 익히면 고칠 수가 없습니다. 만약 내가 고쳐야겠다고 결심한 후 고쳐지는 것은 후천적으로 이 생에서 살아가면서 익힌 습입니다. 하지만 전생으로부터 익혀져 있는 업은 잘 고쳐지지 않습니다.

 우리의 행위가 전생의 행위의 축적과 관계가 있는지 없는지 유럽에서 쌍둥이를 대상으로 실험을 했습니다. 스토와 유프라는 쌍둥이는 태어나자마자 분리되어서 40년 동안 다른 인생을 살아갑니다. 놀랍게도 40년 후에는 둘 다 생물학 교수가 되어서 미국 미네소타 대학에서 만나게 됩니다. 또 미국의 버지니아 대학 스티븐슨 교수는 전생을 기억하는 사람을 찾아다니면서 전생의 행위를 기록합니다. 1975년까지 약 1300여개의 사례를 수집했습니다. 이 가운데 이스마일이란 사람의 전생 이야기가 독특합니다. 이스마일은 1950년경 터키 남부의 아나다란 마을에서 태어났습니다. 태어나서 1, 2년 동안 마을 밖으로 나간 적도 없는 아이가 자꾸 자기 집에 대려다 달라고 합니다. 여기는 자기집이 아니니까 자기 집에 데려다 달라고 합니다. 이스마일의 부모님이 집이 어디냐고 묻자 아이는 마을 이름을 댑니다. 찾아보니 이스마일의 마을에서 멀지 않은 곳에 그 마을이 있었습니다. 그리고 자신은 건너 마을 과수원집 주인이었는데 50살에 죽었다고 이야기합니다. 즉 과수원집 주인이 죽고 다시 이스마일로 환생한 것입니다. 이스마일은 전생에 있었던 일들을 이야기합니다. 자기 부인이 누구였고 누구에게 돈을 빌려줬다는 등의 말을 합니다. 그래서 가족은 이스마일을 데리고 그 마을로 갑니다. 그 마을에 가자 이스마일은 나이 든 노인에게 왜 자기에게 빌린 돈을 안 갚느냐고 말합니다. 언제 자신의 돈을 빌려가지 않았느냐고 합니다. 그러자 노인은 놀라서 그 돈을 갚아 줍니다. 그렇게 이스마일은 전생에 빌려준 돈을 받습니다. 이와 같이 전생을 기억하지 못한다고 전생이 없는 것이 아닙니다.

육근, 육경, 육식에서 촉이 일어납니다. 촉은 상태가 급격히 변할 때 깨집니다. 예를 들어 죽고 다시 태어날 때 내가 기억하던 모든 것이 흐트러집니다. 그러나 수행을 하거나 촉이 덜 깨진 사람은 전생을 기억할 수 있습니다.

1990년 초에 정연득이란 사람이 세간의 화제를 불러

정연득
- 1975년 5월 5일 부산 동래 온천동에서 태어남.
- 소년은 자신은 조선시대의 학문이 높은 인물인 정수(鄭需)가 환생해 태어난 사람이라고 말하기도 하고,
- 중국 당나라때 환관(宦官 ; 내시)이었던 이거비가 자기였다고 말했다고 한다.
- 그래서 초능력학회와 연결되어 SBS 방송국 프로인 〈그것이 알고 싶다〉시간에 소년이 화재의 인물로 등장한 적도 있었다.

일으켰습니다. 정연득은 '그것이 알고 싶다.'란 TV프로
그램에 출연하여 자신의 전생을 이야기합니다. 그 당시
에 6살인가 7살이었을 것입니다. 그 어린아이가 전혀
배우지 않았던 5개 국어를 합니다. 또 자기의 전생이 조
선 시대 학문이 높은 정수란 인물이었다고 합니다. 그리
고 당나라 때 환관이었던 이거라는 인물도 자신의 전생
이었다고 합니다. 이 일로 한 때 세간을 떠들썩하게 했
습니다.

　오늘은 제7식인 사량식을 봅시다.

　나에게는 안이비설신의가 있고, 의인 의식을 세분화하
면 의식, 제7식, 제8식으로 나누어집니다. 외부적으로
활발하게 나타나는 것이 6식이고 현재 의식입니다. 6식
을 일으키는 뿌리가 7식입니다. 우리가 어떤 생각을 일
으킬 때 그 뿌리가 7식입니다. 그러므로 우리는 제7식
을 평생 갖고 살아갑니다. 전생에 어떻게 살았는지는 모
르지만 현재 나타는 것을 보고 속에 무엇이 들어있는
지 알 수 있습니다. 한 사물을 보고도 사람들은 각자 다
르게 표현합니다. 이는 각자 속에 든 것이 나타날 뿐입
니다. 우리가 평생 나라는 것을 나타내는 것은 제6식이
고, 나라는 것을 나타내는 뿌리가 7식입니다. 우리가 생
각하고 분별하는 모든 것은 7식에 뿌리를 둡니다. 8식
은 종자식으로 제7식을 있게 하는 더 깊은 뿌리입니다.

제8식을 이해하고 인식하면 깨달음을 얻고 부처가 됩니다. 하지만 중생은 겉으로 드러난 것만 이해하고 판단하며 살아갑니다. 뿌리는 모르고 줄기, 잎만 사용하는 것입니다. 뿌리는 모른 채 나타나는 현상만 갖고 나다, 내 것이다 하며 살아갑니다.

제7식의 특성

1)대질경을 반연하며, 유부무기이고 정情과 본本에 통하니,

• 대질경 – 주관과 객관 사이에 놓여 있는 중간적 대상. 비량比量이다.

　제7식은 말나식, 사량식으로 매일 생각만 하는 것입니다. 생각을 끝도 없이 하면서 표현을 하게 되면 나라는 것이 됩니다. 그 생각을 끊임없이 하게 하는 것이 제7식입니다. '대질경을 반연하며, 유부무기이고 정과 본에 통하니'란 말을 봅시다. 정은 나타나는 것이고 본은 뿌리를 말합니다. 정은 나타나는 6식이고 본은 뿌리인 8식이라고 할 수 있는데 7식은 6식과 8식의 매개체 역할

을 합니다. 대질경은 주관과 객관 사이에 놓여있는 중간
적인 대상입니다. 주관은 내가 일으키는 생각이고 객관
은 상대방이 일으키는 생각입니다. 7식은 끊임없이 비
교하고 분석하고 따지고 합니다. 그래서 주관과 객관 사
이에 놓여있는 비량인 것입니다. 비는 견주는 것입니다.
우리의 삶은 평생 이것을 할까 저것을 할까 하며 견주
는 것입니다. 유부무기란 말을 봅시다. 무기란 선도 아
니고 불선도 아닌 상태입니다. 선은 다른 생명을 도와주
고 살려주는 것이며 불선은 다른 생명을 해치고 자신만
잘 되려고 하는 것입니다. 6식으로 나타나는 것은 거의
다 선과 불선이라고 할 수 있습니다. 그렇지만 내 속에
가만히 들어 있으면 선도 아니고 불선도 아닌 무기가 됩
니다. 경계에 부딪혀야 선과 불선이라는 작용을 일으키
는 것입니다. 제7식은 내가 세세생생 살아오면서 쌓인
업을 씁니다. 내 속의 업은 그냥 안에 있기 때문에 무기
입니다. 유부란 기름덩어리 같은 더러운 것을 말합니다.
그러므로 제7식은 더러운 것으로 가득 찬 무기인 것입
니다. 오염된 무기입니다. 제7식은 세세생생 살아오면
서 내 업에 의해 형성된 오염된 무기인 것입니다.
  오염되기 전의 것은 뿌리인 제8식입니다. 제8식은 더
럽지 않은 무기라고 할 수 있습니다. 더러운 것에 물들
기 전이기 때문에 본래 청정이라고 하는 것입니다. 맹자

는 성선설을 주장했고 순자는 성악설을 주장했습니다. 우리가 일으키는 마음 가지 수를 보면 번뇌가 선보다 훨씬 많습니다. 인간은 가만히 놔두면 불선을 일으키기 쉽습니다. 우리의 본질적인 성품은 순자가 주장한 성악설에 더욱 가까울 수 있습니다. 하지만 이것은 6식을 말한 것이고 제7식과 제8식에 들어가면 선도 아니고 불선도 아닙니다.

대질경은 진대질과 사대질

1) 대질경을 반연하며, 유부무기이고 정情과 본本에 통하니,
- 진대질眞帶質 - 제7 말나식이 제8식의 견분을 자아로서 반연하는 것. 이것은 마음으로써 마음을 반연하는 것이지 객관적인 경계를 반연하는 것이 아니다. 주관에 그침.
- 사대질似帶質 - 마음으로 경계를 반연하는 것. 주관에서 객관을 반연.

대질경에는 진대질과 사대질이 있습니다.

진대질은 제7식 말나식이 제8식 견분을 자아로써 반연한 것입니다. 남녀가 결합하면 생명이 탄생합니다. 생명이 생기는 순간 나라고 고집하는 것이 생깁니다. 본질을 알면 나란 것이 없음을 압니다. 나에 대한 어리석음

인 아치 때문에 나라고 생각하는 아집이 생깁니다. 그것이 제8식에서 일어나는 생각을 나라고 고집하는 것입니다. 제7식은 제8식의 뿌리에서 일으키는 생각을 나라고 고집하며 평생을 살아갑니다. 이것을 깨트리지 못하는 한 우리는 제7식에 의해 살아갈 뿐입니다. 제8식의 견분을 나라고 생각하는 것이 제7식입니다. 그래서 제7식은 항상 나라는 생각밖에 없습니다. 죽다 깨어나도 나입니다. 제7식이 깨트려지지 않는 한 항상 나밖에 없는 것입니다. 우리의 삶은 그 뿌리에 전부 남아 있습니다. 전부 다 나를 위해서 산 삶인데 그것을 각색하여 남을 위해 희생하며 살았다고 말합니다. 그러나 결국 자기 자신의 이익, 사랑 때문에 산 것 뿐입니다. 그 본질에는 자기 자신을 사랑하는 마음이 더 큽니다. 이것은 마음으로써 마음을 반연하는 것이지 객관적인 경계를 반연 하는 것이 아닙니다. 주관에 그칩니다. 제7식은 대상과 부딪혀 대상과 무엇을 하는 것이 아니라 혼자 생각하는 것입니다. 혼자 생각한 것이 대상과 부딪히면 6식이 나옵니다. 좋다, 나쁘다, 된다, 안 된다 등이 나오는 것입니다. 대상과 부딪히기 전에 내 속에는 주관적인 것만 가득합니다. 대상과 부딪히기 전에는 내 속에 내 것 밖에 없습니다. 어떤 생각을 일으키던 다 자기 생각입니다. 자기의 업에 근거한 자기의 생각만 일으키는 것입니다.

사대질은 마음으로 경계를 반연 하는 것으로 주관에서 객관을 반연 하는 것입니다. 내가 대상과 관계를 맺는 것입니다. 이것이 결국 6식으로 나타납니다. 진대질이 대상과 부딪히며 일으키는 생각이 사대질인 것입니다.

유부무기와 무부무기

1) 대질경을 반연하며, 유부무기이고 정情과 본본에 통하니

- 유부무기 – 제7식의 18가지 마음 작용이 먼지가 덮여있듯이 덮여 있는 것으로, 더러움으로 덮여 있다. 제7식
- 무부무기 – 더러움으로 덮여있지 않으므로 무부무기라 한다. 제8식

유부무기는 세 가지 성품인 선, 불선, 무기 중에 무기로 오염된 무기입니다.

무기는 유부무기와 무부무기가 있습니다. 더러운 것으로 덮인 것이 유부무기라면 무부무기는 더러움이 없는 무기입니다. 원래 내 속에 있는 업의 종자는 유부무기, 무부무기 두 가지 성격을 다 가지고 있습니다. 제7식은 유부무기이고 제7식보다 더 깊은 뿌리인 제8식은 무부무기입니다. 유부무기이고 내 업을 반연 하기 때문에 어

떤 것을 끄집어 내더라도 다 다릅니다. 내 색깔로 물들어버리면 다 다르게 됩니다. 하지만 물들기 전의 것은 전부 깨끗합니다. 물들지 않았기 때문에 누구의 것이나 다 똑같습니다. 그러나 우리가 어떤 대상을 보고 생각을 일으킬 때 물든 것으로 일으키면 전부 다릅니다. 물들기 전의 것으로 보면 다 똑같은 것입니다. 조주 스님은 부처가 무엇인가 물었을 때 '뜰 앞의 잣나무'라고 한 대답을 물든 생각인 제7식으로 볼 땐 다 다르게 보입니다. 제7식을 깨트리고 물들지 않은 제8식에서 그 답을 끄집어 내면 조주 스님이 '뜰 앞의 잣나무'라고 하든 내가 무엇이라도 하든 다 답이 됩니다. 우리가 깨달아서 견성성불한다고 했을 때 견성이라는 것은 내 성품을 제대로 본다는 것입니다. 바로 제8식을 인식하고 제대로 보는 것입니다. 그러나 성품을 본다고 해서 부처가 되는 것은 아닙니다. 부처는 지혜와 더불어 복덕이 구비되어야 됩니다. 전생에 지은 복이 없다면 아무리 깨쳐도 부처가 될 수 없습니다. 이 과정을 거쳐 성불을 하게 됩니다. 본질을 깨치면 누구든지 견성은 할 수 있으나 성불을 하려면 지혜와 함께 복덕이 있어야 합니다. 이 생에서 부처가 되기는 쉽지 않습니다. 하지만 견성하기는 쉽습니다. 부처가 되기 위해서는 수 많은 생 동안 복덕을 실천해야 합니다. 이번 생에 공부한 것은 다음 생에 가도 이

자가 붙어서 내 것으로 남아 있습니다. 그런데도 사람들은 공부를 하지 않습니다. 그래서 중생으로 남아 있는 것입니다. 아무리 좋아도 자신이 보는 것 밖에 못 봅니다. 내가 인식하는 것만 내 것입니다. 그래서 인연을 따라 자아에 집착하게 됩니다. 우리는 많은 삶을 살면서 그때 그때 남긴 발자국을 따라 자기 것에 집착합니다. 그래서 전생에 어떤 방식으로 살았다면 이번 생에도 그 방식으로 살아가는 것입니다.

유부무기와 무부무기를 좀 더 구체적으로 봅시다. 유부무기는 제7식의 18가지 마음 작용이 더러움으로 덮여 있는 것입니다. 유식 30송을 전부 공부하면 5위 100법을 합니다. 100가지 가운데 제6식이 일으키는 심소 작용이 51가지나 됩니다. 이에 비해 제7식이 일으키는 마음은 18가지 밖에 되지 않습니다. 내가 아무리 생각을 짜내도 18가지 마음 작용 안에 속합니다. 무부무기는 더러움으로 덮여 있지 않으므로 제8식입니다. 6식, 7식을 공부함으로써 본질적인 제8식을 이해하고 체험하게 되면 견성을 하게 됩니다.

대상을 보고 호감을 느끼고 비호감을 느끼는 것은 대상과 전혀 상관이 없습니다. 내가 갖고 있는 업이 대상을 마음에 들거나 들지 않게 하는 것입니다. 대상은 그

인연따라 자아를 집착

2)인연을 따라 자아를 집착하며 비량非量이라.

• 제7식은 인연따라 자아를 집착하는데 이것은 비량에 속한다.

냥 있을 뿐입니다. 자신의 업이, 자신의 집착이 그 생각을 일으킬 뿐인 것입니다. 그래서 인연 따라 자아를 집착하는 것은 비량입니다. 보는 사람마다 전부 다른 것입니다.

전5식에는 안이비설신이 있습니다. 의 즉 의식은 제6식입니다. 내가 대상을 보는데 눈에 대상이 비친 그 순간은 다 똑같습니다. 내 의식(6식, 7식)이 다르게 판단하게 만듭니다. 내 업이 작용해서 다 다르게 판단합니다. 내가 대상을 볼 때까지는 있는 것을 있는 그대로 보므로 현량입니다. 귀, 코, 혀, 몸(촉감)은 눈과 마찬가지로 현량입니다. 그러므로 전5식은 현량입니다. 의식은 다르게 판단하므로 6식, 7식은 비량입니다. 제8식은 무부무기로 오염되지 않은 상태이므로 현량입니다. 우리

아견과 아만

3) 여덟 가지 큰 번뇌와 변행과 별경 중의 혜와 탐욕과 어리석음과 아견과 아만이 서로 따르느니라

• 제 7식에는 51가지 마음작용 중에 18가지가 작용하는데, 대수혹 8가지, 변행 5가지, 별경중에 혜, 탐욕과 어리석음과 아견과 아만의 18가지가 서로 작용하고 있다.

는 6식과 7식을 통해 살기 때문에 평생을 분별하고 번뇌하고 자기중심적으로 행동합니다.

'여덟 가지 큰 번뇌와 변행과 별경 중의 혜와 탐욕과 어리석음과 아견과 아만이 서로 따르느니라.'의 문장을 봅시다. 제7식이 갖고 있는 기본적인 성품은 본질은 무아인데 나라고 생각하고 집착하는 것입니다. 앞에서 나라고 생각하는 어리석음인 아치 때문에 아집이 생겼다고 했습니다. 그 아집 때문에 아만이 생기고 아만 때문에 아애가 생깁니다. 아집은 나를 만들어서 나에게 집착하게 합니다. 제7식을 깨트리지 않는 한 아치, 아집, 아만, 아애 속에 있습니다. 이것을 가지고 살아가는 데도 어떤 사람은 성인이라고 추앙받고 어떤 사람은 소인으로 매도를 당합니다. 성인이라 추앙받고 칭송을 듣는 것은 결국 자기 각색을 잘 한 것에 불과합니다. 속에는 욕심으로 가득 차 있지만 외부로 연출을 잘 해서 칭송을 듣는 것입니다. 그 뿌리는 아치, 아집, 아만, 아애에 불과합니다. 세세생생 그렇게 살아갑니다. 우리 중생의 삶이란 제7식의 연속이라고 할 수 있습니다.

물들고 오염된 속에서 우리는 깨끗하고 맑은 쪽으로 가야 합니다. 그것이 나만 잘 하는 것이 아니라 모든 생명을 복되게 하는 것입니다. 최근 정신분석학 쪽에서 정신의 능력을 점수로 매겼습니다. 그 결과 성인 한 사람은 수십억 명을 먹여 살릴 수 있는 에너지를 갖고 있음이 밝혀졌습니다. 제대로 공부하고 수행을 잘 한 한 사람은 이 세상의 모든 생명을 살릴 수 있는 에너지를 갖고 있는 것입니다.

항이역심恒而亦審

4) 항상 심사하고 사량하여 아상이 따라서 중생이 밤낮으로 혼미에 빠지며,
- 제 7식은 제 8식의 견분을 자아라고 항상 심사하고 헤아린다. 항상함과 심사에 4가지 구별이 있다.
- 8식 – 항상하지만 심사는 없다. (항이비심恒而非審)
- 7식 – 항상하고 심사한다. (항이역심恒而亦審)

제7식은 항이역심입니다. 항이역심이란 깊이 생각하는 것을 항상 한다는 말입니다. 중생은 항상 심사하고 사량하여 아상이 밤낮으로 혼미에 빠집니다. 제7식이 하는 일은 끊임없이 생각하고 고민하는 것입니다. 제7식은 제8식의 견분을 자아라고 생각하고 항상 심사하고 헤아립니다. 평생 일으키는 생각 모두가 제7식입니다. 항상함과 심사에는 네 가지 구별이 있습니다. 네 가지 구별은 5식부터 8식까지의 특징을 말한 것입니다. 제8식은 청정해서 항상 하지만 심사는 없습니다. 생각이 없이 청정함 그 자체로 있을 뿐입니다. 7식이 항이역심이면 8식은 항이비심입니다. 우리는 항상 생각합니다. 심지어 자면서까지 생각합니다. TV를 볼 때는 아무 생각 없이 멍한 경우가 많습니다. 그러나 이 멍한 것도 생각이 안 일어나는 것이 아닙니다. 혼을 뺏겨 생각이 일어나는지

생사를 유전

4) 항상 심사하고 사량하여 아상이 따라서 중생이 밤낮으로 혼미에 빠지며,

- 6식 – 심사하지만 항상하지 않다. (심이비항審而非恒)
- 전 5식 – 항상하지도 않고 심사도 없다. (비항비심非恒非審)
- 7식이 항상 자아를 집착하기 때문에 이에 의해서 중생은 혼미하여 생사를 유전하는 것이다.

안 일어나는지도 모르는 것입니다.

네 가지 미혹과 여덟 가지 큰 번뇌
5) 네 가지 미혹과 여덟 가지 큰 번뇌가 상응하여
   일어나며 6전식은 (제 7식이) 오염과 청정의 근
   거가 된다고 하느니라.
- 네 가지 미혹 – 탐욕, 어리석음, 아견, 아만
- 여덟 가지 큰 번뇌 – 도거, 혼침, 불신, 해태, 방
  일, 실념, 산란, 부정지의 여덟 가지 대수 혹을
  말함.

제6식은 심사를 하지만 항상하지 않습니다. 부딪힐 때
만 일어나는 것입니다. 그래서 6식은 심이비항이라고
합니다. 전5식은 항상 하지도 않고 심사도 없습니다. 단
지 보고, 듣고, 냄새 맡고, 맛 보고, 느낄 뿐입니다. 그
래서 비항비심입니다.

제7식에서 일어나는 네 가지 미혹과 여덟 가지 큰 번
뇌를 살펴봅시다. 이 부분은 5위 100법을 설명할 때 구
체적으로 나옵니다. 네 가지 미혹은 탐욕, 어리석음, 아
견, 아만이고 여덟 가지 큰 번뇌는 도거, 혼침, 불신, 해
태, 방일, 실념, 심란, 부정지입니다.

우리가 일으키는 현재 의식은 전부 7식을 근거로 합니다. 이것을 깨트리고 없애면 모든 것이 해결됩니다. '환희지의 초심에서는 평등성이고 무공용행에서는 아집을 항구히 부수느니라. 여래가 타수용신을 나투니 보살들이 가피를 받느니라.'의 문장을 살펴봅시다. 무공용행이란 무공용지의 행으로 아집을 항구히 부숩니다. 아집은 환희지 초심에 이르면 깨지기 시작합니다. 타수용신은 깨달음의 법락을 다른 중생에게 돌리는 부처의 지위입니다. 그렇기 때문에 보살들이 가피를 받아 불과에 듭니다. 보살의 지위에 들면 제7식이 깨트려지기 시작합니다.

> **6) 환희지의 초심에서는 평등성이고, 무공용행에서는 아집을 항구히 부수느니라. 여래가 타수용신을 나투니 십지 보살이 가피를 받느니라.**
>
> • 제 7식이 전환하여 평등성지를 이루지만, 제 8지의 멸진정에 가서야 자아라는 분별집착이 완전히 없어진다. 그래서 불과위 중에서는 여래가 타수용신을 나타내어 일체중생을 제도하게 되는데 십지보살도 여기에서 그 가피를 받아 전체가 이익을 보게 된다. 타수용신은 초지 이상의 성인을 교화하기위하여 나타내는 불신佛身이다.

보살 10지
우리의 삶은 어떻게 살 것인가, 무엇을 할 것인가로부

터 출발합니다. 불교에서 어떻게 살 것인가, 무엇을 할 것인가의 뿌리는 믿음, 信입니다. 신이 되면 머무르는 주가 됩니다. 주는 지혜를 터득하는 과정입니다. 내가 이해하면 행해야 합니다. 결국 앎은 행입니다. 우리의 삶은 나 혼자만의 삶이 아닙니다. 우리의 삶은 함께 사는 모든 생명에게 회향합니다. 그래서 10신, 10주, 10행, 10회향의 삶을 마치고 나면 보살이 됩니다. 10지에 들어갑니다. 보살 10지에 들어가야 우리의 삶에서 제7식이 깨트려지기 시작합니다. 이 세상의 어떤 감정이든 자신이 느껴본 만큼 느낄 수 있습니다. 환희지를 터득하면 그 느낌 이상의 환희를 느끼는 것입니다. 초지보살의 경지에 도달하여 환희지를 느끼면 우리의 삶은 진리에서 물러나지 않습니다. 초지보살의 경지에 도달해야 7식

7) 다음은 제 2능변이니 이 식을 말나식이라 이름한다.

- 저(알라야식)을 의지하여 전변하며 저(알라야식)을 반연하며 사량으로 성과 상을 삼느니라.
네 가지 번뇌와 항상 함께하니 아치와 아견과 아만과 아애이며 더불어 나머지 촉 등과 함께 하며 유부무기에 포섭되느니라. 생하는 곳에 따라 계박되니 아라한과 멸진정과 출세도에는 존재하지 않느니라.
- 제 7 마나식은 알라야식을 의지하고 그것을 인연으로 하며 사량으로써 성性과 상相을 삼는다.
제 7식은 알라야식의 근본종자를 의지하여 활동하며 제 8식의 견분을 반연한다.

을 깨트리고 그 이상의 단계로 나갈 수 있는 것입니다.

'7식을 아뢰야식에 의지하여 전변하며 아뢰야식을 반연하며 사량으로 성과 상을 삼느니라.'의 문장을 봅시다. 성은 선, 불선, 무기를 말합니다. 상은 형상을 말합니다. '네 가지 번뇌가 항상 함께 하니 아치, 아견(아집), 아만, 아애이며 더불어 나머지 촉 등과 함께 하며 유부무기에 포섭되느니라. 생하는 곳에 따라 계박되니 아라한과 멸진정과 출세도에는 존재하지 않느니라.'의 문장은 우리가 공부해서 멸진정을 터득하여 출세도에 이르면 제7식이 깨트려져 없어진다는 것입니다. 생하는 곳에 계박된다는 말을 봅시다. 우리는 죽은 후 육도에서 생합니다. 지옥부터 천상까지 자신의 업에 따라 생합니다. 계박界縛이란 지경 계界, 묶을 박縛으로 태어난 계에 묶는다는 뜻이며 머문다는 말입니다. 제7식은 아뢰야식의 근본종자에 의지하여 활동하며 아뢰야식의 견분을 반연합니다. 제8식 아뢰야식이 일으키는 생각을 자기라고 여기고 평생을 살아갑니다. 제6식의 사량은 완전히 드러나게 이것 저것을 의식하여 분별하는 것이며 제7식의 사량은 잠재적으로 분별하는 사량입니다. 제7식은 일단 내 속에 있으면서 드러나지 않습니다. 그래서 잠재적으로 사량하는 것입니다. 제7식은 근본 번뇌인 아치, 아견, 아만, 아애와 수반되어 덮혀 있습니다.

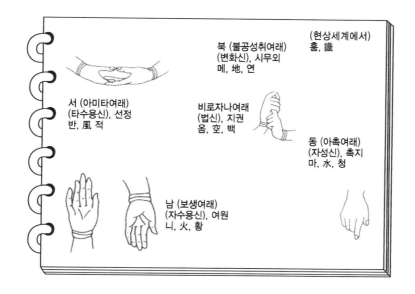

북 (불공성취여래)
(변화신), 시무외
메, 地, 연

(현상세계에서)
훔, 識

서 (아미타여래)
(타수용신), 선정
반, 風 적

비로자나여래
(법신), 지권
옴, 空, 백

동 (아촉여래)
(자성신), 촉지
마, 水, 청

남 (보생여래)
(자수용신), 여원
니, 火, 황

　타수용신의 설명을 봅시다. 이 우주의 중앙은 법신인 비로자나여래불입니다. 중앙에서 동쪽은 아촉여래로 스스로 성품을 깨치는 자성신입니다. 중앙에서 서쪽은 타수용신으로 다른 사람의 힘을 빌려 태어나는 것입니다. 서방정토 아미타여래입니다. 중앙에서 남쪽은 남방화주 보생여래 석가모니입니다. 석가모니는 자수용신입니다. 스스로 깨쳐 부처가 될 수 있습니다. 북방은 불공성취여래입니다. 북방의 여래는 끝도 없이 변화합니다. 다섯 여래는 이 세상을 표현한 것으로 관세음보살 육자대명왕진언에 이들이 나옵니다. 이 우주의 모든 것을 한 마디로 표현하면 옴 안에 다 들어 있습니다. 모든 것은 옴으로부터 출발해서 옴으로 끝납니다. 옴을 풀어 쓰면 옴 마니반메훔이 됩니다. '옴마니반메훔'에서 옴은 비로자나여래불이고 마는 아촉여래이고 니는 석가모니이고 반은 아미타여래이고 메는 불공성취여래입니다. 훔은 이 현상 세계를 말합니다.

부처들은 각자의 손갖춤이 있습니다. 비로자나불의 손갖춤은 바로 지권으로 한쪽 손으로 다른 한쪽 손의 검지만 꽉 쥐는 것입니다. 이것은 우주 자체, 빛을 상징하는 최고의 모습입니다. 모든 지혜를 터득했음을 의미합니다. 남방화주, 석가모니는 여원인을 합니다. 여원인이란 한쪽 손은 들고 한쪽 손은 내리는 자세입니다. 이 자세의 의미는 모든 것을 받아들이고 모든 소원을 들어 준다는 말입니다. 동방의 아촉여래는 촉지의 자세를 합니다. 땅을 가리키는 자세입니다. 모든 것의 뿌리는 땅임을 말하고 있습니다. 땅을 가리키면서 마귀를 항복시킵니다. 서방의 아미타여래는 선정인을 합니다. 선정인은 참선할 때의 자세로 두 손을 몸 중앙으로 모으는 자세입니다. 이 자세는 석가모니 부처님께서 6년 동안 고행하시면서 선정에 들기 위해 했던 자세입니다.

옴마니반메는 인체, 음양오행등과도 연결시킬 수 있습니다. 이 세상의 모든 것은 원래 하나였는데 음양으로 나뉘어집니다. 음양이 운행하는 방식에서 생겨난 것이

오장육부

- 오장은 간(肝)·심(心)·비(脾)·폐(肺)·신(腎)을 말하고, 육부는 담(膽)·위(胃)·대장(大腸)·소장(小腸)·방광(膀胱)·삼초(三焦)를 말한다.
- 옛날에 '창고'라는 뜻의 '장(藏)'과 '부(府)'를 써서 오장육부(五藏六府)라고 했으나 후세에 육월편(肉月偏)을 붙여 오장육부(五臟六腑)라고 쓰게 되었다.
- 오장육부는 인체의 중요한 장기이지만 형태와 기능면에서 서로 구별되며 생리활동이나 병리변화의 측면에서는 상호 밀접한 관련이 있다.

오행입니다. 음양과 1에서 5까지 숫자가 이 세상을 나타내는 것이라고 할 수 있습니다. 그 이후 숫자들은 1에서 5까지의 응용입니다.

이것들이 우리 신체의 오장육부와 연결됩니다. 오장이란 간심비폐신입니다. 간, 심장, 비장, 폐, 신장입니다. 육부는 담, 위, 대장, 소장, 방광, 삼초를 말합니다. 오장은 생명활동의 중요한 요소인 정, 기, 신, 혈, 혼, 백의 저장 장소로 생명의 근본이 됩니다. 전신의 다른 조직과 정신활동을 주재하고 지배합니다. 오장은 정기를 축적하지만 그 정기를 배설하지 않습니다. 육부는 음식들을 받고 내보내며 소화시키는 역할을 합니다. 육부는 소화된 물질을 전달하지만 축적하지는 않습니다. 거쳐 가는 곳입니다. 인체 활동은 오장과 육부의 상호간의 유기적 상관관계에 의해서 유지되는 것으로 이해해야 합니다. 인체의 장부는 모두 음과 양으로 구분하는데 오장은 양이고 육부는 음입니다. 오장, 육부의 상관관계는

장기의 상생, 상극관계
- 상생관계는 간은 심을 생(生)하고(木生火), 심은 비(脾)를 생하며(火生土), 비는 폐를 생하고(土生金), 폐는 신을 생하며(金生水), 신은 간을 생함(水生木)을 말한다.

사계절의 기후 변화와도 밀접한 연관이 있습니다.

모든 장기는 상생, 상극관계를 가지고 있습니다. 간은 심장을 생하게 하고(木生火) 심장은 비장을 생하게 하고(火生土) 비장은 폐를 생하게 하고(土生金) 폐는 신장을 생하게 하고(金生水) 신장은 간을 생하게 합니다(水生木).

장기의 상생관계를 보면 목화토금수 방향대로 가면 상생하게 되는 것을 알 수 있습니다.

상극관계는 목화토금수의 방향에서 하나씩 건너뛰면 됩니다. 木은 土를 극하고 土는 水를 극하고 水는 火를 극하고 火는 金을 극하고 金은 木을 극합니다. 장기를

장기의 상생, 상극관계

- 상극관계는 신은 심을 제약하고(水克火), 심은 폐를 제약하며(火克金), 폐는 간을 제약하고(金克木), 간은 비를 제약하며(木克土), 비는 신을 제약함(土克水)을 말한다.
- 상생상극의 개념은 서로간에 협조하고 제약함으로써 평형상태를 유지하는 것을 개념화한 것이다.

살펴보면 신장은 심장을 제약하고 심장은 폐를 제약하고 폐는 간을 제약하고 간은 비장을 제약하며 비장은 신장을 제약합니다.

오장과 색깔과 보양

- 木火土金水
- 간심비폐신
- 청적연(노란)백흑

- 동남중앙서북
- 담소위대방

- 간-고등, 키위, 모과, 간은 심을 생(生)하고
- 심-토마토, 수박, 심은 비(脾)를 생하며
- 비—귤, 비는 폐를 생하고
- 폐-배와 바나나, 폐는 신을 생하고
- 신—밤, 신은 간을 생하고

오행은 각각 가리키는 방향이 있습니다. 동쪽은 木이고 남쪽은 火이고 중앙은 土이고 서쪽은 金이고 북쪽은 水입니다. 목화토금수는 오행이 움직이는 방법입니다. 오행 관계만 잘 아시면 오장육부의 상생상극도 잘 알 수 있습니다. 오장을 색깔로 봅시다. 목화토금수가 각각 간 심 비 폐 신이 되고 청색, 적색, 오렌지색, 흰색, 노란색이 각각 해당 장기에 좋습니다. 간에 좋은 것은 모과, 키위와 같은 푸른색 계통의 음식입니다. 심장에 좋은 것은 토마토, 수박 등으로 붉은색 계통의 음식입니다. 비장에 좋은 것은 귤과 같은 오렌지색 계통의 음식입니다. 폐는 배, 바나나와 같은 흰색 계통의 음식이 좋습니다. 신장은 밤과 같은 노란색 계통의 음식이 좋습니다.

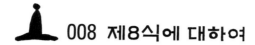

008 제8식에 대하여

제8식

• 사건의 개요
부처님 당시 왕사성에서 한마리 암소 때문에 아무런 연관이 없는 세 사람이 죽게 됨.

암소가 그 사람을 보는 순간(의식이 발동) 인과는 모르지만 상대방을 죽여야 한다.
(제7식을 작동) 고 분별심을 일으킴.

왕사성은 부처님께서 처음으로 법을 펴신 곳입니다. 그 당시 왕사성을 다스리던 마가다국의 빔비사라왕은 부처님께 죽림정사를 지어줍니다. 부처님 당시에 왕사성에서 하루에 세 사람이 한꺼번에 죽는 사건이 일어납니다. 흥분한 소가 지나가던 사람을 떠 받아 죽여버린 것이었습니다. 그러자 소의 주인은 겁을 먹고 소를 내다

팔았습니다. 그 소를 사 간 사람은 집으로 데려가는 길에 소에게 밀려 연못에 빠져 익사하고 말았습니다. 그래서 그 소를 사 간 사람의 아들이 아버지의 복수를 위해 그 소를 잡아 죽였습니다. 그 소고기를 시장에 팔았습니다. 어떤 사람이 소의 머리를 사갔습니다. 그 사람은 집으로 가는 길에 너무 더워서 소의 머리를 나무 위에 걸어두고 그 밑에서 잠시 쉬었습니다. 그런데 공교롭게도 소의 머리가 나무 위에서 떨어져 뿔이 사람의 머리에 박혀 그 사람은 죽고 말았습니다.

　전혀 관계없던 세 사람이 소와 관계되어서 죽은 것이었습니다. 그 사건을 담당하던 관리가 아무리 조사를 해도 해결이 되지 않아서 임금에게 보고합니다. 빔비사라왕도 아무리 궁리해도 해결 방법이 떠오르지 않았습니다. 그래서 빔비사라왕은 부처님을 찾아가 사건을 이야기한 후 그 사건의 원인에 대해 물었습니다. 그러자 부처님은 그 사람들의 전생의 인과를 말해 줍니다. 죽은 세 사람은 전생에 같이 장사를 했던 동업자였습니다. 어느 날 먼 곳으로 장사를 갔다가 어느 노파의 집에서 한 달 간 머물렀습니다. 노파는 그 세 사람을 정성껏 돌봐주었습니다. 그러나 세 사람은 배은망덕하게도 노파에게 숙박비조차 내지 않고 도망가버렸습니다. 노파는 세 사람을 돌봐 주느라 돈을 다 써버려서 당장 굶어 죽게 되었습니다. 노파는 악에 받쳐 세 사람을 쫓아가서 숙박비를 내놓으라고 했지만 세 사람은 노파를 조롱하며 달아나버렸습니다. 노파는 극심한 분노에 떨며 "내가 다음 생애에 어떤 형태로든 너희들에게 복수를 하리라!"라 저주하고 그 자리에서 화병으로 죽습니다. 그 노파가 이번 생애에 소의 몸을 받은 것이었습니다. 소의 몸을 빌린 노파는 세 사람에게 복수를 한 것입니다.

지금 우리는 끄집어 내 쓰는 것은 알고 있는데 안에 들어있는 업은 모릅니다. 그러나 끄집어 내 쓰는 것을 통해 무엇이 들어있는지 추측은 가능합니다. 안에 들어있는 업을 잘 알고 쓰면 우리는 이번 생애를 더욱 잘 살 수 있습니다.

오늘은 8식을 살펴봅시다. 강의를 시작하기 전에 의식

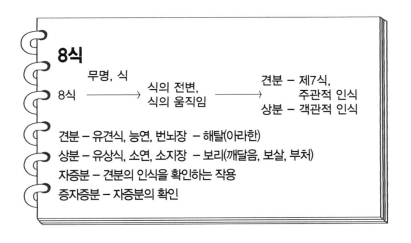

8식

| 8식 | 무명, 식 → 식의 전변, 식의 움직임 | → | 견분 – 제7식, 주관적 인식 |
| | | | 상분 – 객관적 인식 |

견분 – 유견식, 능연, 번뇌장 – 해탈(아라한)
상분 – 유상식, 소연, 소지장 – 보리(깨달음, 보살, 부처)
자증분 – 견분의 인식을 확인하는 작용
증자증분 – 자증분의 확인

의 저장창고에 저장되어 있는 업과 전생의 이야기를 잠깐 살펴보았습니다. 6식은 대상을 보고 일으키는 생각이고 7식은 내 머리 속에서 일으키는 오만 가지 생각입니다. 8식은 저장창고입니다. 부처님께서 연기를 깨쳤을 때 나라는 존재 안에는 안이비설신을 통괄하는 의가 있음을 알게 됩니다. 이 의식은 불교가 발전해오면서 구체화되어 6식, 7식, 8식으로 분리됩니다. 식의 전변이란 식의 움직임으로 안에서 무엇인가 생각이 요동치는 것을 말합니다. 이 움직임으로 인해 생각을 하게 됩니다. 이렇게 나타나는 생각을 견분과 상분 두 가지로 나눌 수 있습니다. 견분이란 내가 스스로 인식하는 생각입니다. 내가 주체가 되어 일으키는 생각으로 제7식입니다. 견분은 내가 일으키는 생각으로 번뇌장, 번뇌 망상입니다. 견분으로부터 해탈하면 아라한이 됩니다. 초기불교에서는 아라한까지 나옵니다. 상분은 대상에 대한 인식입니다. 대상을 보고 일으키는 객관적인 인식입니다. 상분은 대상을 보고 일으키는 생각으로 대상에 대한 번뇌 소지장입니다. 소지장을 깨트린 상태는 보리이고 깨친 사람은 부처라고 합니다. 열반적정이란 견분과 상분을 깨트리고 깨달은 상태를 말합니다. 이것을 깨트리고 제8식인 본래의 식을 볼 수 있을 때 열반의 상태에 들 수 있습니다. 여기서 자증분이란 것이 있습니다. 자증분이란 내가 일으키는 생각을 판단하고 확인하는 것입니다. 내 속에서 일으키는 그 생각을 다시 확인하는 인식이 있습니다. 만약 유체이탈을 하면 나를 보고 있는 또 다른 나가 있음을 알게 됩니다. 이것이 바로 자증분에 속한다고 할 수 있습니다. 그 자증분을 확인하는 증자증분이 있습니다.

안경집에 안경이 들어 있다
- 8식(종자식) – 과거에 보고 듣고 생각했던 행동들의 결과가 들어 있는 창고.
- 견분 – 안경집을 보는 것
- 상분 – 안경집
- 자증분 – 안경집을 보고 있다는 것을 확인
- 증자증분 – 자증분을 다시 확인 하는 것

인식작용을 세밀하게 나누어보면 견분, 상분, 자증분, 증자증분의 네 가지로 나눌 수 있습니다. 그러나 우리가 인식하는 것은 견분, 상분에 그칩니다. 마음 깊은 곳에서 일어나는 작용은 본인이 자각하지 못하면 모릅니다. 본인이 분명하게 알아야 그 내용을 설명할 수 있습니다. 예를 들어 안경이 안경집 안에 들어있습니다. 견분이란 내 눈으로 안경집을 보고 생각을 일으키는 것입니다. 상분은 그 대상인 안경집입니다. 자증분은 안경집을 보고 있다는 것을 확인하는 인식능력입니다. 증자증분은 보고 있다는 것을 다시 확인하는 것입니다. 우리는 순식간에 생각을 일으키지만 사실은 자증분과 증자증분의 검증을 거쳐 나오는 것입니다.

유식은 수많은 논사들에 의해 유상유식과 무상유식으로 발전합니다. 유상유식은 유식이 형상이 있다고 가정하고 논리를 전개하는 것이고 무상유식은 유식이 원래 형태가 없다고 가정하고 시작하는 논리입니다. 인도의 나란다 대학은 4세기에서 5세기경에 세워진 세계 최초의 종합대학교입니다. 그 당시 나란다 대학의 최고 학자 중 한 사람이었던 호법논사가 유식의 발전에 큰 공헌을 합니다. 호법은 4분을 주장하여 견분은 1분이고 상분은 2분이고 자증분은 3분이고 증자증분은 4분으로 설명했습니다. 이에 반해 안혜논사는 곁가지들을 부정하고 8식 하나의 식만이 존재한다고 말했습니다. 안혜논사는 1분을 주장했다고 할 수 있습니다.

8식의 성품은 오직 무부무기이며 작용은 다섯 가지 변행뿐입니다. 삼계와 구지에서 다른 업력을 따라서 생합니다. 무부무기란 더러움이 없는 맑고 깨끗한 무기입니

1) 성은 오직 무부무기이며 다섯 가지 변행이니 계와 지에서 다른 업력을 따라서 생하느니라

제 8식에는 5변행인 촉, 작의, 수, 상, 사가 작용하고 있기는 하지만 그 작용이 미세하여 알기 어려우며, 수행에 장애가 되지 않으므로 무부무기이다.

다. 무기는 앞에서도 설명했듯이 선도 불선도 아닌 상태를 말합니다. 계는 삼계 즉 욕계, 색계, 무색계를 말하고 지는 9지를 말합니다. 9지란 3계를 업력에 따라 좀 더 구체적으로 나눈 것입니다. 9지는 잡거지, 색계 4지, 무색계 4지입니다. 우리가 갖고 있는 업력에 따라 3계 9지로 각각 태어납니다.

제8식에는 5변행인 촉, 작의, 수, 상, 사가 작용하지만 그 작용이 미세하여 알기 어렵습니다. 작용하고 있으나 우리가 작용하는지 자각하지 못합니다. TV를 멍하니 볼 때 다른 번뇌 망상을 일으키지 않는 것처럼 느낍니다. 하지만 내 속에서는 끊임없이 번뇌 망상이 일어나고 있습니다.

우리가 일으키는 모든 생각은 5변행을 반드시 거칩니다. 내가 어떤 대상을 보는 순간 대상과 부딪히는 것이 촉입니다. 작의란 6근이 6경으로 나아가게 하는 의지입니다. 나를 대상으로 나아가게 하는 힘입니다. 작의에 의해 대상을 보는 순간 느낌을 받습니다. 그 느낌이 바로 수입니다. 느낌에 의해서 형상이 내 속에서 만들어집니다. 그것이 바로 상입니다. 형상이 만들어지면 우리는 그에 대해 생각(사)을 합니다. 변행 다섯 개는 매우 중요합니다. 이것은 의식 구조의 가장 근본적인 뿌리입니다. 어떤 생각을 하던 5변행을 꼭 거치게 됩니다.

8식은 미세하게 작용하기 때문에 거의 자각하지 못합니다. 그래서 내가 나라고 인식하는 것은 7식부터 입니다. 8식은 무엇인가에 덮혀 바로 보이지 않습니다. 덮인 것을 뚫고 들어가 8식을 제대로 보고 깨치면 견성하는 것입니다. 6식, 7식에도 촉, 작의, 수, 상, 사는 있습니다. 8식에서 아무런 작용이 없다면 7식으로 넘어올 수 없습니다. 내 저장창고 속의 것을 쓰려면 무엇인가 작용을 해야 합니다. 저장창고 속에는 우리가 자각할 수 없을 정도의 미세한 작용이 있어서 제7식을 계속 만들어 냅니다. 그것이 바로 5변행입니다. 제8식은 3계 9지에서 각기 다른 업력에 따라 생한다고 했습니다. 모든 생명은 각자의 업력에 따라서 3계 9지의 어느 곳에 생하며 그때의 주체가 제8식입니다. 8식이란 내가 행했던 모든 행위의 결과가 들어있는 창고인 것입니다. 그래서 어떤 생명이 태어날 경우 새로운 삶을 만들어 내는 것이 제8식입니다.

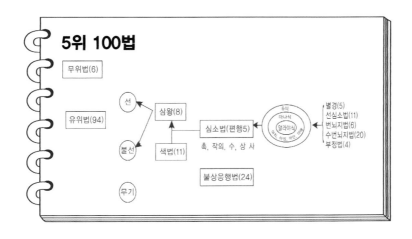

견분, 상분에서 일으키는 모든 생각을 나눈 것이 5위 100 법입니다. 우리가 일으키는 모든 의식, 인식하는 모든 대상은 유위법입니다. 깨친 상태에서 인식되는 것은 모두 무위법입니다. 유위법을 나누면 색법, 심법, 심불상응행법, 심소법으로 나누어 지는 유위법 4법과 무위법을 합하여 이것이 5위입니다. 100법이란 유위법과 무위법의 5위를 통틀어서 나눈 것입니다. 유식을 처음으로 완성시킨 세친의 구사론(아비달마구사론)에서는 5

위 75법이 나오고 대승불교에서 좀 더 세분화 되어 100법으로 완성됩니다. 심소법은 변행 5가지, 별경 5가지, 선 11가지, 번뇌 6개, 수번뇌 20가지, 부정법 4가지로 총 51가지가 있습니다.

세세생생 살아온 내 업의 창고에는 무엇인가 가득 들어있습니다. 의혹도 있고 의지도 있고 지혜도 있고 선과 악 등등 모든 것이 들어있습니다. 내가 세세생생 했던 것들이 다 들어 있습니다. 우리는 이것을 끄집어 냅니다. 조주스님에게 부처가 무엇인가 묻자 뜰 앞의 잣나무라고 했습니다. 우리는 이 말을 들으면 이해하기 위해 내 저장창고 속의 것을 꺼내 계속 생각을 합니다. 사람마다 갖고 있는 업은 다 다릅니다. 그래서 우리가 끊임없이 생각하고 분별하여 답을 끄집어 내면 내가 갖고 있는 업에서 각자의 다른 소리가 나오게 됩니다. 나의 저장창고 안에 들어있는 것들이 작용해서 나오면 다 틀리지만 나의 저장창고를 통하지 않고 그냥 나오는 것은 다 같습니다. 각자의 업을 거치지 않고 나오는 것이기 때문에 똑같은 답이 나올 수밖에 없습니다. 그리고 나의 저장창고 속에 무엇이 들어있는지 다 알면 저장창고를 통하지 않고 나오는 것과 같다고 할 수 있습니다.

51심소법을 살펴봅시다. 제8식은 5변행만을 거칩니다. 제7식은 심소법 가운데 18개를 거칩니다. 18개란 5

변행, 별경의 혜, 번뇌심소의 탐, 무명, 견, 만, 수번뇌심소의 방일, 해태, 혼침, 도거, 불신, 망념, 산란, 부정지입니다. 6식은 51심소법을 전부 다 거칩니다. 5변행은 6식, 7식, 8식의 공통분모라고 할 수 있습니다. 5변행은 51심소법이 모두 통과하는 통로라고도 할 수 있습니다.

법성에 대한 표현

- 諸菩薩摩訶薩 應如 是生淸淨心. 不應住色生心 不應住聲香味觸法生心.
- 應無所住 而生其心.
- 응무소주 이생기심
- 모든 보살들은 응당히 이와 같은 청정한 마음을 일으켜야 한다.
- 형상에 머무름 없이 마음을 일으키는 것이며,
- 소리와 냄새와 맛과 감촉과 생각에 머무름 없이 마음을 일으키는 것이다.
- 응당히 머무르는 바 없이 마음을 일으켜야 하는 것이다.

법성, 청정법신과 같이 본래 내가 가지고 있는 성품에 대한 설명은 금강경에 잘 나와 있습니다. '제보살 마하살 응여시생청정심 불응주색생심 불응주성향미촉법생심 응무소주이생기심'이라는 문장이 나오는데 이것은 금강경의 가장 중요한 내용입니다. 내용에 대한 설명을 봅시다. '모든 보살은 응당히 이와 같이 청정한 마음을 일으켜야 한다. 형상에 머무름이 없이 마음을 일으키는 것이며 소리와 냄새와 맛과 감촉과 생각의 대상에 머무름 없이 마음을 일으키는 것이다. 응당히 머무르는 바 없이 마음을 일으켜야 하는 것이다.'입니다. 청정한 마음이 바로 법성, 깨끗한 마음, 깨친 마음입니다. 우리는 형상을 보는 순간 저장창고 속의 것과 결부해서 마음을 일으킵니다. 깨친 사람은 마음에 머무르는 바 없이 살아갑니다. 즉 51심소법에 머무르지 않고 마음을 일으키는 것입니다. 내가 갖고 있는 업의 창고와 작용해서 마음을 일으키지 않습니다. 내가 갖고 있는 것과 결부시키지 않은 청정한 것입니다. 그러나 우리는 항상 내가 갖고 있는 오염된 번뇌 망상과 결부해서 계속 생각을 일으킵니다. 그 때문에 우리가 일으키는 모든 생각은 아애인 것입니다. 자기만 사랑하고 자기밖에 모르는 것입니다. 아무리 타인을 생각하려고 해도 자기가 우선입니다. 자기밖에 모르면서 다른 사람을 위한 척 하는 것입니다. 다른 사람을 위한 마음이 반만 차 있어도 성인 대접을 해 줍니다. 본질을 알고 깨친 자만이 상대방을 위해서 살 수 있습니다. 우리는 단지 본질을 깨칠려고 연습하는 중생입니다. 연습하다 보면 깨칠 수 있습니다. 우리는 부처가 되기 위해 연습을 하지 않으면 안 됩니다. 인간의 몸을 받으면 그것을 마음껏 연습할 수 있습니다. 얼마든지 선해질 수 있습니다. 자기가 가진 것을 어떻게 쓰느냐에 따라 달라집니다. 돈이나 권력을 사람들이 나쁘게 보지만 그것들을 잘만 쓰면 부처가 될 수 있습니다.

육조혜능은 오조홍인이 금강경의 '응무소주이생기심'을 말하자 바로 깨칩니다. 육조혜능이 여기서 본질, 법성을 깨달은 것입니다. 그리고 '일초직입여래지'란 말이 있습니다. 이 말은 1초의 촌각도 없이 바로 나오는 것이 여래지라는 것입니다. 51심소를 거치지 않고 바로 나오는 것입니다. 거기서 견성한 깨달음이 나오는 것입니다.

2) 이승은 요해하지 못함으로 인하여 미혹하여 집착하니 이로 말미암아 능히 논주들의 쟁론을 흥기하였느니라.

- 이승 성문과 연각은 잘 모르므로 미혹하여 제 8 아뢰야식을 근본진여로 집착한다.
- 해심밀경에도 '이승들은 잘 모르기 때문에 아뢰야를 이승에게는 설명하지 못한다.'고 하였다.

다음 문장을 살펴봅시다. '이승二乘은 요해하지 못함으로 인하여 미혹하니 집착이 이로 말미암아 능히 논주들의 논쟁을 일으켰느니라.' 대학 입시를 보면 대학마다 학과마다 합격 커트라인이 각각 다릅니다. 부처가 되기 위해서도 과정이 있습니다. 4성제의 도리를 깨친 사람이 성문승입니다. 연기의 도리를 깨우친 사람이 연각승입니다. 깨달은 상태에서 중생을 구제하는 사람이 보살승입니다. 이 세 가지 승을 삼승이라고 합니다. 이 삼승을 거쳐 부처가 됩니다. 앞의 문장에서 '이승'은 성문승과 연각승 정도의 경지를 가리킵니다. 그 사람들은 진리에 대해 제대로 이해하지 못합니다. 그래서 자기 것이 맞다고 고집하여 끊임없이 논쟁하게 됩니다. 아무리 깨친 사람이 설명을 해도 중생들은 자기가 본 것만큼 보고 고집을 피웁니다. 자기는 그 단계까지 보지 못하니까 고집을 피웁니다. 성문승과 연각승 경지의 사람들은 미혹하여 제8아뢰야식의 근본 진여를 모르고 집착하는 것입니다. 그래서 해심밀경에서도 '이승二乘들은 잘 모르기 때문에 아뢰야를 이승二乘에게는 설명하지 못한다.'고 합니다. 모르는 것을 괜히 설명했다가는 집착만 하고 논쟁만 초래하기 때문입니다.

'광대한 세 가지 장은 끝을 다 할 수 없으며'라는 말을 봅시다. 제8아뢰야식은 세 가지로 나눌 수 있습니다. 아뢰야는 장이라고 번역하는데 능장, 소장, 아애집장이 있습니다. 아뢰야식은 어떻게 쓰느냐에 따라 능장, 소장,

3) 광대한 세 가지 장은 끝을 다할 수가 없으며,

- 아뢰야는 장이라고 번역하는데, 이 장에는 능장·소장·아애집장의 세 가지가 있다.
- 능장이란 제 8알라야식과 종자와의 관계에서 알라야식이 일체만법을 낳는 종자를 간직하기 때문에 붙여진 이름이다.

아애집장이 됩니다. 능장이란 제8식과 종자와의 관계에서 8식이 일체 만 법을 낳는 종자를 간직한다는 것입니다. 8식은 모든 것을 다 가지고 있는 창고입니다. 8식에는 내가 행위 했던 모든 결과가 축적되어 있습니다. 소장이란 만 법의 종자가 8식에서 갖추어져 있다는 것입니다. 우리는 창고에 들어있는 것들을 쓰며 견분, 상분 등을 일으킵니다. 창고에 들어있는 것이 능장이라면 소장은 끄집어 내어 쓰는 것입니다. 어떤 생각을 일으킬 수 있는 움직임입니다. 아애집장은 아뢰야식이 끊임없이 이어져서 중생의 주체가 되므로 제7식 말나식이 이것을 잘못 알고 나라고 집착한다는 것입니다. 원래 우리는 무아입니다. 원래 나는 없지만 한 생명이 생기는 순간 제8식의 창고가 형성됩니다. 그 순간 8식의 창고를 나라고 착각하게 됩니다. 이것이 아애집장입니다. 나라고 착각해서 모든 것을 만들어 냅니다. 우리는 끊임없이 자기를 사랑하고 집착하는 덩어리인 것입니다. 여기서 제7식이 생깁니다. 제7식의 기본 작용에는 아치, 아집, 아만, 아애가 있습니다. 그것들과 연관되는 것이 아애집장입니다. 이 세 가지 장은 끝이 없다고 했는데 깨쳐야 세 가지 장이 끝납니다.

4) 근원이 깊어서 전7식은 물결이며 경계는 바람이 되고,

- 제 8식의 근원은 매우 깊어서 전 7식인 제 7식과 전 6식은 제 8식의 바다에서 파도와 같고 그 경계는 바람과 같이 작용한다.

'근원이 깊어서 전7식은 물결이며 경계는 바람이 되고'의 문장을 살펴봅시다. 큰 바다에 바람이 부는 모습을 상상해봅시다. 바다에 바람이 불면 파도가 칩니다. 파도의 물결은 제7식이고 바람에 의해 흔들리지 않는 깊은 바다 속은 제8식입니다. 바람은 제6식입니다. 제8식의 근원은 매우 깊어 밖에서 아무리 움직여도 그대로 있을 뿐입니다. 우리의 생각이 아무리 요동쳐도 제8식은 그대로 있는 것입니다. 제7식과 제6식은 제8식의 바다에서 파도와 바람과 같이 작용할 뿐이지 바다는 바다로 있을 뿐입니다. 우리는 깊은 해저를 모릅니다. 하지만 파도가 치는 것과 바람을 보고 바다는 어떻겠구나 판단할 수는 있습니다.

5) 훈습을 받아 종자와 근신과 기계를 지니며,

- '훈습을 받는다' 함은 아뢰야식이 전7식의 모든 훈습을 받는다는 뜻이다.
- 제 6식이 죄를 지으면 자연히 제 8식에 훈습되어 제 8아뢰야식에 영향을 미치게 된다.
- 그리하여 그에 상응하는 종자와 신체와 자연계가 나타나게 된다.

'훈습을 받아 종자와 근신과 기계를 지니며'의 문장을 봅시다. 훈습을 받는다는 것은 아뢰야식이 전7식의 모든 훈습을 받는다는 뜻입니다. 내가 생각하고 행동한 모든 결과가 8식이 됩니다. 훈습이란 그 모든 결과를 말합니다. 제6식이 작용하여 행위를 하여 업을 지으면 자연히 제8식에 훈습되어 영향을 미치게 됩니다. 만약 내가 살생을 하면 그 훈습이 내 종자에 들어가게 됩니다. 인간을 중심으로 생각하면 아무것도 아닌 살생이 있습니다. 하지만 생명을 중심으로 생각하면 모두 다 같습니다. 불교에서는 이 생명에 대한 가르침을 말합니다. 불교는 생물뿐만 아니라 무생물까지 생각합니다. 하지만 다른 대부분의 종교나 철학을 보면 인간 중심이지 다른 생명들에 대해서는 크게 문제 삼지 않습니다.

 예를 들어 갑작스러운 우연으로 교통사고가 났다고 합시다. 그 사고가 정말 우연일까요? 이 세상의 모든 일은 인과 없는 것이 없습니다. 우연한 사고도 전생의 업과 연관되어 일어난 일입니다. 전생에 다른 생명들을 살생했기 때문에 그 생명들이 나에게 보복을 하는 것입니다. 인과응보인 것입니다. 우리는 인과를 모르기 때문에 그것을 우연이라고 착각하는 것입니다. 오비이락烏飛梨落이란 고사성어가 있습니다. 배나무에 앉아 있던 까마귀가 날자 배가 떨어집니다. 그 밑에서 풀을 뜯고 있던 사슴이 배에 맞아 죽습니다. 오비이락도 결국은 어떤 인과가 있기 때문에 일어난 것입니다. 우연이 아닌 것입니다. 세계적인 명망을 얻는 사람들을 봅시다. 세상의 모든 사람이 그 사람을 좋아합니다. 그것은 그 사람이 전생에 깨달음을 얻었거나 수 많은 사람들에게 베풀었기 때문에 좋아하는 것입니다. 가난한 사람은 반대로 다른 사람들에게 베풀지 않았기 때문에 가난한 것입니다.

종자, 근신, 기계에 대해 살펴봅시다. 종자는 8식을 가리키고 근신은 신체에 해당하며 육체입니다. 전5식을 가리키고 기계는 자연계에 해당하며 대상을 가리킵니다. 내가 행했던 모든 과보가 종자, 근신, 기계로 나타납니다.

6) 갈 때는 나중에 가고 올 때는 먼저 와서 주인공이 되느니라.

- 갈 때란 죽을 때를 말하는 것이고 올 때란 새로 몸을 받아서 태어날 때를 말하므로 이것은 곧 생사윤회를 가리킨다.
- 사람이 죽을 때는 의식이 전부 그치고 제 7식은 작용을 못하지만 제 8 아뢰야식만은 생명을 마칠 때까지 남아 있다가 생명이 끊어질 때, 즉 윤회할 때 최후까지 남아서 따라간다.
- 또 사람이 다시 몸을 바꾸어 환생할 때에 제 6식이나 제 7식은 작용하지 않지만 제 8 아뢰야식은 제일 먼저 와서 그 중생의 주인이 되는 것이다.

'갈 때는 나중에 가고 올 때는 먼저 와서 주인공이 되느니라.'의 문장을 봅시다. 8식이 이렇다는 것입니다. 우리가 죽을 때 의식이 떠나고 제7식이 떠나고 마지막에 8식이 떠납니다. 49재는 죽는 순간부터 시작합니다. 티베트의 '사자의 서'를 보면 죽고 난 다음 3일 후부터

시작합니다. 그 말은 8식이 우리의 몸을 완전히 빠져 나
가는데 3일이 걸린다는 말입니다. 하지만 새로운 생명
이 태어날 때는 8식이 가장 먼저 옵니다. 가장 먼저 와
서 자리를 잡고 나라고 고집을 합니다. 갈 때는 죽을 때
를 말하는 것이고 올 때는 새로 몸을 받아 태어나는 것
을 말합니다. 사람이 죽을 때는 의식이 전부 그치고 제
7식은 작용을 못하지만 제8식 아뢰야식은 생명을 마칠
때까지 남아 따라갑니다. 또 다시 몸을 바꿔 환생할 때
제6식이나 7식은 작용하지 않습니다. 새로운 생명이 생
기는 순간 6식과 7식은 없습니다. 하지만 아뢰야식은
끊임없이 작용합니다. 제8식 아뢰야식이 제일 먼저 와
서 그 중생의 주인이 됩니다.

009 제8식과 보살십지

- 동정일여(動靜一如, 일상생활에서 변함없이 화두 참구가 이뤄지는 상태)
- 몽중일여(夢中一如, 꿈 속에서도 정신이 한결같음)
- 오매일여((寤寐一如, 깊은 잠에 들더라도 깨어있을 때처럼 수행의 자세를 유지하는 경지)

성철스님의 유명한 말씀인 '산은 산이오, 물은 물이다.'는 제8식에서 본 산과 물을 말합니다. 깨달음을 얻어서 대상을 그대로 본 산과 물입니다. 성철스님이 하신 말씀 중에 중요한 내용들이 있습니다. 동정일여, 몽중일여, 오매일여입니다. 동정일여란 움직이거나 참선

을 할 때나 일상생활 속에서 변함없이 화두가 들려야
한다는 것입니다. 우리는 가만히 있을 때 화두에 들 수
있지만 다른 것을 할 때는 화두가 들리지 않습니다. 다
른 것을 하던 간에 화두에 들 수 있도록 동정일여가 되
어야 합니다.

몽중일여는 꿈속에서도 화두가 들리는 것입니다. 공부
가 익어 가면 꿈속에서도 화두가 들립니다.

오매일여란 아무리 깊은 잠에 빠져 있더라도 깨어서
수행할 때와 똑같이 화두가 들리는 것입니다. 이래야 견
성성불을 할 수 있는 것입니다. 성철스님은 오매일여의
단계까지 가야 견성성불을 할 수 있다고 하셨습니다. 어
떤 문제에 깊이 빠지다 보면 이런 상태에 들 수 있습니
다. 이런 것들은 다른 경지의 이야기가 아닙니다. 만약
내가 매우 좋아하는 것에 빠지면 온통 그것밖에 보이지
않고 그것만 생각납니다. 그렇게 되면 꿈속에서도 나타
납니다. 이렇게 화두에 몰두하면 나의 깊은 의식 속에
서 화두가 자리를 잡습니다. 꿈속은 일종의 잠재의식으
로 제7식이라고 할 수 있습니다. 제7식 속에서 더 깊이
들어가서 화두를 들고 있을 때 비로소 그 화두가 타파될
수 있습니다. 그러면 어떤 상황이든지 화두가 흐트러지
지 않고 끊임없이 들립니다. 그래서 제7식을 깨트리고
제8식의 본질인 진여, 법성을 볼 수 있습니다.

다음 글은 성철스님이 열반에 드시고 난 뒤 읊은 시입니다. 유식 내용하고는 직접적인 연관은 없지만 올려봅니다.

퇴옹 성철스님 영전에

퇴옹노사여!
가야산 맑은 정기를 담아
백련암 앞뜰에 우뚝 솟은
불면석은
누구의 얼굴입니까?

임제는 임제일 뿐이고
삼성은 삼성일 뿐인데
삼성이 무엇을 몰라
악!하고 소리쳐
스승의 흉내를 내었습니까?

퇴옹노사여!
평생을
장좌불와하여
홀로 수행정진하여 얻은
당신의 아들 이름은 무엇입니까?

조주의 아들은 무리라는데
운문의 아들은 똥막대기라는데
퇴옹노사여, 당신 아들의 이름은

무엇입니까?
아무리 바쁜 걸음이지만
한마디
일러 줄 수는 없겠습니까?

퇴옹노사여!
부처꽃은 홀로 피었다
질뿐인데
무슨 미련이 있어
홍류동계곡의 물소리가
저렇게 목놓아 울고 있습니까?

그래도
때가 되면
연꽃은 다시 피어나리니
진실은 진실일 뿐이고
부처는 부처일 뿐인데.
악!

나무 퇴옹스님 나무 성철스님

7) 부동지 이전에 이미 장식을 버리고

- 제8지인 부동지 전인 7지가 되면 훈습된 번뇌종자를 함장하고 있다는 의미에서 이름 붙여진 장식이란 명칭을 버리게 된다. 그렇게 되면 부동지에서부터는 장식 대신 이숙식이라고 불리게 된다.

- 제8식 –––(부동지 이전) 장식
  　　　　　(부동지부터) 이숙식

'부동지 이전에 이미 장식을 버리고'라는 문장을 봅시다. 제8지인 부동지 전의 제7지가 되면 훈습된 번뇌종자를 함장하고 있다는 의미에서 이름 붙여진 장식이란 명칭을 버리게 됩니다. 부동지에서부터는 장식 대신 이숙식이라 불리게 됩니다. 제8식은 이숙식이라고도 하고 종자식이라고도 합니다. 장식 또한 제8식의 다른 이름입니다. 장식의 '장'이란 어떤 상자 속에 넣어 놓은 것과 같습니다. 내가 행위했던 업들이 들어있는 창고입니다. 깨달음의 단계는 초견성의 환희지로부터 10단계가 있습니다. 10단계를 거치면 부처가 됩니다. 부동지란 그 10개의 단계 가운데 8번째 단계입니다. 내가 눈을 떠 모든 것이 제자리를 찾아가고 변화해 가는 것입니다. 부동지 이전에는 내 안의 제8식이 무엇인지 모른 채 꺼내 씁니다. 이 상태의 8식은 장식입니다. 하지만 부동지의 경지에 이르러 내 안에 들어있는 것에 대한 개념이 생기고 어떻게 작용하는지 알게 되면 제8식이 이숙식이 됩니다. 단순히 상자 속에 들어있는 8식이 아닙니다.

8) 금강도 후에 이숙식이 공해지며

- 금강도는 등각보살이 금강대정에 들어간 것을 뜻한다. 그러나 이숙식은 여전히 남아 있으며 금강도 후, 즉 대원경지가 현발할 때에 비로소 이숙식이 완전히 공해진다.
- 이숙식이란 선악의 업으로 인하여 받게 되는 과보로서 이 이숙식이란 명칭은 범부로부터 금강도의 보살에 이르기까지 적용되며, 오직 불과인 묘각에서만 그 명칭이 사라진다.
- 그러므로 대원경지에 이르러서야 제 8아뢰야식의 근본이 완전히 공해진다는 말이 된다. 그 만큼 제 8아뢰야식은 행상이 미묘하고 깊어서 알기 어렵고 벗어나기 어렵기 때문에, 등각 후인 묘각에 가서야 이숙식이 공함을 성취할 수 있는 것이다.

'금강도 후에 이숙식이 공해지며'라는 문장을 살펴봅시다. 금강도의 경지 이후에는 이숙식도 공해진다는 말입니다. 금강도란 변하지 않는 도, 진리를 이룬 단계입니다. 등각보살이 금강대정에 들어선 것을 말합니다. 10지의 단계에 도달하면 등각보살, 묘각보살이 됩니다. 그러나 등각까지도 이숙식은 여전히 남아 있습니다. 금강도에 도달해도 부처가 될 때까지 이숙식은 남아 있다는 것입니다. 부처가 되어야 이숙식이 사라집니다. 내가 내 속의 업을 잘 아니까 마음대로 꺼내 쓸 수는 있어도 업이 없어진다는 것은 아닙니다. 이숙식이 남아 있는 한 업에 대한 인과는 받게 되어 있습니다. 금강도 후 대원경지가 현발할 때 비로소 이숙식이 완전히 공해집니다. 이숙식이란 선악의 업으로 인하여 받게 되는 과보로써 범부로부터 금강도의 보살에 이르기까지 적용됩니다. 부처되기 전까지 이숙식으로 인해 업으로 인한 인과응보를 받는 것입니다. 우리가 인과응보를 피해갈 수도 없지만 각자가 받는 인과응보는 다 틀립니다. 받는 양이 달라진다는 것입니다. 내가 받아야 할 과보가 있어도 이 생에 공부를 해서 진리를 깨치면 그 받을 과보의 양은 줄어들게 됩니다. 똑같은 과보를 받더라도 수행한 사람과 수행하지 않는 사람이 받는 과보는 달라질 수 있습니다. 장식일 때는 과보를 그대로 받지만 이숙식이 되면 그 과보가 달라질 수 있습니다. 이러한 과보는 그 내용을 안다고 해서 달라지지는 않습니다. 내가 그 내용을 알고 지극하게 과보를 감싸 안고 긍정하고 받아들여야 달라집니다. 결국 내가 받는 과보를 바꾸는 것은 나 자신이며 스스로 바뀌어야 합니다. 다른 누군가가 해주는 것이 아닙니다. 이숙식은 오직 불과인 묘각에서만 그 명칭이 사라집니다. 그러므로 대원경지에 이르러서야 제8 아뢰야식의 근본이 완전히 공해집니다. 그만큼 제8아뢰야식은 형상이 미묘하고 깊어서 알기 어렵습니다.

현재의 우리가 사용하는 의식은 제7식까지 입니다. 서양의 과학, 의학, 심리학이 아무리 발전해도 그것은 제7식까지 밖에 모릅니다. 이것을 뚫고 더욱 본질적으로 들어가는 것이 유식이고 불교인 것입니다. 지금 우리는 끊임없이 번뇌 망상이 일어나는 것을 자각하지 못합니다. 명상이나 참선을 하면 끊임없이 번뇌 망상이 일어나는 것을 알 수 있습니다. 하지만 우리가 무엇인가에 몰두하고 있으면 번뇌 망상이 일어나는지도 모릅니다. 평소에는 머리카락 한 가닥이 떨어지는 것은 모르지만 적정의 상태에 들면 머리카락이 한 가닥 떨어지는 것도 명확하게 알게 됩니다. 평소에는 제8식이 어떻게 작용하는지 모릅니다. 그래서 나를 끊임없이 가라앉혀 어떤 미세한 움직임도 감지할 수 있을 때 비로소 제8식의 작용도 감지할 수 있게 됩니다. 화두에 몰두하는 것도 내 자신을 끊임없이 가라앉혀 안정화시키는 작업입니다. 흙탕물을 가라앉히면 바닥이 보이듯이 나를 끊임없이 가라앉히면 바닥의 미세한 움직임도 보이는 것입니다. 이것이 참선을 하고 화두에 몰두하는 이유입니다.

결국 초기불교든, 대승불교든, 선불교든 우리가 추구해야 할 목적은 깨달음입니다. 수행을 통하여 부처가 되

보살십지

1. 환희지(歡喜地 = 진실한 희열의 경지)
2. 이구지(離垢地 = 의혹을 끊는 깨끗한 경지)
3. 발광지(發光地 = 지혜가 빛나는 경지)
4. 염혜지(焰慧地 = 지혜가 치성한 경지)
5. 난승지(難勝地 = 지혜와 지식의 조화 이룬 경지)
6. 현전지(現前地 = 참 마음의 모습을 나타낸 경지)
7. 원행지(遠行地 = 진리의 세계로 드는 경지)
8. 부동지(不動地 = 다시는 동요되지 않는 경지)
9. 선혜지(善慧地 = 지혜로써 옳게 선도하는 경지)
10. 법운지(法雲地 = 진리가 구름처럼 된 경지)

등각
묘각

는 것입니다. 수행의 단계에 대해서 살펴봅시다.

보살 10지는 환희지, 이구지, 발광지, 염혜지, 난승지, 현전지, 원행지, 부동지, 선혜지, 법운지입니다. 법운지 위에 등각, 묘각이 있습니다. 석가모니 부처님께서 이루신 경지가 묘각입니다. 일반적으로 깨달음을 얻었다고 하면 환희지의 경지입니다. 제8식을 제대로 인식하는 것은 제8지인 부동지입니다.

제8지에 이르러서야 장식이 이숙식으로 바뀝니다. 제1지인 환희지까지만 오면 부처의 경지에 이르기까지는 매우 쉽습니다. 기본적으로 제1지와 제8지에서 큰 변화가 일어납니다. 제2지인 이구지란 더러움이 없는 것입

9) 대원경지와 무구식이 동시에 발생하여

- 대원이란 대원경지를 말하는데, 유루의 아뢰야식이 전환될 때 나타나는 청정하고 원만한 지혜이다. 그리고 무구란 유루의 아뢰야식이 무구식 또는 백정식이 되는 것, 즉 진여를 뜻한다.
- 이 둘은 동시에 발생한다. 제 8아뢰야식이 무구식 즉 백정식이 될 때 대원경지가 나타나며, 대원경지가 나타날 때 바로 무구 백정식이 되는 것이다.

니다. 맑고 깨끗함 밖에 없습니다. 청정법신의 청정이 제1지와 제2지에서 나타납니다.

'대원경지와 무구식이 동시에 발생하여'라는 말을 봅시다. 대원경지의 대원은 대승불교에서 밀교로 넘어가면서 생긴 용어입니다. 대원이란 유루의 아뢰야식이 전환될 때 나타나는 청정하고 원만한 지혜입니다. 부처를 이룰 때 나타나는 원만한 지혜입니다. 부처의 광명은 자비로부터 나옵니다. 자비로부터 빛이 흘러 넘치고 지혜가 생깁니다. 그래서 자비심이 없는 사람은 공부를 아무리 열심히 해도 자비심이 넘치는 사람을 따라갈 수 없습니다. 공부를 안 한 사람도 자비심이 가득하면 자비심이 없이 공부한 것보다 훨씬 더 수승합니다. 모든 것의 근본 심성이 자비입니다. 지혜란 다른 것이 아니라 자비가 흘러 넘친 빛입니다. 자비의 척도는 내 속에 든 업의 척도와 같습니다. 무구란 유루의 아뢰야식을 깨친(본) 상태가 무구식 또는 백정식으로 진여를 뜻합니다. 식은 6, 7, 8식 까지 밖에 없습니다. 백정식, 무구식은 후대 사람들이 만든 제9식으로 깨달은 상태를 말합니다. 이 둘은 동시에 발생하며 아뢰야식이 무구식, 백정식이 될 때 대원경지가 나타나며 이 때 바로 무구식, 백정식이 됩니다. 그러므로 9식이란 따로 있는 것이 아니라 깨달은 눈으로 보는 제8식을 말합니다. 8식에 대한 깨달음의 인식을 밀교에서는 제9식까지 만든 것입니다.

제9식인 무구백정식을 살펴봅시다. 제6식은 요별경식이고 제7식은 말나식이고 제8식은 아뢰야식, 종자식, 장식, 이숙식이라고 합니다. 깨치면 제8식이 제9식이 됩니다. 이것을 무구식이라고도 하고 백정식이라고도 합니다. 결국 제8식과 제9식은 같은 것입니다. 제8식을 깨친 눈으로 보는 것이 제9식입니다. 그래서 제9식은 따로 정의하지 않아도 됩니다.

유위법, 무위법, 유루법, 무루법은 불교에서 가장 어려운 내용들로 확실하게 알아야 합니다. 제법은 이 세상에서 인식할 수 있는 모든 것입니다. 이것을 유위법과 무위법으로 나눌 수 있습니다. 그리고 우리의 행위로 인해

결과가 생깁니다. 그 결과는 종자, 8식의 업의 창고에 저장됩니다. 그런 업들은 유루와 무루로 나눌 수 있습니다. 루란 번뇌, 망상, 업 등을 가리킵니다. 번뇌 망상이 생기는 행위들은 유루이고 번뇌 망상을 유발하지 않는 행위들은 무루입니다. 그러므로 부처님의 행위는 무루가 되고 우리의 행위는 모두 유루가 됩니다. 중생은 번뇌 망상 속에서, 분별 속에서 모든 행동을 하지만 부처님은 그렇지 않습니다. 제8지인 부동지 이상이 될 때 제7식인 아치, 아집, 아만, 아애가 깨트려집니다. 이 때는 이미 '나'가 없는 진정한 보살이며 부처로 나아가는 것입니다. 어떠한 행위를 하더라도 자기 자신을 위한 행위는 하나도 없습니다. 그것이 바로 무루입니다. 제8지 이전의 모든 것은 유루가 됩니다.

무위법은 모든 현상의 참다운 본질, 체성이며 최종 진리입니다. 만약 법이 생도 없고 멸도 없고 인도 없고 과도 없다면 무위의 모습입니다. 하지만 이 세상의 모든 제법은 무위가 없고 모두 유위입니다. 깨달은 사람의 눈으로 볼 때 무위법이 보이는 것입니다. 우리가 사는 이 세상의 모든 것은 유위법입니다. 인과 연의 화합으로 만들어진 모든 존재입니다. 유찰나로 멸진하며 원인 없이 멸무합니다. 머리 속에서 한 생각을 떠올려 봅시다. 떠올렸던 그 생각 내가 없애야겠다는 의지가 없어도 그대로 없어져버립니다. 억지로 없애려고 하지 않아도 모든 것은 소멸해버립니다.

유루법이란 번뇌가 있는 법을 말합니다. 무루법은 번뇌가 없는 법입니다. 과거, 현재, 미래에 존재하는 온갖 색에 대해 아애(탐욕과 진애)를 일으키지 않습니다. 그리고 식에 대해서도 그렇습니다. 색은 색 수 상 행 식 5온의 색입니다. 우리가 갖고 있는 모든 것은 탐욕과 진애입니다. 탐 진 치에서 치이기 때문에 탐과 진이 생깁니다. 치는 무명으로, 무명이 명으로 바뀌면 탐과 진이 소멸됩니다. 5온에서 탐과 진을 일으키지 않는 것이 무루입니다. 그래서 이 세상에 존재하는 모든 것은 유위법과 무위법으로 존재하고 이 세상에 존재하는 모든 것의

유루법와 무루법

• 유루법 —— sa-anasrava-dharma
번뇌가 있는 법

• 무루법 —— anasrava-dharma
과거, 현재, 미래에 존재하는 온갖 색에 대해 **아애**(탐욕과 진에)를 일으키지 않고, 그리고 식에 대해서도 그러한 것.

인과는 유루법과 무루법입니다. 행하고 주고 받는 모든 인과는 8지(부동지) 보살 이상 올라가면 무루법이고 일반 중생은 유루법입니다. 자기의 아집과 탐욕 속에서 거래가 이루어지는 것입니다.

10) 널리 시방의 모든 세계를 비춘다.

• 아뢰야식이 전환하여 대원경지를 이루고 그 광명이 널리 시방의 모든 세계를 두루 비추게 된다.
• 의식이 그대로 있을 때는 말할 필요도 없지만 의식이 완전히 끊어져 제 7지 보살의 경지인 무상정이 될 때에도 제 7말나식은 여전히 남아 있기 때문에 완전한 색자재의 멸진정은 되지 않는다.
• 여기에서는 몽중일여로 꿈속에서는 일여하지만 오매일여는 되지 않는다.

'널리 시방의 모든 세계를 비춘다.'는 말을 살펴봅시다. 결국 이 세계를 비추고 있는 본질은 모두 제8아뢰야식입니다. 아뢰야식이 전환하여 대원경지를 이루고 그 광명이 널리 사방의 모든 세계를 두루 비추게 됩니다. 제8식을 제대로 보는 것이 대원경지이며 견성성불하는 것입니다. 제8식 아뢰야식을 제대로 보니 끝도 없는 자비가 일어나고 그 자비가 흘러 넘친 광명이 이 세계를 두루 비추는 것입니다. 그래서 깨친 자에게는 항상 후광이 있습니다. 의식이 그대로 있을 때는 말할 필요도 없지만 의식이 완전히 끊어져 제7지 보살의 경지인 원행지에서 무상정이 될 때에도 제7말나식은 여전히 남아있기 때문에 완전한 색자재의 멸진정은 되지 않습니다. 7지 보살까지 와도 완전하게 의식이 끊어지지 않는다는 것입니다. 해결되지 않고 인과가 그대로 남아있다는 것입니다. 여기에서는 몽중일여로 꿈속에서는 일여하지만 오매일여는 되지 않습니다. 환희지에 도달해야 비로소 오매일여가 됩니다. 환희지에 도달하면 몽중일여, 오매일여에 도달할 수 있습니다.

'처음은 아뢰야식이니 이숙식이며 일체 종자이다.'는 문장을 봅시다. 가히 알 수 없는 집수와 처와 요이니 항상 촉, 작의, 수, 상, 사와 상응합니다. 알 수는 없지만

11) 처음은 아뢰야식이니 이숙식이며 일체 종자이다.

- 가히 알 수 없는 집수와 처와 요이니 항상 촉·작의·수·상·사와 상응하느니라.
- 오직 사수이며 무부무기이니 촉 등도 또한 이와 같느니라.
- 항상 전변함이 폭포수가 흐르는 것과 같아 아라한의 지위에서 버리느니라.

나와 대상과 생각들이 항상 촉, 작의, 수, 상, 사를 일으킵니다. 제6식, 제7식, 제8식은 모두 촉, 작의, 수, 상, 사를 가지고 있습니다. 오직 사수이며 무부무기이니 촉 등도 또한 이와 같습니다. 사수란 선도 아니고 불선도 아닙니다. 제8식은 청정해서 있는 것을 모를 뿐 알기만 하면 되지만 제7식은 때를 걷어내야 합니다. 항상 전변함이 폭포수 같으며 아라한의 지위에서 버려집니다. 이숙식, 일체 종자식은 부동심을 체득한 아라한의 경지에서 버려집니다. 전변함이 폭포수와 같다는 말은 우리에게 끊임없이 일어나는 번뇌 망상이 폭포수와 같다는 것입니다. 우리는 폭포수 같은 번뇌 망상을 못 느낍니다. 폭포수 같이 번뇌 망상이 쏟아지면 멈추기가 쉽지 않습니다. 우리는 폭포수 같은 번뇌 망상을 끊거나 막아내야 합니다. 멈추는 방법은 생각을 고요하게 가라앉혀 진리를 인식하는 순간 거짓말 같이 없어져버립니다. 제8식을 인식하기 위해서는 나 자신을 끝도 없이 안정시켜 적정하게 해야 합니다. 그렇게 하기 위해 부처님께서는 위

11) 처음은 아뢰야식이니 이숙식이며 일체 종자이다.

- 물론 여기에서 무부라고 하는 것은 번뇌가 전혀 없다는 것이 아니라 중생에게는 너무나 그 존재형태가 미세하여 그렇게 말할 뿐이다.
- 이처럼 미세하여 알기는 어렵지만 그 작용은 마치 폭포수가 간단없이 흘러내리듯이 끊임없이 작용하며 존재하는 것으로 아라한의 위치에 가서야 비로소 없어진다.

빠사나와 사마타를 말씀하셨습니다. 위빠사나와 사마타란 지혜롭고 지혜로움을 끝없이 깊게 한다는 말입니다. 잔머리로는 제8식을 뚫고 들어갈 수 없습니다.

제8식은 일체의 훈습된 종자가 함장되는 곳이기도 하고 무몰식이라고 하듯이 없어지지도 아니하며 일체의 원인과 결과를 갖추고 있는 근본 장소 또는 중심체로써 우리가 알기 어려운 미세한 활동을 합니다. 이러한 아뢰야식은 51가지 마음 작용 중에서 촉, 작의, 수, 상, 사

의 다섯 가지와 상응하여 작용할 뿐이며 감수하는 성질은 선, 불선, 무기 중에서 무기이며 특히 번뇌가 없는 깨끗한 무부무기입니다. 물론 여기에서 무부라고 하는 것은 번뇌가 전혀 없다는 것이 아니라 중생에게는 너무나 그 존재 형태가 미세하여 그렇게 말한 것뿐입니다. 이처럼 미세하여 알기는 어렵지만 그 작용은 마치 폭포수가 끝없이 쏟아지듯이 작용하며 아라한의 자리에 가서야 비로소 없어집니다. 예를 들어 땅 밑에서 아무리 마그마가 요동쳐도 우리는 모릅니다. 깊은 곳에서 일어나는 작용은 모릅니다. 그래서 우리는 속에서 아무리 폭포수 같이 번뇌 망상이 흘러도 모르는 것입니다.

사지四智
- 대원경지大圓鏡智 – 제8식
- 평등성지平等性智 – 제7식
- 묘관찰지妙觀察智 – 제6식
- 성소작지成所作智 – 전5식

사지四智는 5식, 6식, 7식, 8식을 각각 깨달으면 얻어지는 지혜를 말합니다. 5식은 성소작지이고 6식은 묘관찰지이고 7식은 평등성지, 8식은 대원경지입니다. 4지를 각 식으로 말하기도 합니다. 이것은 밀교의 내용입니다. 성소작지란 그대로 보고 듣고 느끼고 하는 것을 말합니다. 묘관찰지는 묘하게 모든 것을 분별하는 것입니다. 대원경지는 자성이 청정한 것입니다. 평등성지는 마음에 병이 없음입니다. 아치, 아만, 아집, 아애를 잘 다스리면 마음에 병이 없어집니다. 미혹과 집착의 병이 없어집니다. 묘관찰지는 용공이 없으며 무루의 제6식을 말합니다. 제6식이 경계에 힘 쓰는 것이 있으면 집착을 일으킵니다. 그냥 가만히 있는 것이 아니라 더 힘 쓰는 것이 있으면 집착을 일으킨다는 말입니다. 성소작지는 대원경지와 현량이라는 면에서는 같습니다. 앞에서 비량과 현량을 이야기 했습니다. 있는 것을 그대로 보는 것이 현량이며 전5식과 8식이 그렇습니다. 그래서 성소작지가 대원경지와 같은 것입니다. 같다는 것은 전5식이 제8식이라는 것은 아닙니다. 단지 현량이 같다는 말입니다. 성소작지는 청정한 전5식을 뜻합니다.

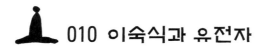

010 이숙식과 유전자

이기적 유전자

- "40억년 전 스스로 복제 사본을 만드는 힘을 가진 분자가 처음으로 원시대양에 나타났다. 이 고대 자기 복제자의 운명은 어떻게 되었을까?
- 그것들은 절멸하지 않고 생존 기술의 명수가 되었다. 그것들은 우리의 몸과 마음을 창조했다.
- 그것들을 보존하는 것이 우리의 존재를 알게 해 주는 유일한 이유이다.
- 그것들은 유전자란 이름을 갖고 있으며, 우리는 그것들의 생존 기계이다.
- 유전자는 유전자 자체를 유지하려는 목적 때문에 원래 이기적이며, 생물의 몸을 빌려 현재에 이르고 있다.
- 동물의 이기적 행동은 이와 같은 이유에서 비롯된 것이며, 이타적 행동을 보이는 것도 자신과 공통된 유전자를 남기기 위한 행동일 뿐이다."

리처드 도킨스이 쓴 이기적 유전자라는 책이 있습니다. 이 책은 1976년에 출간되어 세상에 많은 파문을 일으켰습니다. 다윈의 '종의 기원'에서 인간은 신의 창조물이 아니고 삶을 다음 세대에 전하는 유전자가 있다는 내용이 나옵니다. '이기적 유전자'는 하나의 유전자가 인간의 삶을 이루게 하는데 어떻게 작용하였는가에 대해 말하고 있습니다. '이기적 유전자'는 제7식 말나식을 잘 설명한 책이라고 보면 됩니다. '이기적 유전자'의 내용을 살펴보면 40억 년 전 스스로 복제 사본을 만드는 힘을 가진 분자가 처음으로 원시 대양에 나타났다고 합니다. 이 복제 사본을 만드는 분자가 새로운 생명체를 만들었고 이 생명체가 발전해서 인간도 나오게 한 것입니다. 그 분자는 절멸하지 않고 생존 기술의 명수가 되었는데 그것들이 우리의 몸과 마음을 창조했다고 합니다. 이 사실을 유식에 대입해보면 복제 사본을 만드는 분자는 제7식이라고 할 수 있습니다. 이 분자들은 유전자란 이름을 갖고 있으며 우리는 그것들의 생존 기계입니다. 즉 우리는 유전자가 모여 있는 생존 기계가 되는 것입니다. 유전자는 자체를 유지하려는 원래의 목적 때문에 이기적이며, 생물의 몸을 빌려 현재에 이르고 있습니다. 이 세상에 존재하는 많은 생명체 중에서 살아남은 생명체는 적응을 잘 한 것들입니다. 적응을 잘 한다는 말은 이기적인 것이며 이기적이지 않으면 잡아먹히게 되어 있습니다. 복제를 해서 끝까지 살아남기 위해서는 이기적일 수밖에 없는 것이 이 책의 주장입니다. 우리의 수 많은 유전 인자, 세포 가운데 몸과 마음을 이루고 있는 것은 가장 이기적인 유전자들입니다. 그것들이 뭉쳐서 나를 이루고 있는 것입니다. 이기적이지 못한 것들은 소멸됩니다. 제7식 말나식의 큰 특징이 아치, 아집, 아만, 아애를 가지고 있다는 것입니다. 이기적 유전자는 바로 이것들을 가지고 있습니다. 동물의 이기적 행동은 이와 같은 이유에서 비롯된 것이며 이타적 행동을 보이는 것도 자신과 공통된 유전자를 남기기 위한 행동일 뿐입니다. 이 말은 이타적 행동도 결국 자신과 자신의 집단을 살아남게 하기 위한 이기적 행위일 뿐이라는 것입니다. 이기적 유전자는 인간의 실체를 적나라하게 보여주는 것이라고 할 수 있습니다. 인간의 탄생도 수 많은 정자 가운데 하나만 살아남습니다.

이기적 유전자

• 이기적 유전자란 무엇일까?
그렇다면 우리는 다음과 같이 물어 볼 수 있다. 즉 개개의 이기적 유전자의 목적은 무엇인가? 그것은 유전자 풀 속에 그 수를 증대시키고자 노력하는 것이다. 개개의 유전자는 기본적으로 그것이 생존하고 번식하는 장소인 몸의 프로그램을 만드는 것을 도와주고 행하고 있다. 그러나 이제 우리는 유전자가 다수의 다른 개체 내에 동시에 존재하는 분산된 존재라고 하는 것을 강조하고자 한다.

이기적 유전자는 단지 DNA의 작은 물리적 조각에 불과한 것이 아니라 세계에 분포되어 있는 하나의 특별한 DNA 조각들의 복제물입니다. 이 세상에 존재하는 모든 삶이 복제물이라는 것입니다. 생명체를 갖고 있는 모든 것은 유전자에 의해 생명이 유지되고 있습니다. 지구 상에 살아있는 모든 생명은 이기적 유전자의 집합으로 살아있는 것입니다. 조금 더 깊이 들어가면 유전자가 생명을 만들어낼 뿐만 아니라 그 뿌리에는 스스로의 의지까지 있습니다. 제7식 말나식을 움직이는 근원적인 것이 스스로의 의지를 가지고 있다는 것입니다.

　그렇다면 개개의 이기적 유전자의 목적은 무엇인지 봅시다. 그것은 바로 그 수를 증대시키고자 노력하는 것입니다. 즉 계속 증대시켜 자신의 세계를 만들어가는 것입니다. 그래서 이 지구 상에서 생기는 많은 생명체가 나름 자신의 시대를 열어갑니다. 각 생명들은 시대를 열었다가 소멸합니다. 엄청난 수로 분열을 합니다. 지금 인간의 수는 거의 70억에 이르렀습니다. 인류는 체세포만으로도 인간을 만들어냅니다. 하지만 이 방법 이외의 다른 방법으로도 생명체를 만들 방법이 있을지도 모릅니다. 이것은 개체의 이타주의로 나타나겠지만 그것은 어디까지나 유전자의 이기주의에서 생기는 것입니다. 살아남기 위한 이타라는 것입니다. 아무리 이

타심이 생겨도 그것은 유전자의 이기에서 생긴 것에 불과합니다. 그 많은 생명 중에서 내가 살아남은 이유는 가장 이기적이었기 때문입니다. 그 이기의 집합이 제7식 말나식입니다.

2. 우선 초능변식의 양상은 어떠한가?

- 초아뢰야식 初阿賴耶識
- 이숙일체종 異熟一切種

- 첫 번째 능변식은 아뢰야식이고 이숙식이며, 일체 종자식이다.

제2송의 초능변식의 양상에 대해 살펴봅시다. '초아뢰야식 이숙일체종'이란 말이 있습니다. '첫 번째 능변식은 아뢰야식이고 이숙식이며 일체 종자식이다'는 뜻입니다. 나와 대상의 부딪힘 속에서 식이 생깁니다. 나는 안이비설신과 의로 이루어져 있고 대상은 색성향미촉과 법으로 이루어져 있습니다. 이것이 부딪히면 안식, 이식, 비식, 설식, 신식, 의식이 생깁니다. 의식을 세분화하면 제6식 의식, 제7식 말나식, 제8식 아뢰야식이 있습니다.

아뢰야식

(해설)아뢰야라고 부르는 식(alayakhyam vijnanam), 아뢰야
식(alaya-vijnana) 두 가지 의미가 있다
a) 있는 것을 넣어두는 곳간, 일체종자식
b) 집착의 대상

2) 모든 사상을 산출하는 종자
식물의 종자, 이것이 변하여 '특수한 심적인 힘'을 나타내는
알라야식이 되었다.
모든 사상은 심층적 심활동과 표층적 심활동의 상호 인과관
계 위에서 성립한다.
현재의 제현상을 산출하는 종자 – 명언종자名言種子
미래세의 자기를 형성하는 종자

가장 뿌리인 제8식 아뢰야식에는 두 가지 의미가 있습
니다. 하나는 있는 것을 넣어두는 곳간입니다. 한 생을
살다 가면 행위했던 모든 흔적이 창고 속에 들어있습니
다. 내 창고 속에 살았던 흔적이 다 들어있습니다. 이
흔적을 모른 채 끄집어 내어 씁니다. 다른 하나인 아뢰
야식은 바로 집착의 대상이라는 것입니다. 아뢰야식이
움직여 제7식 말나식이 만들어지므로 집착의 대상이
됩니다.

제8식은 모든 사상을 산출하는 종자입니다. 이 아뢰야
식은 심지어 식물의 종자에도 있는데 이것이 변하여 특
별한 심적인 힘을 나타냅니다. 식물의 종자부터 시작해

서 어떤 생명이든 아뢰야식을 가지고 있습니다. 아뢰야식은 모든 사상의 심층적 심 활동과 표층적 심 활동의 상호 인과 관계 위에서 성립합니다. 아뢰야식과 제7식은 심층적 심 활동이라고 할 수 있고 제6식은 표층적 심 활동이라고 할 수 있습니다. 심층적 심 활동과 표층적 심 활동이 상호 인과 관계를 갖고 움직입니다. 아뢰야식이 활동하고 있어도 우리는 자각하지 못합니다. 중간인 제7식은 깊이 생각하면 알 수 있습니다. 내가 하는 활동의 뿌리는 제8식입니다. 그 뿌리는 무엇인지 모르지만 그 뿌리에서 나온 것을 나라고 하는 것입니다.

제8식은 현재의 제현상을 산출하는 종자입니다. 내가 살아가면서 내 삶의 모든 것을 표출하는 종자인 것입니다. 그래서 이것을 명언종자라고 합니다. 명언이란 현상적으로는 없어져도 이름은 남아있음을 말합니다. 모든 것은 다 이름을 가지고 있습니다. 우리가 죽고 나면 육체는 없어져도 이름은 남아있습니다. 그것이 명언종자가 됩니다. 그리고 제8식은 미래세의 자기를 형성하는 종자가 되기도 합니다.

제8식은 여러 가지 이름으로 불립니다. 아뢰야식은 능장, 소장, (아애)집장의 세 가지 뜻을 가지고 있습니다. 능장이란 능히 종자를 넣어 두고 있다는 뜻이며, 소장

아뢰야식
- 아뢰야식
- 능장, 소장, 집장의 세 가지 뜻을 갖추므로

- 이숙식
- 과보로서의 체상을 밝힌다

- 일체 종자식
- 원인으로서의 체상을 밝힌다.

이란 종자를 간직하고 있는 곳이라는 뜻이며, 집장이
란 말나식에 의하여 집착된다는 뜻입니다. 과보로서의
체상을 밝힐 때는 이숙식이 됩니다. 내가 한 생을 살고
나면 흔적은 내 속에 저장됩니다. 전생에 내가 행동했
던 결과물이 내 안에 들어와 있는 것입니다. 과보는 바
로 이러한 것들입니다. 원인으로서의 체상을 밝힐 때는
일체 종자식이 됩니다. 이 생에서 내가 살아가며 행위
하는 것들은 원인이 있습니다. 그 원인은 바로 제8식에
들어있는 것들입니다. 그러므로 내 안에 들어있는 것들
을 끄집어낼 때는 일체 종자식이 되는 것입니다.

**011 제3송 유식상, 이숙능변의 소연행
상문, 심소상응문, 오수상응문**

유식 3송

불가지집수 不可知執受　처료상여촉 處了常與觸
작의수상사 作意受想思　상응유사수 相應唯捨受

• 집수執受와 기세간과 요별작용을 감지하기 어렵다.
• 항상 촉觸, 작의作意, 수受, 상想, 사思의 심소心
　所와 상응한다. 오직 사수捨受이다.

1.유식 3송

　유식 3송을 봅시다. '불가지집수 처료상여촉 작의수상
사 상응유사수' '집수와 기세간과 요별작용을 감지하기
어렵다.'입니다. 제8식이 작용해도 우리는 작용이 일어
나는지 모릅니다. '항상 촉, 작의, 수, 상, 사의 심소와
상응한다. 오직 사수이다.'입니다.

2. 소연행상문

불가지집수 처료, '집수처인 기세간과 요별작용을 감
지하기 어렵다.'

처는 소연이며, 요는 능연이며 행상으로 표현한 것입
니다. 그래서 처는 기세간입니다. 기세간은 산천, 초
목, 집 등 모든 외부 대상을 가리킵니다. 유정존재가
있는 곳입니다. 그래서 처라고 합니다. 요는 요별의 의
인데 식의 행상을 가리킵니다. 능연견분입니다. 대상으
로 나아가 생각을 일으키게 하는 경계의 행함이 행상입
니다.

불가지라 한 것은 식의 소연과 행상이 너무 미세하여
그 작용을 감지하지 못하기 때문입니다. 그래서 참선을
통하여 생각을 한 군데 집중하여 가라앉혀 무념이 되고

삼매에 들면 이 미세한 움직임이 보이는 것입니다. 이 상태가 되면 본래 성품을 보게 되어 견성한다고 합니다. 이 행상을 이해하려면 호법논사가 주장한 사 분을 알아야 합니다. 견분, 상분, 자증분, 증자증분입니다.

10대 논사 중 안혜는 일 분을 주장하였고, 난타는 견분과 상분 이 분을 주장하였고, 진나는 견분과 능분에 자증분을 더 하여 삼 분을 주장하였고, 호법은 견분, 상분, 자증분에 증자증분을 더 하여 사 분을 주장하였습니다.

안혜는 의식의 주체를 자체분 하나만을 인정하였습니다. 근이 일으키는 견분은 실제하고, 대상의 경은 실제하지 않는 허망한 것으로 여겨 인정하지 않았습니다. 안혜가 일분설을 주장한 근거는 화엄경의 삼계 유심입니다. 일심 외에 대상이 되는 다른 법이 있으면 유식이라고 할 수 없기 때문에 일분설을 세운 것입니다.

난타는 인식의 성립에는 주체와 객체, 나와 대상이 있어야 한다고 생각하여 나와 대상에 의한 능연과 소연으로 나누어 능연이 일으키는 견분과 소연에 의해 일어나는 상분을 인정하여 이 분을 세웠습니다. 그러면서 견분을 실제 있는 것으로 실이라 하고 그로부터 변출된 상분을 가짜라고 하여 가라고 하였습니다.

진나는 이 분이 작용할 때 상분을 보고 견분을 일으킬

때 검증하는 작용이 없으면 인식이 성립하지 않는다고 하여 자증분을 하나 더 세웠습니다. 검증 과정을 거쳐야만 견분이 성립한다고 주장하여 견분과 상분과 자증분을 세웠습니다.

  호법은 상분을 보고 견분을 일으킬 때 검증하는 작용을 거쳐야만 견분이 성립한다고 했습니다. 자체 검증작용이 끊임없이 일어나려면 자증분을 검증하는 증자증분이 있어야 한다고 주장하여 견분, 상분, 자증분, 증자증분의 사 분을 세웠습니다.

3. 심소상응문

아뢰야식

5) 아뢰야식에 언제나 동반되는 다섯 가지 심작용
[촉지] (sparsa, 觸) – 삼사화합인 근과 경과 식이 결합할 때 일어나는 미세한 마음작용
[의(意)의 활동] (manaskara, 作意) 마음을 구체적으로 활동시키고, 마음을 어느 일정한 대상에게로 향하게 하는 작용
[감수] (vedana, 受) – 고락사苦樂捨를 인식하는 감수작용
[구상] (samjna, 想) – '이것은 청색이다 저것은 황색이다'등의 대상으 특수성 내지 특질을 인지하는 지각작용
[의지] (cetana, 思) – 구체적인 행동을 일으키는 의지작용

  상여촉 작의수상사, '항상 촉, 작의, 수, 상, 사의 심소

와 상응한다.'

나와 대상이 부딪칠 때 항상 기본적으로 일어나는 의식작용인 촉, 작의, 수, 상, 사는 항상 심소와 상응한다는 것입니다.

촉등의 심소는 심왕을 의지해서 일어나며 심왕과 상응하며, 심왕을 따르기 때문에 심소는 상응한다고 말하는 것입니다.

제8식은 항상 촉, 작의, 수, 상, 사와 함께 작용합니다. 촉, 작의, 수, 상, 사는 6식과 7식에서 항상 작용하는 것입니다.

촉은 근과 경과 식이 부딪치는 곳에서 일어나는 작용입니다. 세 개의 부딪침에 의해 성립된 의식이 심소와 작용하여 분별심을 일으키게 됩니다. 근본적으로 형성되고 성립된 의식이 깨어지면 기억이 없는 것입니다. 예를 들어 술에 취해 집에는 왔는데 그 과정이 전혀 기억이 나지 않습니다. 이때 촉이 깨어진 것입니다. 집을 나서면서 가스불을 껐는지 현관문을 닫았는지 기억이 나지 않아 다시 확인하러 가는 것도 촉이 깨어진 현상입니다.

작의는 근이 경으로 나아가려고 하는 의지입니다. 안이비설신의가 색성향미촉법으로 나아가는 의지입니다. 풀어보면 안이 색으로 나아가는 의지입니다. 원래 안과 색은 하나인데 안으로 들어와 안(눈)이 되었고 밖으로 나가 색(형상)이 되었습니다. 나아가려는 의지는 동조이며 공명입니다. 안이 아무리 나아가도 성(소리)은 보지 못하는 것입니다. 그러므로 나아가는 의지는 같은 것끼리 동조하는 것이며 공명하는 것입니다.

수는 대상과 접촉해 받는 느낌입니다. 그런데 우리가 대상으로 나아가 대상과 접촉하는 순간 두 가지 수가 작용합니다. 내가 갖고 있는 저장창고와 작용하는 수, 작용하지 않는 수 두 가지입니다. 작용하지 않는 수는 너무 미세하여 느끼지 못합니다. 그래서 우리는 저장창고와 작용하는 수만 있는 줄 압니다. 느낌을 받으면 그 느낌에 대한 형상이 저장됩니다.

상은 저장된 그것이 상입니다. 우리가 세세생생 겪은 모든 것의 느낌은 형상으로 저장됩니다. 느낌이 만들어지고 형상이 만들어져 저장창고에 넣어둡니다. 저장창고에 들어있는 그 형상을 계속 사용하는 것입니다.

형상을 보거나 소리를 듣거나 하면 수와 상을 거쳐 그것에 대해 일차적으로 생각을 정립하는데 이것이 바로 사입니다. 앞에서 나온 저장창고와 작용하지 않는 수는 너무 미세하여 우리는 모릅니다. 번뇌 망상의 움직임이 워낙 크기 때문에 이런 미세한 움직임을 알지 못하는 것입니다. 그것을 알면 부처가 되고 도인이 될 수 있습니다. 그 미세한 느낌을 느끼려면 끝도 없이 나를 가라앉혀야 합니다. 내 속에서 일어나는 것을 자꾸 가라앉히다 보면 미세한 느낌을 감지할 수 있습니다. 그래서 우리는 제6식의 느낌은 알지만 제8식의 느낌은 모르는 것입니다. 하지만 제8식도 촉, 작의, 수, 상, 사를 통해 항상 작용합니다.

4. 오수상응문

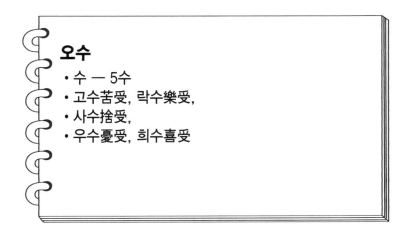

오수
- 수 ― 5수
- 고수苦受, 락수樂受,
- 사수捨受,
- 우수憂受, 희수喜受

촉, 작의, 수, 상, 사가 심소와 항상 작용할 때 수의 행상에는 기쁘고 희, 슬퍼고 우, 고통이며 고, 즐거운 락, 고도 아니고 락도 아닌 사, 이 다섯 가지가 작용을 합니다. 감수작용은 기쁨과 슬픔을 느끼며, 상의 작용

은 고 락 사를 느낍니다. 그런데 이 팔식의 작용은 선
도 악도 아닙니다. 고락도 아니고 선악도 아닌 사입니
다. 내 창고 속에 든 것은 선도 악도 아닌 것이 들어있
습니다. 제8식은 작용함에 있어서 고도 락도 아닌 사일
뿐입니다.

012 제4송 삼성분별문팔, 심소예동 문, 인과비유문, 복단위차문

유식 4송

시무부무기 是無覆無記　촉등역여시 觸等亦如是
항전여폭류 恒轉如瀑流　아라한위사 阿羅漢位捨

이것은 무부무기성이니 촉 등도 역시 그러하다.
항상 유전流轉하는 것이 폭포수와 같다. 아라한위
에서 버려져 없어진다.

　유식 제4 송은 '시무부무기 촉등역여시 항전여폭류 아
라한위사'이며, '이것은 무부무기성이니 촉 등도 역시
그러하다. 항상 유전流轉하는 것이 폭포수와 같다. 아
라한 위에서 버려져 없어진다.'입니다. 이 폭포수와 같
은 중류의 흐름인 번뇌를 끊어야 그 순간 부처가 되는
것이며 보리가 나타나는 것입니다.

번뇌 즉 보리이며, 중생 즉 부처의 도리가 여기서 나오는 것입니다.

무부무기성
- 무부
- 성품을 덮어 가리거나 방해하거나 마음을 부정하게 하는 등의 작용이 없으므로

- 무기
- 선, 악, 무기 중 무기이다

5. 삼성분별문팔

'시무부무기'며, 더러움에 물들지 않은 무기입니다.

중생의 성품은 선 혹은 불선 혹은 무기라는 세 가지입니다. 그런데 제8식의 성품은 선도 악도 아닌 무기라는 것이며, 더러움으로 물들지 않은 무부입니다. 근본이 선, 불선으로 분별된다면 선과 불선을 바꿀 수가 없습니다. 그러나 같은 성품을 도둑이 쓰면 도둑질을 하지만, 보살이 쓰면 보시행을 하게 됩니다. 그러므로 선악으로 대별되는 것이 아니라 무기인데 어떻게 사용하느냐에 따라 선도 불선도 되는 것입니다. 본래 청정의

의미는 물들기 전의 뜻으로 청정이라고 쓸 뿐입니다. 바로 청정이 나타내는 의미가 무부입니다. 견성하여 성품을 본다고 할 때 무부무기를 본다는 것입니다. 무부무기인 것을 알면 그것을 사용할 때 무심인 무념무상으로 작용하는 마음인 것입니다.

6. 심소예동문

'촉등역여시'이며, '촉 등도 항상 그러하다.'는 것입니다. 즉 촉, 작의, 수, 상, 사도 상응하는 심소를 심왕과 같이 취급하여 알게 하는 것입니다. 나타나는 의식을 통하여 의식과 같다면 심소에 들어 있는 작용을 의식으로 알 수 있게 됩니다. 예를 들어 거지가 구걸하는 것을 보는 순간 측은한 마음이 들어 도와주려는 생각을 합니다. 이때 심소에 무엇이 들어있는지는 모르지만 측은한 마음을 낸 선심소법의 불해가 가득 들어있음을 알 수 있습니다. 거지를 보는 순간 짜증을 내는 마음이 일어납니다. 이때는 심소에 무엇이 들어있는지 모르지만 짜증을 낸 번뇌지법의 진이 가득 들어 있음을 알수 있습니다.

7. 인과비유문

'항전여폭류'이며 '항상 유전하는 것이 폭포수와 같다.'

라는 것입니다.

항전에서 항은 계속해서 끊어지지 않는 것이며, 전은 생멸하여 항상하지 않는 것입니다. 식은 무시 이래로 상속하여 끊어짐이 없습니다. 여폭류는 식이 요동치며 흐르고 있다는 뜻입니다. 그러므로 식은 무시이래로 순간순간 인이 멸하면 과가 생하고 과가 생하면 인이 멸하여 끊임없이 상속하여 폭포수처럼 흐르고 있다는 것입니다.

수돗물이 끊임없이 콸콸 쏟아지는 것처럼 의식의 흐름인 중류는 폭포수처럼 콸콸 쏟아지고 있는 것입니다. 그래서 우리는 끊임없이 쏟아지는 폭포수처럼 생각의 방향을 바꾸기가 어려운 것입니다.

아뢰야식

8) 마음의 심층에서 소용돌이 치는 아뢰야식
- 그리고 그것(아뢰야식)은 폭류처럼 흐르면서 존재한다. (4-4)
- '폭류처럼 흐르면서 존재한다'는 것은 강의 흐름이 연이어 새로운 물이 흘러가면서 하나의 같은 강으로서 계속 존재하고 있듯이, 알라야식도 찰나로 생해서는 멸해가면서 계속 부단히 상속해가는 상태를 말한다.

8. 복단위차문

아뢰야식
9) 아뢰야식의 소멸
· 아뢰야식은 수행과정을 통해서 멸해져야 한다.

· [아라한] (arhat, 阿羅漢)
· 번뇌를 죽였기 때문에
· 세간 사람들의 공양을 받을 만하기 때문에
· 다시 태어나는 일이 없기 때문에

'아라한위사'이며, '아라한 위에서 버려져 없어진다.'라
는 것입니다.

폭포수와 같은 중류의 흐름인 이 아뢰야식은 아라한
과를 터득해야 없어진다는 것입니다. 아라한은 성문의
4위인 수다원, 사다함, 아나함, 아라한 중에 구경위에
속합니다. 아라한은 집착에서 벗어난 존경받을 만한 사
람으로, 무쟁이라고도 하여 탐하는 마음과 화내는 마음
을 조복받아 모든 집착에서 완전히 벗어났기 때문에 항
상 안과 밖이 적적한 과위입니다. 그 전에는 중류의 흐
름 속에 갇혀 있게 됩니다. 조금 깨친 것 같아 큰소리
치다 보면 어느 새 전생의 습기가 올라오게 됩니다. 습

기를 다 벗지 못하고 다시 중류의 흐름에 빠지게 됩니다.

　간혹 견성했다는 수행자가 시간이 지나고 보면 막행막식을 합니다. 이러한 경우 철저하게 아라한 위에 오르지 못했기 때문입니다. 순간 견성했다고 하더라도 깨치지 못한 전생의 습기들이 그냥 올라오는 것입니다. 깨치려면 철저하게 깨쳐야 세상의 복이 되고 본보기가 되는 것입니다.

말나식, 사량식

013 제5송 사량능변의 거체출명문, 소의문칠, 소연문, 자성행상문칠

유식의 제8식을 이해하기 위하여 중요한 개념들을 전 반적으로 살펴보았습니다.

우리가 보고 듣고 하는 것은 제6식이 작용한 것입니 다. 6식을 작용하게 하는 원동력은 제7식 말나식입니 다. 제7식이 나라고 생각하고 주인 노릇을 합니다. 하지 만 보고 들은 후 받아들이는 것은 다릅니다. 예를 들어 어떤 학생은 수업내용을 전부 다 알아듣고 어떤 학생은 반도 못 알아듣는 경우가 있습니다. 학생들은 자신이 가 지고 있는 능력을 바탕으로 받아들이고 인식합니다. 나 타나게 하는 주인이 제7식입니다. 현재 인식을 보면 '나' 라는 것이 어떻게 이루어졌는지 알게 됩니다. 제7식보 다 더 깊이 작용하는 것이 바로 제8식입니다. 어떤 행 동을 할 때 6식, 7식, 8식이 함께 작용합니다. 6식은 나 타나는 현재 의식이고 7식은 현재 의식을 나타나게 하는 원동력이고 그 7식의 원동력이 바로 제8식입니다. 8식의 작용은 너무 미미해서 우리는 잘 모릅니다. 우리가 인식할 수 있는 바탕은 제7식입니다. 여태까지 나온 정신, 잠재의식에 대한 분석은 제7식에 대한 논의이고 규명입니다. 원래 청정한 본래 자리가 바로 제8식입니다. 그러나 이것은 우리 몸에 들어와서 오염되는 것입니다. 우리가 살아온 흔적인 업만큼 그 색으로 오염되어 있습니다. 오염된 것을 나라고 생각하는 것입니다. 나라고 나타나는 것은 6식, 나라고 생각하고 나를 차지하고 있는 것은 7식, 그의 근본 뿌리가 되는 것은 제8식입니다. 제7식은 제2능변식이라고도 합니다.

유식 5송

차제이능변 次第二能變　시식명말나 是識名末那
의피전연피 依彼轉緣彼　사량위성상 思量爲性相

다음은 제 2능변이다. 이 식은 말나식이라고 이름하니 그것(야뢰아식)에 의지해서 유전하고 그것을 반연한다. 사량하는 것은 자성과 행상行相으로 삼는다.

제5송에서 제2능변에 대한 설명이 나옵니다. '차제이

능변 시식명말나 의피전연피 사량위성상' 이 말의 뜻은 '다음은 제2능변이다. 이 식은 말나식이라 이름하고 그것(아뢰야식)에 의지해서 유전하고 그것을 반연한다. 사량하는 것은 자성과 행상으로 삼는다.'입니다.

1. 거체출명문

'차제이능변 시식명말나'이며, '다음은 제2능변이다. 이 식은 말나식이라 이름한다.'입니다.

감지할 수 없는 깊은 의식인 제8식이 작동하면 그 움직임이 제7식에 전달됩니다. 그래서 제7식은 제2능변이며, 이름을 말나식이라고 합니다.

6식은 제7식의 표현입니다. 내 안에 들어있는 것을 나타내는 것입니다. 제7식은 뿌리에 있는 제8식의 반연입니다. 자성이란 나 자신의 존재입니다. 나라고 생각하는 것입니다. 행상이란 나라고 하는 것을 주관에 비추어서 나타내는 것입니다. 마음에 비친 객관의 영상을 인식하는 주관적인 작용입니다. 그래서 우리는 항상 무언가를 표현할 때 나를 표현합니다. 예를 들어 남을 도와주자고 할 때 '도와주자.', '도와줘서 뭐하게?'하는 것이 자신의 표현입니다. 나를 지배하는 일관된 의식인 사량하는 모든 것을 잠재의식이라고 합니다. 잠재의식이 바로 행상을 말합니다. 말나식은 심층적 자기집착심입니다.

평생 나라는 것에서 못 벗어나는 이유가 제7식 때문입니다. 나를 깨트리는 작업이 수행하는 것입니다. 제7식은 아뢰야식에 의해 생기고 그것을 인식대상으로 하는 것이 사량이라는 식입니다. 끝도 없이 생각하는 것이 제7식입니다. 제7식은 사량(생각)하는 것을 본성으로 합니다. 나라고 생각하는 것이 7식이면 나라고 생각되는 것을 표현한 것이 6식입니다. 사량이라고 불리는 7식은 아뢰야식에서 나오지만 자기를 산출한 아뢰야식은 인식하지 못하고 7식을 자기라고 집착합니다. 제7식은 제8식에서 생긴 자신을 나라고 착각하여 나가 있다고 생각하고 이기적인 마음을 형성하게 합니다. 말나식은 자신의 근원적 마음인 아뢰야식을 인식대상으로 삼아 그것을 자아라고 그릇되게 생각합니다. 원래 나가 없는데 있다고 잘못 생각하는 것은 말나식 때문입니다. 이 작용은 의식의 영역으로는 인식하지 못하기 때문에 우리는 그 작용을 자각하지 못합니다. 하지만 자아집착심은 선천적인 것이며 이미 생겨나 몸에 존재하는 것입니다.

2. 소의문칠
'의피전'이며, '그것(아뢰야식)에 의지하여 유전하며'입니다.

그것은 아뢰야식에 의지하여 일으키는 생각을 끊임없

이 유전하여 좀 더 분명하게 합니다. 생각을 일으키고 일어난 생각이 어떻게 연속되는지에 대한 설명입니다. 즉 마음이 형상화 되는 과정입니다.

이 소의는 네 가지의 인연의, 소연연의, 증상연의, 등무간연의에 의하여 일어납니다.

인연의는 주체에 의해 보시를 하자는 선한 생각을 일으키거나 고기 잡으러 가자는 악한 생각을 일으키는 것이 인연의입니다.

소연연의는 이 생각을 일으키게 하는 대상입니다. 이 대상은 작용이 미미합니다.

등무간연의는 보시하자는 선한 생각을 일으킬 때, 보시해서 뭘 해 그자가 게을러서 저렇게 사는데 하면 보시하려는 생각이 끊어지게 됩니다. 이때 선한 생각이 끊어지지 않도록 하는 것이 등무간연의입니다.

증상연의는 보시하자는 생각이 일어났을 때 그 외 다른 생각이 일어나지 않도록 힘이 되어 주는 것입니다.

이러한 과정을 거쳐 저장창고 들어있는 마음들이 생각으로 형상화되고 지속적으로 그 생각이 행동으로 나타나게 되는 것입니다.

더 나아가 그것은 자나 깨나 언제나 활동하는 심층 심리입니다. 제7식은 나를 만들어 내는 것으로 나라고 하는 순간 세상의 모든 것은 원래 하나이지만 너와 나로 분리됩니다. 나와 너의 분리를 깨트리고 관계를 인식하면 제8식을 알게 되고 연기를 인식할 수 있습니다. 말나식의 본질은 사량이라 불리는 식입니다. 끝도 없이 생각하는 것이 말나식입니다. 생각하는 것을 본성으로 하여 우리는 항상 생각을 합니다. 말나식이 나를 인식하여 항상 생각을 일어나게 합니다. 사량하다는 동사를 명사형으로 번역하면 '의'가 됩니다. 의는 의식입니다. 사량은 단순히 생각한다는 의미는 아닙니다. 심층 심리이기는 하지만 생사 윤회하는 한 언제나 깊고 명확하게 아뢰야식을 자기로 간주하면서 계속 집착하고 있습니다. 말나식은 단순히 생각하는 것만이 아닙니다. 그것은 항상 활동하는 확고하고 철저한 자아의식입니다.

3. 소연문

'연피'이며, '그것을 반연한다.'입니다.

그것은 아뢰야식에 의지하여 아뢰야식이 일으키는 생각을 끊임없이 유전하여 좀 더 분명하게 제6식으로 나타나게 반연을 합니다. 끊임없이 반연함으로써 존재하고 관계하고 유지하는 것입니다.

4. 자성행상문칠

'사량위성상'이며, '사량하는 것은 자성과 행상으로 삼

설명
- 자성 – 자신의 존재성
- 행상 – 마음에 비친 객관의 영상을 인식하는 주관의 작용

- 정우성
- 빠담빠담 –그와 그녀의 심장박동소리

는다.'

사량하는 주체이고 식체인 자증분이 자성이 되며 사량하는 능연의 작용인 견분이 행상이 되는 것입니다.

우리가 개념적으로 자기라고 인식하는 작용은 그런 심층적 자아집착심의 하나로 물거품에 지나지 않습니다.

말나식
- '사량이라 불리는 것'은 아뢰야식에서 생하지만, 자기를 산출한 아뢰야식을 자기라고 집착하는 마음이다.
- 이 식은 자신의 근원적 마음인 아뢰야식을 인식대상으로 삼아 그것을 자아라고 그릇되게 생각한다. 그 작용은 의식의 영역으로는 오르지 못하기 때문에 우리는 그 작용을 알아채지 못한다. 하지만 이 자아집착심은 말하자면 선천적인 것이며, 이미 생겨나 몸에 존재하는 것이다. 더 나아가 그것은 숙면시와 각성시를 불문하고 언제나 활동하고 있는 심층심리이다.

없는데 나라고 집착하기 때문에 물거품에 불과합니다. 나라고 집착하는 부분만이라도 객관화시킬 수 있다면 우리의 삶은 훨씬 청정해질 것입니다. 나라고 집착하는 데서 탐욕이 일어납니다. 탐욕은 모든 것을 제대로 못 보게 만듭니다. 그래서 어떤 상황에서도 객관적으로 인식해야 하는데 자기중심적으로 생각하게 됩니다. 이것을 객관화시켜야 합니다. 잘 살기 위해서는 자기 자신을 객관적으로 볼 수 있어야 합니다. 자기 자신을 제대로 볼 수 없다면 끝없는 탐욕과 집착 속에서 살아갑니다. 우리는 어떤 관계에서든지 집착과 탐욕에 따라 행동합니다. 상대방도 똑같습니다. 상대방도 자기중심적으로 생각하고 행동합니다. 그런데 나의 입장뿐만 아니라 상대방의 입장도 생각할 수 있다면 그것은 바로 연기의 출발입니다. 집착, 탐욕이 객관화 되어 깨트려질 수 있습니다. 제7식은 아무것도 없는 물거품입니다. 원래 나가 없는데 있다고 착각하기 때문입니다.

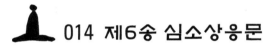 **014 제6송 심소상응문**

> **유식 6송**
> 사번뇌상구 四煩惱常俱 위아치아견 謂我癡我見
> 병아만아애 并我慢我愛 급여촉등구 及餘觸等俱
>
> 네 가지 번뇌와 항상 함께하니 곧 아치와 아견과 아울러 아만과 아애이다. 또한 다른 촉 등과도 함께한다.

　유식 6송을 살펴봅시다. '사번뇌상구 위아치아견 병아만아애 급여촉등구'입니다. 이 말의 뜻은 항상 '네 가지 번뇌와 함께 하니 곧 아치, 아견과 아울러 아만과 아애이다. 또한 다른 촉 등과도 함께 한다.'입니다.

5. 심소상응문

근본적인 네 가지 번뇌인 아애, 아집, 아만, 아치가 항상 촉, 작의 등과 함께 심소와 상응한다는 것입니다.

아치, 아견, 아만, 아애는 나라고 생각 하는 근본 덩어리입니다. 제7식은 제8식에 나오는 5변행의 촉 등과 같이 변행이 작용합니다. 제7식의 본질은 아치, 아견, 아만, 아애입니다. 나라고 생각하는 집착, 탐욕의 덩어리가 바로 7식입니다. 아치는 원래 무아인 것을 내가 있다고 착각하는 것입니다. 이것 때문에 아견, 아만, 아애가 생깁니다. 왜 싸움을 합니까? 내가 맞고 상대방이 틀렸다고 생각하기 때문입니다. 만약 상대방이 맞다고 생각하면 상대방의 의견을 존중하여 싸울 이유가 없어집니다. 내가 맞다고 생각하는 이것이 바로 아만입니다. 우리가 만약 어떤 결정적인 순간에 처해 있을 때 어느 누구보다 자기 자신을 챙깁니다. 자기만을 사랑하는 것입니다. 이것이 아애입니다. 우리가 하는 행동은 상대방을 위한 것 같지만, 그 뿌리는 자기 자신을 위한 것입니다. 보살의 단계에 가면 나도 위하고 남도 위하는 본질적인 생각이 일어납니다. 말나식과 작용하는 심소는 변행 5, 별경의 혜, 번뇌의 탐, 치, 만, 견의 4개, 수번뇌의 불신, 해태, 방일, 혼침, 도거, 실념, 심란, 부정지의 8개가 작용하여 총 18개의 심소가 작용합니다.

아치는 생멸하는 과정에서 원래 무아인데 멸하고 새로 생할 때 제8식 종자에서 생기는 것을 자기라고 착각하는 마음입니다. 무상이란 끊임없이 변하는 것을 말합니다. 끊임없이 변하는 것의 출발은 생이고 마지막은 멸입니다. 이런 생멸의 과정에서 아치가 생깁니다. 이 아치는 보살의 단계가 되어야 깨트려집니다.

아견은 아치 때문에 원래 없는 자신을 있다고 집착하는 것입니다. 아집이라고도 합니다. 원래 텅 비어 아무 것도 없는 공인데, 내가 있다고 일으킨 생각인 아치에 의해 아집(아견)이 생기게 됩니다. 아집에 대별되는 것을 정견이라고 합니다. 견성을 하게 되면 나에 대한 바른 견해가 일어나게 됩니다. 변하는 것을 변한다고 보는

말나식

- [자아가 존재한다고 보는 견해] (atma-drsti, 아견我見)
- 본래 이 심작용은 자기존재를 구성하는 다섯 가지의 구성요소(색·수·상·행·식의 오온)의 통합체, 또는 그들 하나하나를 자아 혹은 자아에 속하는 것으로 파악하는 견해이다. 하지만 이 경우의 말나식에 수반하는 이 심작용은 아뢰야식이 강의 흐름과 같이 순간순간 생해서는 멸하는 상속체인 것을 동일하고 변하지 않는 자아(아트만)라고 오인하는 작용이다.

것은 정견이며, 변하는 것을 변하지 않는 것으로 보는 것은 아집입니다.

 자아가 존재한다고 보는 견해인 아견은 본래 자기 존재를 구성하는 다섯 가지 구성요소를 가지고 있습니다. 오온인 색, 수, 상, 행, 식이 그것입니다. 나를 구성하고 있는 요소인 것입니다. 색은 육신이고 수 상 행 식은 정신입니다. 아견은 오온의 통합체를 나라고 생각하고 자아에 속하는 것으로 파악하는 견해입니다. 이 아견 때문에 말나식에 수반되는 심작용은 아뢰야식이 동일하고 변하지 않는 자아라고 오인하는 작용입니다. 강의 흐름과 같이 순간순간 생멸하는 상속체인 것을 변하지 않는 것이라고 착각하는 것입니다. 순간의 한 토막을 보면 영원한 것 같지만, 전체 흐름으로 보면 변해가는 것에 불과합니다. 제8식은 끊임없이 변하는데 제7식은 순간만 보고 자신이 영원하다고 착각하는 것입니다. 그렇게 오 인하게 하는 작용이 아견입니다.

> **말나식**
> - [자아에 대한 교만] (atma-mana, 아만我慢)
> - '자아가 존재한다고 보는 견해'에 의해서 존재함 과 설정된 자아를 근거로 해서 '[나는 존재하는 것이다]' '나는 ~이다'라고 하는 교만에 쌓인 심 작용이다.
> - [자아에 대한 애착] (atma-sneha, 아애我愛)
> - 위의 자아에 대한 세가지 심작용의 결과, 자아에 대해 일어나는 애착의 마음이다.

아만이란 자신만이 최고이며 항상 있다고 생각하는 것 입니다. 인간은 항상 자신이 맞다고 생각하기 때문에 싸 움하고 전쟁을 하며 자기 고집을 피웁니다. 상대방을 인 정하지 않기 때문에 싸움이 일어납니다. 부부가 자식이 보는 앞에서 자기가 맞다고 큰소리 치며 기물을 부셔가 면서 싸움을 합니다. 아만 때문에 일어나는 현상입니다.

아애는 자기만을 사랑하는 것입니다. 상대방을 위하여 보시를 행하지만 중생심이 있는 한 자기 자신보다 더 사 랑하는 것은 없습니다. 한평생 쌓아 올린 업적이 아애의 덩어리입니다. 중생심에 갇혀 있는 한 상대방을 위하는 그 마음의 이면에 자신을 위하는 마음이 더 한 것입니다.

 이 네 가지가 7식의 본질적 성격입니다. 그래서 7식은 네 가지 더러움으로 물든 마음입니다. 제8식이 맑은 물이라면 제7식은 네 가지 더러움으로 물든 것입니다. 우리는 이 더러움을 끄집어 내어 씁니다. 결국 덜 더럽고 더 더러움의 차이입니다. 진리를 조금 알 거나 수행을 하면 그 더러움을 적게 끄집어 내어 쓰고 모른다면 그냥 끄집어 내어 쓰는 것입니다. 이 네 가지는 더러움으로 덮여 있으면서 선으로 악으로도 기별 되지 않는 번뇌입니다. 내 속에 들어 있을 때는 더러움으로 물들어 있지만, 선도 악도 아니므로 끄집어 내어 대상과 부딪힐 때는 선이 되기도 하고 악이 되기도 합니다. 추위에 떨고 있는 거지를 보고 보시하는 마음을 일으킨 것은 내 것이라는 아집을 이겨내고 선한 심소가 작용하여 선을 일으키는 것입니다. 추위에 떨고 있는 거지를 보고도 자신의 것이 아까워 베풀지 못하는 아집을 이겨내지 못하고, 보시해서 뭐해 하는 번뇌 심소가 작용하면 악을 일으키는 것입니다.

 자아가 존재한다고 보는 견해와 자아에 대한 어리석음, 자아에 대한 교만, 자아에 대한 애착 이 네 가지 번뇌입니다. 네 가지 마음도 촉, 작의 수, 상, 사와 항상 함께 작용하므로 '함께 작용하는 심작용의 성질'이라고 합니다.

아치는 자아에 대한 어리석음입니다. 자아는 원래 어디에도 존재하지 않습니다. 자기라고 할만한 것은 아무리 찾아도 없습니다. 그런데 무아의 이치를 알지 못하면 내가 있다고 착각을 하는데 이것이 자아에 대한 어리석음입니다. 아만은 자아에 대한 교만입니다. 자아가 존재한다고 보는 견해에 의해 존재와 설정된 자아를 근거로 해서 나는 존재하고 나는 ~이라고 합니다. 이것은 교만에 싸인 심작용입니다. 아애는 자아에 대한 애착입니다. 자아에 대한 세 가지 심적 작용의 결과입니다.

안혜논사
- 아치를 원인으로 하여 세가지가 생하는 과정을 안혜는 다음과 같이 설명하고 있다.
- 알라야식 자체가 미혹할 때, 알라야식에 대해 [자아가 존재한다고 보는 견해]가 생긴다. 자아가 존재한다고 보기 때문에 마음이 교만하여지는 것이 [자아에 대한 교만]이다. 이들 세 가지가 있을 때, 자아라고 간주된 대상에 대해 애착하는 것이 [자아에 대한 애착]이다.

안혜논사는 아치가 원인이 되어 세 가지가 생하는 과

정을 다음과 같이 설명합니다. "아뢰야식 자체가 미혹할 때 아뢰야식에 대한 자아가 존재한다고 보는 견해가 생긴다. 자아가 존재한다고 생각하기 때문에 마음이 교만해지는 것이 자아에 대한 교만이다. 이 세 가지가 있을 때 자아라고 간주한 대상에 대해 애착하는 마음이 생기는 것이 아애이다."고 합니다. 아뢰야식 자체가 미혹한다는 말은 깨치지 못한 상태를 말합니다.

015 제7송 삼성분별문칠, 계계 분별문, 기멸분위문칠

유식 7송

유부무기섭 有覆無記攝   수소생소계 隨所生所繫
아라한멸정 阿羅漢滅定   출세도무유 出世道無有

• 유부무기에 포섭된다. 생겨난 것에 따라서 매인
 다. 아라한과 멸진정과 출세도에서는 말나식이
 존재하지 않는다.

　유식7송을 봅시다. "유부무기섭 수소생소계 아라한멸
정 출세도무유"의 뜻은 "제7식은 유부무기에 포섭된다.
생겨난 것에 따라서 매인다. 아라한과 멸진정과 출세도
에서는 이 말나식이 존재하지 않는다."입니다.

6. 삼성분별문칠

'유부무기섭'이며, '제7식은 유부무기에 포섭된다.'는 것입니다.

말나식에 동반되는 심작용은 촉, 작의, 수, 상, 사입니다. 이 다섯 가지는 8식과 6식에서도 똑같이 작용합니다. 하지만 8식에서 작용하는 촉과 7식에서 작용하는 촉은 다릅니다. 아뢰야식에 동반하는 5변행과 말나식에 동반하는 5변행은 성질이 다르기 때문에 다른 촉지라고 합니다. 왜냐하면 아뢰야식의 5변행은 더러움으로 덮여 있지 않고 선으로도 악으로도 기별 되지 않습니다. 그러나 말나식에서 5변행은 우리의 업에 오염되어 있으면서 선으로 악으로 기별되지 않습니다. 8식의 5변행은 더러움에 물들지 않은 것이지만 7식의 5변행은 삶의 흔적인 행위에 의해 오염되어 업 안에서 나오는 것입니다. 제7식은 자신을 끄집어 내 쓰는 것이라면 제8식은 본성을 끄집어 내 쓰는 것입니다.

7. 계계분별문

'수소생소계'이며, '생겨난 것에 따라 메인다.'는 것입니다.

생겨난 것에 따라 메인다는 것은 만약 인간으로 태어나면 인간에 메여 집착한다는 것입니다. 새로 태어나면

> **말나식**
>
> 4) 마나식이 속하는 세계
>
>   태어난 곳, 거기에 속하는 것을 동반한다. (7-1)
> [태어난 곳]에 속한다.
> [태어난 곳]이란 예를 들어 우리 인간에 대해서 말
> 하면, 인간세계이다. 현재 우리는 인간으로 태어나
> 있으나 내세에는 천 혹은 아귀 내지 지옥에 태어날
> 지도 모른다. 이렇게 태어난 세계가 바뀌면 아뢰야
> 식의 상태나 성질도 바뀌게 된다.

그 새란 것에 메이는 것입니다. 말나식이 속하는 세계는 태어나고 거기에 속하는 것을 동반합니다. 이 말은 생겨난 것에 따라 메인다는 뜻입니다.

 태어난 곳이란 예를 들어 인간에 대해서 말하면 인간세계입니다. 현재 우리는 인간으로 태어나 있으나 내세에는 다른 것으로 태어날지도 모릅니다. 그렇게 태어난 세계가 바뀌면 아뢰야식의 상태와 성질도 바뀌게 됩니다. 생하는 곳에 메이게 되면 나의 뿌리가 되는 아뢰야식도 그에 따라 달라지는 것입니다. 제7식은 태어나는 곳마다 자기라고 착각하는 것입니다.

8. 기멸분위문칠

 '아라한멸정 출세도무유'이며, '아라한과 멸진정과 출

말나식

6) 말나식의 소멸
- 그것은 아라한에서도 없어지고 멸진정에서도 없어지며 출세간도에서도 없어진다. (7-2,3,4)
- [아라한]
- 견도(見道)에 의해 끊어지는 더러움 - 진리를 보는 순간 끊어지는 번뇌
- 수도(修道)에 의해 끊어지는 더러움 - 태어날 때부터 가지고 있는 번뇌는 진리를 본 뒤에 수행에 의해서 서서히 끊어진다.

세도에서는 말나식이 존재하지 않는다.'는 것입니다.

아라한과 멸진정과 출세도에서는 말나식이 존재하지 않는다는 말은 수행을 하여 어느 단계에 이르러야 7식의 근본 번뇌인 아치, 아집, 아만, 아애가 없어진다는 것입니다.

말나식의 번뇌는 아라한과 멸진정과 출세도에서 없어집니다.

아라한에는 견도와 수도가 있습니다. 견도란 진리를 보는 것으로 진리를 보는 순간 더러움인 제7식은 끊어집니다. 바르게 인식하는 순간 번뇌는 없어집니다. 태어날 때부터 갖고 있는 번뇌는 워낙 강렬해서 내가 한 번 바르게 생각하더라도 시간이 지나면 다시 나타납니다. 이 번뇌는 진리를 본 뒤에 수행을 통해 서서히 없어집니다. 수

도는 꾸준한 수행을 통해 진리를 체득하는 것입니다.

수행의 과위를 살펴보면 구사론에서는 신기청정, 삼현, 사선근, 견도, 수도, 무학도의 여섯 단계입니다. 유식 삼십송에서는 자량위, 가행위, 통달위, 수습위, 구경위의 다섯 단계입니다. 여기서 신기청정을 빼면 삼현이 자량위이며, 사선근이 가행위이며, 견도가 통달위이며, 수도가 수습위이며, 무학도가 구경위입니다.

멸진정에 대해 살펴봅시다. 멸진정은 적정입니다. 이것은 무아와 무상을 인식한 순간의 마음 상태입니다. 모든 것으로부터 해탈하고 자유로운 상태입니다. 적정한 열반에 들기를 원하며 현상세계 최후의 단계인 비상비비상천에서 모든 것이 멸한 상태입니다. 모든 마음을 잠재운 상태입니다. 진리를 인식한 순간 일어납니다. 하지만 멸진정에서는 말나식의 활동을 억제할 뿐 그 종자까지 끊지는 못합니다.

출세간도 즉 무루지는 번뇌가 없는 지혜입니다. 바로 깨친 자의 행위입니다. 욕계, 색계, 무색계의 현상계는 번뇌에 찬 미망의 세계에 있기 때문에 세간이라고 합니다. 번뇌가 없는 깨달음의 세계는 출세간이라고 합니다. 번뇌가 없는 지혜는 출세간에 이르는 길이므로 출세간도라고 합니다. 출세간도는 멸진정과 마찬가지로 말나식의 작용을 억제할 뿐입니다. 그래서 출세간도에서 나오면 바로 아뢰야식에서 말나식이 일어납니다. 이 지혜 (출세간도)는 진리를 처음으로 보는 견도에서 비로소 시작합니다. 이 진리를 보는 지혜(출세간도)를 '무분별지'라고도 합니다. 우리의 삶은 사성제와 팔정도를 얼마나 하느냐에 따라 달라집니다. 그러므로 말나식을 깨트리기 위해서는 사성제법을 수행하여 진리의 세계에 들어야 합니다.

수행에는 다섯 단계가 있습니다.
첫 번째는 신기청정으로 수행을 하는 최초의 단계로 마음을 내는 단계입니다. 듣고 생각하고 수행하는 문사수의 세 가지 지혜를 얻기 위해 수행을 합니다. '신심원리 희족소욕'이란 말이 있습니다. 신심 원리는 몸과 마

수행의 단계

1. 신기청정
   수행의 최초 단계, 발심하는 단계.
   문사수(聞思修)의 3혜를 얻고자 수행한다.
   신심원리(身心遠離), 희족소욕(喜足少欲),
   4성종(四聖種)

   4성종 – 의, 식, 주에 만족, 탐애가 끊어짐

음을 번뇌로부터 멀리하는 것입니다. 희족소욕이란 적은 것에 만족하고 즐거워 하는 것입니다. 사성종이란 의식주에 만족하고 탐욕을 끊는 것입니다.

수행의 단계

2. 삼현
　오정심 – 부정관, 자비관, 인연관, 계차별관(界差別觀), 지식관(持息觀)
　별상념주 – 신수심법의 사념처를 관함.
신은 부정, 수는 고, 심은 무상, 법은 무아라고 관함. 여기서 신은 정, 수는 락, 심은 상, 법은 아로 보는 그릇된 견해를 깬다.
총상념주 – 신수심법 4가지를 하나의 대상으로 놓고 그것에 공통되는 속성인 무상, 고, 무아, 공을 수행한다.

두 번째는 삼현입니다. 첫째 단계를 거치면 두 번째 단계인 삼현에 이르게 됩니다. 삼현에는 오정심과 별상념주가 있습니다.

오정심이란 부정관, 자비관, 인연관, 계차별관, 지식관입니다. 부정관은 죽고 난 다음 백골이 된 상태를 생각하는 것입니다. 탐욕이 많은 사람은 탐욕을 자제하기 위해 부정관이 필요합니다. 자비관은 말 그대로 자비로운 것입니다. 인색한 사람은 자비관이 필요합니다. 모든 사람을 사랑하고 그들에게 베푸는 부처님과 관세음보살을 생각하는 것입니다. 인연관은 왜 이런 일이 일어났는지 원인과 결과를 생각하는 것입니다. 인연관은 분별을 못 하는 어리석은 사람들에게 필요합니다. 계차별관은 무 아임을 알고 진리에 들어가게 하는 것입니다. 지식관은 호흡을 통해 진리에 들어가는 것입니다. 오정심은 진리 에 들어가는 첫 단계입니다. 별상념주란 신수심법 사념 처관을 보는 것입니다. 부처님께서 가르치신 수행방법 입니다. 신수심법은 우리의 몸과 감정과 마음과 대상입 니다. 별상념주란 이 네 가지를 잘 살피는 것입니다. 몸 은 부정하고 감정은 고이고 마음은 무상하고 대상은 무 아인 것을 살피는 것입니다. 몸은 정이고 감정은 락이고 마음은 상이고 대상은 아로 보는 것은 그릇된 견해입니 다. 신수심법을 제대로 아는 것이 별상념주입니다. 총상

수행의 단계2

3. 사선근 – 4가지 상태는 모두 사제법을 관하는
   수행 단계이다.

고제 – 무상, 고, 무아, 공

집제 – 인, 집, 생, 연 (因集生緣)

멸제 – 멸, 정, 묘, 리 (滅靜妙離)

도제 – 도, 여, 행, 출 (道如行出)

▶ 이러한 관법으로 사제의 이치를 이해해 가는데, 이해
  의 정도에 따라 난, 정, 인, 세제일법으로 분류한다.

염주는 신수심법 네 가지를 한꺼번에 생각하는 것입니다.

　세 번째는 사선근입니다. 사선근이란 사제법을 관하는 수행단계입니다. 사제법에는 고제, 집제, 멸제, 도제가 있습니다. 사제의 이치를 이해하는 정도에 따라 난, 정, 인, 세제일법으로 분류합니다.
　난이란 번뇌의 불길을 모두 태우는 것으로 성도의 전조입니다. 불기운이 들어가기 때문에 따뜻한 것입니다. 이 단계가 되면 세상 살아가면서 부딪칠 일이 거의 없습니다. 정은 높은 정상에 오른 것처럼 수승한 깨달음을 얻은 심경이 됩니다. 사성제를 완벽하게 실천할 수 있는 단계입니다. 인은 물러날 것이 없는 결정적인 인가 즉 이해를 얻은 것입니다. 세제일법은 세간의 최고의 존재가 됨을 말합니다. 고집멸도 사성제로 어떤 일이 어떻게 일어났는지 생각하며 연습을 계속하면 난, 정, 인, 세제일법의 상태가 됩니다. 이 단계에 이르면 물러남이 없습니다.
　사선근의 세제일법까지의 지혜는 세속지입니다. 하지만 이 단계를 지나면 출세간지로 사제의 이치를 깨닫게 되는데 이 단계를 견도라고 합니다.

수행의 단계3

4. 견도 – 사선근의 세제일법까지의 지혜는 세속지이지만, 이 단계를 지나면 출세간지로 사제의 이치를 깨닫는 단계가 견도이다.
견도는 인(忍)과 지(智)로 나뉜다. 인으로써 번뇌를 끊고 지로써 번뇌를 끊은 상태를 획득한다.
이 인과 지가 사제의 각각에 그리고 욕계와 색계, 무색계에 배당되어 총 16심이 된다.
앞의 15심까지가 견도이며, 제 16심에서 수도가 된다.
견도의 15심으로 사제의 진리를 깨달아 이(理)에 미혹한 번뇌가 끊어진다.

네 번째는 견도입니다. 견도는 인과 지로 나눕니다. 인으로써 번뇌를 끊고 지로써 번뇌를 끊은 상태를 증득합니다. 인과 지가 사제의 각각이 욕계, 색계, 무색계에 해당하여 총 16단계로 나눕니다. 16단계 가운데 15심까지는 견도에 해당하며 16심은 다섯 번째인 수도에 해당합니다. 견도의 15심으로 사제의 진리를 깨달으면 사람을 미혹하는 번뇌가 끊어집니다. 마지막 단계가 수도이고 수도에서 더 이상 나아갈 곳이 없는 구경각을 성취한 단계를 무학도라고 합니다.

여섯 번째는 무학도입니다. 견성성불하여 부처를 이루는 단계입니다.

수행의 최고 단계인 금강유정에서 모든 번뇌를 끊어 최고위에 도달하여 아라한이 되면 배워야 할 것이 없으므로 무학도라고 합니다.

제
4
장

🕐 요별경식, 의식

016 제8송 요경능변의 능변차별문, 자성행상문육, 삼성분별문육

깊은 비밀에 쌓여 있는 제8식에 대해서 살펴보았습니다. 이제 유식과 진여 본성이 어떻게 연결되어 있는지 알아보도록 하겠습니다.

1. 누에고치

• 누에가 입으로 실을 토해가지고 넓은 허공을 막듯이 안과 밖을 경계지우듯이, 우리에게는 18계라는 꽃이 있어서 그 속에 들어 앉아서 눈을 반짝거리면서 들어앉아 있습니다.

• 오직 깨지못하면 식에 갇혀버립니다.

우리는 어떻게 유식을 통해서 진리를 볼 수 있을까요. 누에고치를 예로 들어봅시다. 누에는 고치를 만들어 자신을 안에 가두어 버립니다. 우리의 삶은 누에고치처럼 업에 의해 스스로를 자신만의 세계에 가두어 버립니다. 누에는 고치를 통해 외부와 자신을 분리시킵니다. 우리도 이와 같이 업에 의해 자신과 대상을 완전히 분리시켜 버립니다. 우리가 진리를 깨치면 법성 자리를 얻습니다. 그 전에는 사람이나 짐승이나 벌레나 식물이나 각자 다 다른 세계가 있지만 진리를 깨치면 모든 것이 같습니다. 7식을 거치지 않고 오로지 제8식에서 5변행을 통해서 나온 진리의 답은 다 같습니다. 그러니까 사람이나 짐승, 벌레, 식물도 하나의 법성을 공유하고 있는 것입니다. 사람은 사람으로서 꿈을 꾸고 벌레는 벌레로서 꿈을 꾸지만 법성은 하나인 것입니다. 누에고치 이야기를 좀 더 해봅시다. 누에가 입으로 실을 토해서 넓은 허공을 막듯이 안과 밖을 경계 지웁니다. 우리에게는 18계라는 꽃이 있어서 그 속에 들어앉아 눈을 반짝이고 있습니다. 우리의 식이(6, 7, 8식) 살아가면서 짓는 업이 나와 대상을 분리시켜 버립니다. 그래서 우리는 죽어도 나와 남은 별개가 됩니다. 나와 남을 구별하니까 나만을 위해 살아가게 됩니다. 우리가 갖고 있는 식에 의해 삶은 누에고치처럼 되어버리는 것입니다. 누에고치가 되기 전에는 한 세상 밖에 없습니다. 막힌 공간이 없습니다. 우리의 식은 나와 남을 경계 지우고 나와 남을 만들어 버립니다. 우리가 깨닫지 못하면 식에 갇히게 됩니다. 제7식에서 생각, 욕망이 생겨납니다. 이것을 깨트려야 갇혀 있는 식에서 벗어날 수 있습니다. 법성 자리를 제대로 보는 것은 누에고치를 깨트리고 나비가 되는 것에 비유할 수 있습니다. 나와 남을 경계하는 세계를 깨트리고 하나가 되는 것입니다. 하나가 된 상태가 진여, 법성입니다.

2. 유식을 알면 법성자리

• 밖으로 우리 눈에 보이는 육경과 안으로 육근이 있는 것 같지만 없습니다. 있다면 오직 식뿐입니다. 식에서 생긴 싹인 것입니다. 즉 안으로 싹이 된 것은 육근이고 밖으로 생긴 것은 육경입니다. 그러면 오직 식뿐이고 밖에 현상이 없다는 것입니다. 나라는 몸뚱이 육근과 밖에 육경이 없다는 것입니다. 아我법이 없다는 소리입니다.
• 형상을 이루고 있는 그 무엇이 있다고 생각합니다. 우리 인간도 벌레도 다 그런생각을 합니다. 하나의 생명체 법성자리를 모르기 때문에 그림자가 생긴것입니다.

우리는 유식을 앎으로써 법성 자리를 찾아가야 합니다. 이것이 유식을 공부하는 목적입니다. 나는 안 이 비 설 신 의로 구성되어 있습니다. 내가 있다는 것은 나에게 있는 인식 능력체인 안 이 비 설 신 의로 증명할 수 있습니다. 이러한 안 이 비 설 신 의 6근의 대상이 되는 것은 색 성 향 미 촉 법입니다. 색 성 향 미 촉 법이 6경입니다. 6경은 모두 6근의 대상이 되는 것입니다. 밖으로 눈에 보이는 6경과 안으로 6근이 있는 것 같으나 원래 없는 것입니다. 우리가 분별하기 때문에 있는 것처럼 보이는 것입니다. 이것은 식 때문에 생긴 것이지 원래는 없습니다. 안으로 싹이 된 것은 6근이고 밖으로 생긴 것은 6경입니다. 원래는 6근과 6경도 없지만 식이 있기 때문에 6근과 6경이 있다고 생각합니다. 6경과 6근은 원래 법성 자리의 하나입니다. 눈으로 대상을 볼 수 있고 귀로는 소리를 들을 수 있고 입으로 맛을 느낄 수 있는 것은 눈과 대상이 하나이고 귀와 소리가 하나이고 입과 맛도 하나이기 때문입니다. 원래 같은 것이기 때문에 인식할 수 있습니다. 나의 몸 6근과 밖에 있는 6경이 없다는 것은 나와 너(대상)가 없다는 것입니다. 설령 있다고 하더라도 하나입니다. 나와 대상이 같음을 아는 것이 중요합니다. 자비란 억지로 하는 것이 아니라 저절로 일어나는 마음입니다. 내가 대상과 하나라는 것을 인식하면 너와 나의 구분이 없어져 자비는 그냥 일어납니다. 너와 내가 남이 아니기 때문에 자비가 일어나는 것입니다. 그래서 자비는 모든 생명에게 이로움을 주는 것입니다. 중생은 죽다 깨어나도 자신만을 사랑합니다. 자신만을 사랑하는 마음에 나와 남의 구분이 없어지면 대상에도 똑같이 적용됩니다. 나를 위해서 사는 삶이 세상의 모든 생명을 위한 삶이 되기 위해서는 자타가 허물어져야 됩니다. 형상을 이루고 있는 그 무엇이 있다는 생각은 인간부터 시작해서 동물, 벌레, 식물이 다 그런 생각을 갖습니다. 하나의 생명체 법성 자리를 모르기 때문에 업에 따라 분리되는 것입니다. 하지만 진리를 알면 전부가 한 자리가 됩니다. 본래 자리, 법성, 진리를 그대로 보는 것입니다.

2. 유식을 알면 법성자리

- 법성자리는 우리 생명체와 합해지지 않는 것으로 헛것 입니다. 망념일 뿐 이질이지 동질이 아닙니다. 생명을 동질로 깨달으면 자타가 없어집니다.
- 부처가 되면 망념으로 가진 몸뚱아리도 동체대비가 됩니다. 생명이 잘못되어서 그런 것입니다. 옳게 못되어서 고생을 하는 것입니다. 불보살은 벌레도 그대로 불성으로 봅니다. 그러면 벌레가 벌레 몸뚱이를 가지고 동체대비가 되어 버립니다.

깨치지 못한 사람의 눈으로 볼 때 법성 자리는 우리 생명체와 합해지지 않는 것으로 헛것입니다. 망념으로 동질이 아닙니다. 법성 자리가 되지 않으면 나와 남은 절대로 동질이 될 수 없습니다. 동질이 되기 위해서는 너와 나의 구분이 허물어져야 합니다. 부처가 되면 망념을 가진 이 몸도 없어져버리고 동체대비가 됩니다. 너와 나의 벽이 허물어지면 나만을 사랑하는 마음이 대상에게도 똑같이 적용됩니다. 그래서 세상의 모든 것에 대해 자기와 같이 사랑과 자비를 일으킵니다. 나 같이 사랑하는 것입니다. 불보살은 벌레도 불성으로 보고 동체대비를 하게 됩니다.

3. 산속에 사는 사냥꾼 이야기

사냥꾼 부인의 남동생이 오랫만에 누나집을 찾아옴. 사냥꾼은 사냥 나가고 없음. 돌아와 보니 오두막집에 부인의 신과 남정네 신발이 나란히 있음. 온갖 상상을 다함.

▶ 문을 열어보니 처남이 찾아와 부인과 얘기를 나누고 있음.

식이란 참으로 다양하고 묘합니다. 사냥꾼의 이야기를 봅시다. 사냥꾼의 처남이 오랜 만에 누나의 집에 놀러 옵니다. 사냥꾼이 사냥을 마치고 집에 오니 웬 남자의 신발이 있는 것이었습니다. 그 순간 마침 사냥꾼의 머리 속에서는 온갖 생각이 일어납니다. 사냥꾼은 의혹을 품고, 집안으로 들어가 보니 부인과 처남이 앉아서 이야기를 하고 있는 것입니다. 우리는 머리 속에서 매우 다양한 생각을 일으킵니다. 사냥꾼 이야기는 이러한 마음의 상황을 말하고 있습니다.

4. 열명의 꿈이야기

- 이백년전에 김대현이란 사람이 있었습니다. 호가 몽창도사.
- 십인이 동침을 하는 꿈 이야기.
- 열사람이 한방에서 잠을 잡니다. 법으로 말하면 일체 중생이 한 법성속에서 산다는 말입니다. 고기가 아무리 많더라도 한 바다 속에서 삽니다. 우리 중생도 아무리 많더라도 한 법성 속에서 사는 것을 비유하는 것입니다.

열 명의 꿈 이야기를 봅시다. 어느 날 열 사람이 한 방에서 잠을 잡니다. 이 열 명은 각기 꿈을 꿉니다. 하지만 열 명의 꿈은 다 다릅니다. 우리의 삶도 이와 같습니다. 열 명뿐만 아니라 백 명, 천 명이 같은 방에서 함께 자더라도 모두 각자의 꿈을 꿉니다. 모두 다른 꿈을 꿉니다. 모두 자기가 갖고 있는 업의 저장창고에서 생각들을 끄집어 내어 쓰는 것입니다. 우리의 꿈은 각기 다 다르지만 꿈(7식)을 깨트리고 들어가면 그 본질은 같습니다. 그 본질이 진여이며 법성 자리입니다.

5. 아뢰야식을 본다

• 진여의 세계와 하나가 된다. 견성성불

1. 숙명통   2. 타심통
3. 천안통   4. 천이통
5. 신족통   6. 누진통

법성 자리를 보면 나와 밖의 벽이 무너지기 때문에 하나가 됩니다. 그것이 바로 견성성불입니다. 부처가 되면 세상의 그 무엇과 바꿀 수 없는 불로소득이 생깁니다. 그 불로소득이 육신통입니다.

육신통에는 신족통, 천안통, 천이통, 타심통, 숙명통, 누진통이 있습니다. 숙명통은 과거의 흔적들만 보는 것이 아니라 세상의 모든 생명이 걸어온 흔적들을 알게 되는 것입니다. 누에는 고치를 쳐서 바깥 세계와 자신을 분리합니다. 그래서 세상이 보이지 않습니다. 고치를 깨고 나비가 되면 모든 것이 보이고 알게 됩니다.

타심통이란 다른 사람의 마음을 아는 것입니다. 천안통이란 모든 것을 꿰뚫어 보는 것입니다. 눈앞의 세상뿐만 아니라 보이지 않는 세상까지 보이게 됩니다. 예를 들어 어떤 이가 깊은 산속에서 염불을 하고 있는데 갑자기 그 산의 모든 것이 훤하게 보이는 것입니다. 어느 곳에는 호랑이가 있고 어떤 굴 속에는 토끼가 있고 어떤 곳에서는 나무가 자라고 있는 것 등이 보이는 것입니다. 이것이 천안통입니다.

천이통은 귀가 열리는 것입니다. 모든 소리가 들리는 것입니다. 가까운 소리만 들리는 것이 아니라 먼 곳의 소리도 다 들리는 것입니다. 사람의 소리 뿐만아니라 동물의 소리도 알아들을 수 있게 됩니다. 신족통은 어디든지 갈 수 있는 능력입니다. 무협영화를 보면 사람이 벽을 뚫고 지나갑니다. 한 순간 먼 거리에 있는 곳에 가기도 합니다. 신족통이 열리면 그렇게 할 수 있습니다.

누진통이란 세세생생 생긴 번뇌로부터 자유로워지는 것입니다. 번뇌, 업이 생기지 않습니다. 중생은 업에 의해 몸을 받지만 깨달음을 얻은 보살들은 원에 의해 태어납니다.

이제 제3능변식, 육식을 살펴봅시다. '차제삼능변 차별유육종 요경위성상 선불선구비'입니다. '제3능변 6식을 구별하면 여섯 종류가 있다. 대상을 요별하는 것을 자성과 행상으로 삼는다. 삼성의 성품은 선과 불선과 무기이다.'라는 말입니다.

제3능변식의 양상은 어떠한가?

• 유식 8송
차제삼능변 次第三能變　차별유육종 差別有六種
료경위성상 了境爲性相　선불선구비 善不善俱非

• 다음 제3능변은 구별하면 여섯 종류가 있으니 대상을 요별하는 것을 자성과 행상으로 삼는다. 삼성의 성품은 선과 불선과 무기이다.

---

1. 능변차별문

'차제삼능변 차별유육종'이며, '제3능변 6식을 구별하면 여섯 종류가 있다.'입니다.

마음 작용은 생각을 일으키는 순간 아뢰야식이 작용하고 이 작용이 말나식에 전달되어 의식으로 나타나며 구체화 되고 표현 되는 것입니다. 그래서 제6식을 세 번째 능변이라 합니다. 6식을 구별하면 여섯 종류가 있다는 것은 안 이 비 설 신 의에 의하여 인식되는 여섯 가지식을 의미합니다. 눈으로 볼 때 안식이 작용하고, 귀로 소리를 들을 때 이식이 작용하고, 코로 냄새를 맡을 때 비식이 작용하고, 혀로 맛을 볼 때 설식이 작용하고, 몸으로 감촉을 느낄 때 신식이 작용하고, 뜻으로 생각 하여 분별하고 판단할 때 6식이 작용하는 것입니다.

2. 자성행상문육

'요경위성상'이며, '대상을 요별하는 것을 자성과 행상으로 삼는다.'입니다.

의식을 통하여 현상을 볼 때 생각하는 주체인 자성과 생각되어지는 객체인 행상으로 나누게 됩니다.

3. 삼성분별문육

'선불선구비'이며, '삼성의 성품은 선과 불선과 무기이다.'

모든 행위는 세 가지 성품으로 나누어집니다. 선, 불선, 무기입니다.

우리의 모든 행위는 선, 불선, 무기로 나누어집니다. 내 속에 있을 때는 모두 무기입니다. 7식, 8식은 무기입니다. 다만 더러움의 차이가 있습니다. 그것을 끄집어 내 쓸 때는 선, 불선, 무기로 나오게 됩니다. 우리가 하는 모든 행위와 생각은 선, 불선, 무기입니다. 대상을 인식하는 것인 전변에 대해 봅시다. 그림을 그릴 때 먼저 대강의 윤곽을 그려놓습니다. 그것을 바탕으로 좀 더 구체적으로 그립니다. 마지막으로 색칠을 합니다. 6식은 확실하게 색칠하고 그림을 완성한 상태라면 그 전에 구체적으로 그리는 것은 7식이고 대강 윤곽을 그리는 것은 8식입니다. 하지만 윤곽에 불과한 희미한 8식

'대상을 인식하는 것'에 대한 전변
- 1) 육식에 대하여
- 제3의 전변은 여섯 종류의 대상을 지각하는 것이다. (8-2,3)

- 안식 – 색
- 비식 – 향
- 신식 – 촉
- 이식 – 성
- 설식 – 미
- 의식 – 법

에 의해 끝도 없는 망상이 생깁니다.

6식을 앎으로써 그 뿌리가 되는 7식과 8식을 알 수 있습니다. 제3전변은 여섯 종류의 대상을 지각하는 것입니다. 안 이 비 설 신 의로 일으키는 생각인 안식, 이식, 비식, 설식, 신식, 의식이 있습니다. 안식의 대상은 색, 이식의 대상은 성, 비식의 대상은 향, 설식의 대상은

미, 신식의 대상은 촉, 의식의 대상은 법입니다. 현량은 있는 그대로 보는 것이고 비량은 있는 것을 있는 그대로 못 보는 것입니다. 현량은 안 이 비 설 신 의 5식, 8식이

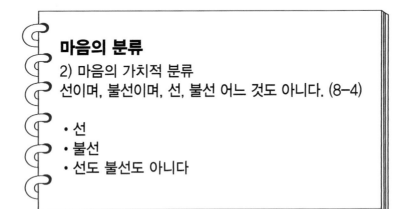

마음의 분류
2) 마음의 가치적 분류
선이며, 불선이며, 선, 불선 어느 것도 아니다. (8-4)

• 선
• 불선
• 선도 불선도 아니다

고 비량은 의식 즉, 6식과 7식입니다.

 우리의 마음을 분류해 봅시다. 마음에는 선, 불선, 무기가 있습니다. 업에 의해 선, 불선, 무기를 일으킵니다. 어떤 일이든지 긍정적으로 보는 사람도 있고 부정적으로 보는 사람도 있습니다. 마음속에 선이 꽉 차면 긍정적으로 보고 불선이 꽉 차면 부정적으로 보게 됩니다. 마음속에 부처의 자비심만 들어있으면 어떤 상황에서도 선만 나오게 됩니다. 좋은 마음밖에 일어나지 않습니다. 마음속에 지옥의 악심만 가득 차 있으면 아무리 좋은 상

황을 보더라도 악만 나오게 됩니다. 악한 마음밖에 없습
니다.

017 제9송 상응수구문

육식

- 유식 9송

차심소변행 此心所遍行　별경선번뇌 別境善煩惱
수번뇌부정 隨煩惱不定　개삼수상응 皆三受相應

- 이것의 심소는 변행. 별경, 선, 번뇌, 수번뇌, 부정의 심소이다. 모두 세 가지 감수작용과 상응한다.

유식 9송을 봅시다. '차심소변행 별경선번뇌 수번뇌부정 개삼수상응'입니다. '이것(6식)의 심소는 변행이고 별경이고 선이고 번뇌고 수번뇌고 부정의 심소이다. 모두 세 가지 감수작용과 상응한다.'라는 뜻입니다.

4. 상응수구문

세 가지 감수작용이란 선, 불선, 무기입니다. 내 속에 들어있는 업의 창고는 모두 변행이고 별경이고 선이고 번뇌고 수번뇌고 부정입니다. 이것으로 이루어져 있는 모든 것이 세 가지 감수작용과 상응한다는 말입니다. 수억 겁 동안 살아오면서 쌓인 업이 이런 형태로 쌓인 것입니다.

5위 100법은 우리가 일으키는 모든 분별심을 분류해 놓은 것입니다. 예를 들어 물건들이 흐트러져 있으면 뭐가 뭔지 모르게 됩니다. 하지만 정리해 놓으면 쉽게 알 수 있습니다. 내 속에 들어있는 것을 잘 정리해서 알고 나면 명쾌해집니다.

인간뿐만 아니라 이 세상 모든 것의 생각은 5위 100법으로 분류할 수 있습니다. 선, 불선 등으로 분류된 것 가운데 선을 계속 써서 끄집어 올려야 합니다. 기도를 하는 것이 이러한 것입니다. 참선을 하는 이유는 부처의 기운을 내 속에 기르기 위해서입니다. 부처의 기운이 내 속에 있으면 모든 것이 성취됩니다.

이 세상에는 근본적으로 두 가지 법이 있습니다. 두 법이란 안과 색입니다. 내 눈과 보이는 대상을 말합니다. 존재의 첫 출발은 나와 대상에서 시작합니다. 깨치

> ## 5위 100법
> - "두가지 법이 있으니, 안과 색이 두 법이다. 안과 색을 반연하여 안식이 생기고, 안과 색과 안식이 화합하여 촉이 생기며, 작의가 있고, 촉에서 수, 상, 사가 생긴다." (잡아함경 306경, 인경)
> - 여기서 안식은 심왕이며, 촉, 작의, 수, 상, 사는 심소법이다.
> - 안식을 일으켜 색경으로 나아가게함 → 작의 (→ 의식이 생기게 됨)
> - ▶1. 착한 마음 2. 착하지 않는 마음
>   3. 착하지도 못되지도 않는 마음(부정법)

고 나면 눈과 보이는 대상은 하나입니다. 그런데 안쪽으로 가면 눈이 되고 바깥쪽으로 가면 보이는 대상이 됩니다. 눈과 보이는 대상은 하나이기 때문에 인식할 수 있습니다. 예를 들어 우리는 한국인이기 때문에 한국 사람이 하는 말은 다 알아 들을 수 있습니다. 하지만 미국에 가면 하나도 알아들을 수 없습니다. 똑같은 곳에 태어났기 때문에 알 수 있는 것입니다. 안과 색(보이는 대상)을 반연하여 안식이 생기고 안과 색과 안식이 화합하여 촉이 생깁니다. 촉이 일어날 수 밖에 없는 이유에는 작의가 있습니다. 근(안, 나)이 경(대상, 보이는 대상)으로 나아가려는 의지가 있기 때문에 촉이 생기는 것입니다. 근은 무엇인가 하려는 의지적 속성을 가지고 있습니다. 경은 필연적 반응의 속성을 가지고 있습니다. 의지에 의해 근이 경으로 나아가려는 것입니다. 촉이 일어나면 수, 상, 사가 생깁니다. 내가 대상과 부딪히면 느낌이 생기고 형상이 생기고 생각이 일어납니다. 이것이 우리 사고의 가장 기본적인 패턴입니다. 언어는 촉, 작의, 수, 상, 사에 의해 그 지역에 있으면 알아집니다. 그래서 한국에 있으면 한국어를 알게 되고 미국에 있으면 영어를 알게 되는 것입니다. 언어도 우리가 수 억겁 동안 살아오면서 저장된 형상들이 부딪혀 되살아나거나 새로 촉, 작의, 수, 상, 사에 의해 저장된 형상에 불과합니다. 근과 경과 촉의 관계는 연기의 인연과와 비슷합니다. 연기는 인, 연, 과의 법칙입니다. 인연과의 법칙이 인과응보에서 주체가 되는 인은 의지적 속성을 갖고 있습니다. 이 의지적 속성은 끊임없이 하려는 연속성을 가지고 있습니다. 그래서 지금 하는 행위를 다음 생에도 하게 되는 것입니다. 연은 대상입니다. 연은 필연적 반응의 속성을 가지고 있습니다. 내가 무엇인가 하면 반드시 그것에 반응하는 것입니다. 연은 보복성의 특징이 있습니다. 그래서 내가 무엇인가 하면 그것을 되돌려 주려고 합니다. 내가 대상에게 자비를 주면 상대방도 나에게 자비를 주고, 내가 대상을 살생하면 대상도 다음 생에 나를 살생합니다.

안식은 심왕이며 촉, 작의, 수, 상, 사는 심소법입니다. 왕은 제멋대로 합니다. 안식, 이식, 비식, 설식, 신식, 의식은 바깥으로 제멋대로 표현하므로 왕입니다. 식이 나타나게끔 해 주는 것이 심소입니다. 심소는 마음의 집으로 저장창고입니다. 그 마음을 끄집어 내 쓰는 것은 왕만이 할 수 있습니다. 안식을 일으켜 색경으로 나아가게 하는 것이 작의입니다. 묘하게도 자기 것이기 때문에 그쪽으로 나아갑니다. 눈은 소리나 맛으로 나아가지 않습니다. 오로지 보이는 것에만 나아갑니다. 모두 자기 것으로만 나아갑니다. 6식이 작의에 의해 작용할 때 착한 마음, 착하지 않은 마음, 착하지도 그렇지도 않은 마음(무기, 부정법)이 일어납니다.

100법

- 심왕법(8) → 8식
- 안식, 이식, 비식, 설식, 신식, 의식, 말라식, 알라야식
- 심소법(51) → 변행 5, 별경 5, 선 11, 번뇌 6, 수번뇌 20, 부정 4
- 변행(5) – 작의(作意), 촉(觸), 수(受), 상(想), 사(思)
- 별경(5) – 욕(欲), 승해(勝解), 염(念), 등지(等持), 혜(慧)
- 선심소법(11) – 신(信), 참(慚), 괴(愧), 무탐(無貪), 무진(無瞋), 무치(無痴), 정진(精進), 경안(輕安), 불방일(不放逸), 사(捨), 불해(不害)
- 번뇌지법(6) – 탐(貪), 진(瞋), 만(慢), 무명(無明), 견(見), 의(疑)
- 수번뇌지법(20) – 분(忿), 한(恨), 부(覆), 뇌(惱), 질(嫉), 간(慳), 광(誑), 첨(諂), 교(憍), 해(害), 무참(無慚), 무괴(無愧), 혼침(惛沈), 도거(掉擧), 불신(不信)
- 해태(懈怠), 방일(放逸), 실념(失念), 심란(心亂), 부정지(不正知)
- 부정법(4) – 악작(惡作), 수면(睡眠), 심(尋), 사(伺)

100법

- 색법(11) →
- 안, 이, 비, 설, 신, 색, 성, 향, 미, 촉, 법처소섭색
- 심불상응행법(24) →
- 득(得), 무상정(無想定), 멸진정(滅盡定), 무상천(無想天), 명근(命根), 중동분(衆同分),
- 생(生), 노(老), 주(住), 무상(無常), 명신(名身), 구신(句身), 문신(文身), 이생성(異生性), 유전(流轉), 정이(定異), 상응(相應), 차제(次第), 세속(勢速),
- 시(時), 방(方), 수(數), 화합(和合), 불화합(不和合)
- 무위법(6) →
- 허공(虛空), 택멸(擇滅), 비택멸(非擇滅), 택멸부동(擇滅不動), 상수멸(想受滅), 진여(眞如)

행위를 한 후 번뇌가 되는 것, 번뇌가 되지 않는 것에 따라 유루법, 무루법으로 나누며, 깨치기 전후에 따라 세상은 유위법, 무위법으로 나누어집니다. 유위법은 심왕법, 심소법, 색법, 심불상응행법으로 나누어집니다. 그래서 5위란 유위법의 네 개의 법과 무위법을 합친 것입니다. 5위를 구체적으로 나눈 것이 100법입니다.

100법은 심왕법 8개, 심소법 51개, 색법 11개, 심불상응행법 24개, 무위법 6개로 이루어져 있습니다. 심왕법은 여덟 개가 있습니다. 안식 이식 비식 설식 신식, 7식, 8식입니다. 안 이 비 설 신을 통해 바깥으로 표출하는 것이 식입니다. 식이 대장 노릇을 하는 것입니다. 그

래서 6식(안식 이식 비식 설식 신식 의식)에다 7식, 8식을 더해서 8개입니다. 색법은 11개인데 안 이 비 설 신과 색 성 향 미 촉과 이 10개에 속하지 않는 법처소섭색 1개를 더하여 11개가 됩니다. 심소법은 51개인데 이것은 내 속의 업을 모두 분류한 결과입니다. 51개 가운데 변행 5개, 별경 5개, 선심소 11개, 번뇌심소 6개, 수번뇌심소 20개, 부정법 4개가 있습니다. 그리고 심불상응행법은 선과 선불으로 분류되지 않는 것으로 24개가 있습니다.

  내 속에 든 씨앗, 뿌리는 8식 아뢰야식입니다. 진여를 본다, 법성 자리를 본다, 부처가 된다는 것은 6식, 7식을 깨트리고 8식을 보는 것입니다. 이것을 보면 있는 것을 있는 그대로 볼 수 있습니다. 말나식으로 인해 '나'가 생깁니다. 나의 모든 것은 제7식의 것을 써 먹는 것입니다. 예를 들어 눈을 통해 그림을 봅니다. 그림을 보면 내 머리 속에서는 업의 창고를 통해 그림에 대한 생각을 일으킵니다. 그 생각은 선일 수도 있고 불선일 수도 있고 무기일 수도 있습니다. 안 이 비 설 신의 전5식이 대상과 부딪히는 순간 내 속의 업과 작용해서 생각이 일어나고 판단을 하게 됩니다. 그래서 각자의 업에 따라 각자의 생각을 하는 것입니다. 하지만 제7식을 끊는다면 전5식이 대상을 보면 대상이 그대로 나오게 됩니다. 그렇게 되면 어떤 사람이 보던 그 대상은 다 같습니다. 8식은 촉 작의 수 상 사의 변행 다섯 가지만 작용합니다. 8식에서는 제7식이 작용하지 않으므로 대상을 접해도 그 대상 그대로 받아들이게 됩니다. 그러므로 제8식으로 보게 되면 누구에게나 진리는 똑같이 받아들여지게 됩니다. 조주 스님이 뜰 앞의 잣나무라고 했든 내가 무엇이다라고 하든 다 똑같이 진리로 받아들여지게 됩니다. 우리는 업을 자각하지 못하기 때문에 업에 의해 살아갑니다. 비록 업이 있더라도 업을 다 알면 그것은 있는 것이지만 없는 것이나 다름없게 됩니다. 그래서 제7식이 작용하거나 하지 않으나 있는 것을 있는 그대로 보게 됩니다. 장님에게 혼자 가라고 한다면 이리저리 부딪히며 잘 찾아가지 못합니다. 하지만 눈이 보이는 사람에게 어디로 가라고 한다면 잘 찾아갈 수 있을 것입니다. 업을 아는 것이 이러한 것입니다. 내 속에 무엇이 들어 있는지 모른다면 그것은 있는 것이나 없는 것이나 다름이 없습니다. 우리는 깨친 사람을 무심 도인이라고 합니다. 무심이란 말은 제7식의 심소가 작용하지 않는 것을 말합니다. 오변행의 촉, 작의, 수, 상, 사만 작용해서 나오는 마음이 무심인 것입니다.

018 제10송 상응수구문의 변행과 별경

5위 100법은 유식을 구체화 시킨 완벽한 체계입니다. 5위라는 것은 존재를 유위법과 무위법으로 나누면 2위가 되고 유위법을 네 부분으로 나누어 5위입니다. 100법은 마음이 나타낼 수 있는 모든 작용입니다. 화엄경에 나오는 체상용의 원리는 불교 전체와 통합니다. 본질이 있고 본질의 어떤 모양인 형상이 있고 그것의 작용이 있습니다. 5위 100법에서 체에 해당하는 것은 유위법과 무위법입니다. 유위법이 나타나는 형태를 보면 심왕법, 심소법, 색법, 심불상응행법이 있습니다. 이것이 유위법의 상입니다. 100법은 마음에서 나타나는 구체적인 작용입니다. 이것은 용에 해당합니다.

달마대사는 중국에 선불교를 연 스님입니다. AD 67년

보리 달마

- 달마와 이견왕과의 대화
- 어떤 것이 부처입니까?
- 성품을 보는 자가 부처입니다.
- 그대는 성품을 보았습니까?
- 이미 보았습니다.
- 성품은 어디에 있습니까?
- 작용하는 곳에 있습니다.
- 어떻게 작용하기에 왜 나에게는 보이지 않습니까?

에 중국에 불교가 전파됩니다. 불교는 달마가 중국에 올 때까지 500년 동안 중국화의 과정을 거칩니다. 그 과정에서 교종이 완성됩니다. 부처님께서 45년 동안 설한 그 방대한 경전들이 체계화됩니다. 그런 과정을 거친 중국 불교와 달마대사가 만나 완전한 중국화 된 불교인 선불교가 탄생합니다. 달마대사는 보리달마라고도 하는데 많은 전설이 있습니다. 달마는 나뭇잎 하나를 타고 강을 건넜다고 하여 일위도강이라고 합니다. 달마는 인도에서 일위도강을 해서 중국으로 건너옵니다. 중국에 와서 가장 먼저 양 무제를 만납니다. 양 무제는 불심천자라고 불릴 만큼 불교에 대한 열의가 대단했습니다. 중국 전역에 불교를 전파하는데 큰 역할을 한 것입니다. 양 무제는 달마를 보자마자 자신의 공덕이 얼마나 되느냐고 물었습니다. 그러자 달마는 한 마디로 아무 공덕도 없다고 합니다. 시간이 지나면 허물어질 것들이라고 합니다. 달마에 의하면 공덕이란 순수한 마음을 깨쳐 진리를 보는 것입니다. 양 무제는 화가 나서 달마를 쫓아버립니다. 그래서 달마는 소림사에 들어가서 면벽수행 9년을 합니다. 한 가지 생각에 몰두해서 9년을 보냈습니다. 달마가 면벽수행을 할 때 신광이란 승려가 찾아와서 제자로 받아달라고 합니다. 달마가 불심에 대한 증거가 부족하다며 거절하자 신광은 자신의 팔을 잘라 달마에게 보입니다. 신광은 달마의 제자가 됩니다. 달마는 중국에 있는 동안 수 많은 고관에게 암살 시도를 받습니다. 하지만 달마는 독이 든 음식을 먹어도 끄떡하지 않습니다. 그러다가 6번째 시도에 달마는 중국과 인연이 끝났다고 생각하며 독이 든 음식을 먹고 죽습니다. 달마는 죽기 전에 자신을 화장하지 말고 웅이산에 묻어달라고 합니다. 달마가 죽고 2년 뒤 송운이라는 사람이 인도에 사신으로 갔다가 파미르 고원을 지나고 있었습니다. 그 길에서 송운은 달마와 마주치게 됩니다. 달마는 송운을 보고 "나는 동토와 인연이 다 했다."고 하며 신발을 주고 떠납니다. 송운이 중국으로 돌아와서 황제에게 그 사실을 아뢰자 황제는 달마의 무덤을 파 보라고 합니다. 파 보니 다른 것은 없고 송운이 가져온 신발의 다른 한쪽

이 그곳에 있었습니다. 달마가 인도를 떠나기 전에 이견왕을 만나 자신은 중국으로 떠난다고 합니다. 가기 전에 이견왕은 달마에게 부처에 대해 묻습니다. 그러자 달마는 "성품을 보는 자가 부처입니다."고 합니다. 이 성품은 유식으로 말하자면 아뢰야식 8식에 해당합니다. 그러자 이견왕은 달마에게 성품을 보았냐고 묻습니다. 달마는 이미 보았다고 합니다. 이견왕은 그 성품이 어디에 있느냐고 묻습니다. 달마는 작용하는 곳에 있다고 합니다. 우리가 공부하는 모든 것은 가만히 있으면 아무것도 없습니다. 부딪혀 작용을 해야 나타납니다. 혼자 가만히 놔 두면 탐욕이나 분노가 많아도 아무런 관계가 없습니다. 그래서 모든 것은 작용하는데서 나타납니다. 불교는 처음부터 끝까지 자기 자신의 문제입니다. 어떤 것도 대상과 관계된 문제는 없습니다. 자기 자신의 문제를 펼쳐보면 모두 관계 속에서 일어납니다. 불교는 자기 자신의 문제를 다루지만 관계를 설명하기 때문에 개인적인 문제뿐만 아니라 사회적인 문제도 명쾌하게 해결할 수 있습니다. 다시 달마와 이견왕의 이야기로 넘어갑시다. 달마가 그렇게 대답하자 이견왕은 "어떻게 작용하기에 왜 저에겐 보이지 않습니까?"고 묻습니다. 우리가 인식하는 것은 모두 작용하는 것을 통해 나타납니다.

육식에 동반하는 심작용에 대해 봅시다. '그것은 모든

마음에 널리 미치는 것과 특별하게 결정한 것으로 선, 번뇌, 부수적 번뇌라는 다섯 종류의 심작용과 그것의 세 가지의 감수 작용을 동반한다.'고 합니다.

 다섯 종류의 심작용이란 변행의 심소, 별경의 심소, 선의 심소, 번뇌의 심소(수번뇌의 심소), 부정의 심소 입니다.

육식

• 유식 10송
초변행촉등 初遍行觸等 차별경위욕 次別境謂欲
승해념정혜 勝解念定慧 소연사부동 所緣事不同

• 처음의 변행심소는 촉 등이다. 다음의 별경심소 는 욕구, 승해, 기억, 집중, 혜의 심소이니, 인식 대상의 자체가 같지 않다.

 유식 10송을 봅시다. '초변행촉등 차별경위욕 승해염 정혜 소연사부동' '처음의 변행 심소는 촉 등이다. 다음 의 별경 심소는 욕구, 승해, 기억, 집중, 혜의 심소이니 인식 대상의 자체가 같지 않다.'입니다.

변행

　언제나 동반하는 마음의 최초는 촉 등입니다. 변행은 촉, 작의, 수, 상, 사입니다. 촉은 sparsa이며, 나와 대상이 부딪히는 순간입니다. 촉은 근, 경, 식 삼사의 화합으로 최초로 생기는 미세한 마음입니다. 경으로부터 자극에 의해서 근에 변화가 생깁니다. 예를 들어 그림을 봅니다. 그림을 보는 순간 내 머리 속에 자극을 줍니다.

　작의는 manaskara이며, 마음을 구체적으로 활동시키고 마음을 일정한 대상으로 향하게 하는 작용입니다. 작의의 작용 때문에 근이 경으로 나아갑니다. 작의가 갖고 있는 업만큼 나아갑니다. 그래서 이 세상은 자기가 볼 수 있는 것만 볼 수 밖에 없습니다. 촉이 작용할 때는 작용만 있지 너와 나가 없습니다. 주관과 객관의 분별이 일어나지 않습니다. 그런데 작의가 작용한 순간 업들이 작용하기 때문에 주관과 객관이 분리됩니다. 나와 대상(너)이 분리되는 순간이 작의가 일어나는 순간입니다. 초로 따지면 1초보다 더 짧은 순간, 0.1초보다 더 짧은 순간에 머리 속에서 분리가 되는 것입니다.

　주관과 객관이 분리되고 나면 느낌이 생깁니다. 그것이 수입니다. 수는 vedana이며, 즐거운 대상은 즐겁고 불쾌한 대상은 괴롭다고 느끼는 작용과 즐겁지도 괴롭지도 않은 느낌의 작용이 수에 있습니다. 이 감수작용으로부터 욕과 애가 생기기 시작합니다. 즐거움은 락이고 괴로움은 고이고 즐겁지도 괴롭지도 않은 것은 사입니다. 세 가지를 고락사라고 합니다. 나의 육체와 정신이 통틀어 느끼는 감정은 고락사와 희우입니다. 희는 기쁜 것이고 우는 슬프고 걱정스러운 것입니다.

상은 samjna이며, 대상의 특수성 내지 특징을 인지하는 지적 작용입니다. 감각기관을 통해 얻어지는 감각적 소재를 통합하여 하나의 상으로 구체화시키는 작용입니다. 상은 수 뒤에 생기는 것으로 수에 따라 생깁니다. 예를 들어 감, 사과라는 말을 들으면 형상이 떠오릅니다. 내가 경험한 것들은 형상이 저장되어 떠오릅니다. 아뢰야식에서 경험한 것은 모두 형상으로 저장됩니다. 전생에 경험했지만 이번 생에 경험하지 못한 것들은 저장이 되어 있어도 인식하지 못합니다. 하지만 그것을 경험하면 금방 익힐 수 있게 됩니다.

사는 cetana이며, 구체적인 행동을 일으키는 의지작용입니다. 사의 단계를 지나야 행동으로 옮길 수 있습니다. 변행 5개는 우리가 대상을 접했을 때 기본적으로 일어나는 작용입니다.

다시 한 번 5변행에 대해 정리해봅시다. 촉은 대상을 접한 순간 주관과 객관이 나누어지지 않은 상태입니다. 작의는 주관과 객관이 나누어진 상태입니다. 그렇게 나누어져 나온 생각은 아뢰야식, 업만큼 나아갑니다. 수는 받아들이는 마음입니다. 고, 락, 사가 대표적인 마음입니다. 내가 경험한 만큼 받아들입니다. 나의 업력만큼 느끼는 것입니다. 예를 들어 비단 방석 일곱 개를 깔고 앉습니다. 한 번도 앉아보지 못한 사람은 기분이 매우 좋을 것입니다. 하지만 매일 좋은 환경에서 살면서 비단보다 더 좋은 것에 앉는 사람들은 비단 방석 일곱 개를 깔고 앉으면 딱딱해서 앉아 있지를 못할 것입니다. 상은 형상, 이미지, 개념을 말합니다. 상은 지적입니다. 무엇을 안다고 할 때 상을 아는 것입니다. 내 속에 상이 형성되어 있지 않으면 그것은 모른다고 하는 것입니다. 상에는 공상과 자상이 있는데 공상은 아뢰야식을 형상화한 것입니다. 어떤 대상을 접하여 떠오르는 생각입니다. 자상은 대상을 있는 그대로 접한 형상입니다. 이것은 깨달음을 얻어야 볼 수 있습니다. 우리가 느끼는 것이나 머리 속에 들어있는 것은 모두 공상입니다. 사는 의도입니다. 어떠한 방향으로 나아가려고 작용시키는 마음입니다.

별경

다음은 별경 5개를 살펴봅시다. 우리의 업 속에는 부처가 되는 성품이 있습니다. 그 성품이 별경 5개입니다.

내 속에 있는 성품 가운데 가장 본질에 가까운 것입니다. 별경은 수행을 추진하는 마음입니다. 별경 다섯 개는 욕, 승해, 염, 등지, 혜입니다.

욕은 욕구, 욕망을 말합니다. 무엇인가를 성취하려고 추구하는 마음입니다. 욕에는 다양한 것이 있습니다. 순수하게 선한 욕이 있고 선하지 않은 욕이 있습니다. 그 가운데 부처가 되려고 하는 욕구가 진정한 욕입니다. 본질에 나아가려고 하는 욕입니다. 내 속에 이런 순수한 욕이 있기 때문에 우리는 부처가 될 수 있습니다. 모든 만물에게는 불성이 있습니다. 그 불성을 체득할 수 있는 것은 욕이 있기 때문입니다. 부처가 되려면 그 욕을 뒷받침할 수 있는 능력을 함양시켜야 합니다. 함양할 능력 가운데 하나가 승해입니다.

　승해란 원리나 이론 혹은 부처님과 같은 뛰어난 자의 가르침을 배워 의심하지 않고 마음 깊이 이해하는 것입니다. 이해하고 알면 100% 확신이 생깁니다. 그래서 머리 속뿐만 아니라 몸과 마음에 사무치는 확신이 생깁니다. 이러한 확신은 자신의 주장을 굽히지 않습니다. 줏대가 없는 사람은 승해가 없는 사람이라고 할 수 있습니다. 한 번 먹은 마음을 바꾸지 않는 사람 입니다. 예를 들어 충신, 열사와 같은 사람들은 승해가 있기 때문에 쉽게 도를 깨칩니다. 하지만 승해가 너무 지나치면 광신이 될 수 있습니다. 승해는 신념을 꺾지 않고 초지일관으로 갈 수 있는 마음입니다. 그러므로 승해를 바르게 해야 합니다.

염은 한 번 경험했던 일을 잊지 않고 기억하여 언제까지나 생각하고 있는 마음작용입니다. 이것은 기억력과 연관이 있습니다. 억념하는데서 삼매를 얻고 삼매를 통해서 지혜가 생깁니다. 그 기억한 것을 계속 생각하게 되는데 그것이 삼매입니다.

삼매를 통해서 지혜가 생깁니다. 그래서 기억을 하면 지혜가 쉽게 생길 수 있습니다. 하나의 대상을 생각하고 있다는 것은 마음이 이런저런 대상으로 옮겨 다니지 않는 것입니다. 따라서 억념이라는 심작용을 통해서 한 가지에 몰두하는 마음이 생깁니다. 이러한 마음 때문에 삼매에 들 수 있고 지혜가 생깁니다. 억념 때문에 삼매에 들고 삼매 때문에 지혜가 생깁니다.

부처님의 수제자인 아난은 한 번 기억한 것은 세세생생 잊어버리지 않는 대단한 기억력의 소유자였습니다. 부처님은 다음 세대에 법을 전하기 위해서 기억력이 좋은 아난을 곁에 두고 법을 전했습니다. 그래서 부처님의 경전을 보면 '내가 이렇게 들었노라.'하는 문장이 나오는데 이것은 아난이 기억해서 전한 것입니다. 또 다른 기억력, 염이 뛰어난 사람으로 구마라집을 꼽을 수 있습니다. 구마라집은 기억력이 매우 뛰어나고 언어능력도 뛰어났습니다. 그래서 몇 가지 언어를 능숙하게 구사했습니다. 어머니가 구마라집을 임신했을 때 몇 가지 외국어가 저절로 알아졌습니다. 구마라집을 낳고 난 뒤에는 그 능력이 없어졌다고 합니다. 우리의 신체는 젊을 수록 기억력이 뛰어납니다. 나이가 들 수록 기억력이 감퇴합니다. 그러므로 젊어서부터 공부를 많이 해야 합니다. 나이가 들어서 하는 공부는 젊어서 보다 몇 배의 노력을 해도 따라가기가 쉽지 않습니다.

별경
- 염(念) : smrti, 한번 경험했던 일을 잊지 않고 기억하여, 언제까지나 그 일을 마음속에 생각 하고 있는 마음작용이다. 억념하는 데서 삼매를 얻고 삼매를 통해 지혜가 생긴다.
- 어떤 하나의 대상을 생각하고 있다는 것은 마음이 이런저런 대상으로 옮겨 다니지 않는 것이다. 따라서 이 억념이라는 심작용을 통해 이어서 삼매라는 마음이 생긴다.
- 억념과 삼매와 지혜는 억념→삼매→지혜의 순서로 인과관계가 형성된다.
- 아난, 구말라집.

등지란 삼매, 정을 말합니다. 한 가지 일에 생각을 집중하는 마음작용입니다. 마음에 동요가 없고 사물을 있는 그대로 볼 수 있는 상태이기 때문에 지혜를 낳는 원인이 됩니다. 왜 우리가 삼매에 들어야 합니까? 그것은 집중하는 힘에 의해 지혜가 생기기 때문입니다. 불교에서는 일상의 마음은 산심(산란한 마음)이라고 하고 삼매에 들어간 마음을 정심이라고 합니다. 전자를 부정하고 후자를 긍정합니다. 그래서 진실을 통찰하는 지혜는 반드시 삼매의 마음을 반복하고 닦음으로써 얻을 수 있습니다. 등지, 정의 상태에 들면 귀신에게도 보이지 않습니다. 예전에 염관선사의 제자인 휘일스님은 절에 들어온 후 개인적 수행은 제대로 하지 못하고 염관선사의 뒷바라지만 계속 했습니다. 하루는 휘일스님이 일을 마치고 누워 있는데 저승사자가 나타납니다. 휘일스님은 줄곧 염관선사의 뒷바라지만 했지 공부를 해본 적이 없어서 매우 억울했습니다. 그 때 휘일은 스승에게 들었던 한 마디가 생각났습니다. 그것이 바로 일주일만 제대로 공부하면 삼매에 들 수 있다는 말이었습니다. 그래서 휘일은 저승사자에게 일주일만 제대로 공부하게 죽음을 늦춰달라고 부탁합니다. 저승사자는 그것은 자신의 권한 밖이니 염라대왕에게 말해서 된다고 하면 일주일 후에 올 것이고 그렇지 않으면 내일 오겠다고 하고 가버립니다. 저승사자가 떠나자마자 휘일은 목숨 걸고 일주일 공부를 합니다. 그런데 공부한지 하루 만에 삼매의 상태에 들었습니다. 휘일은 그 상태를 유지하며 일주일이 지났습니다. 저승사자는 휘일을 잡으러 왔는데 아무리 찾아도 휘일이 보이지 않는 것이었습니다. 결국 저승사자는 휘일스님을 찾지 못해 돌아가버렸다고 합니다. 경허스님의 이야기를 봅시다. 경허스님이 살아계셨던 당시에는 먹을 것이 없었습니다. 당시 스님들은 한 달 동안 탁발한 음식으로 석 달 정도를 먹고 살았습니다. 경허스님은 탁발하러 가는 제자들을 방안에서 보고 나서 그대로 선정에 들어버립니다. 한달 후 제자들이 돌아와 보니 경허스님이 자신들을 보낼 때 그 모습으로 있는 것이었습니다. 경허스님은 제자들이 가는 것을 보려고 손을 문이 열리고 닫히는 곳에 걸쳐놓고 있었는데 바람에 문이 열리고 닫혀 손은 피투성이가 되어 엉망진창이었습니다. 등지, 선정, 삼매에 들면 한 달이 아니라 몇 개월, 몇 년도 그 상태로 있을 수 있습니다. 부처님께서 팔정도를 말씀하실 때 부처가 되기 위해서는 정념과 정정을 하라고 하셨습니다. 염과 정입니다.

별경

- 등지(等持) : samadhi, 삼매, 정, 한 가지 일에 생각을 집중하는 마음작용이다.
- 마음에 동요가 없고 사물을 있는 그대로 볼 수 있는 상태이기 때문에 다음의 지혜를 낳는 원인이 된다.
- 불교에서는 일상의 마음을 '산심(산란한 마음)', 삼매에 들어간 마음을 '정심(가라앉은 마음)'이라 부르며 전자를 부정하고 후자를 긍정한다. 그래서 진실을 통찰하는 지혜는 반드시 삼매의 마음을 반복하고 반복하여 닦음으로써 얻을 수 있다고 주장한다.
- 경허선사, 염관선사의 제자 휘일스님.

등지를 이루고 나면 지혜가 생깁니다. 혜란 어떤 사물에 대해 고유의 특징과 다른 사물과 공통된 특질을 명확하게 구분해서 아는 작용입니다. 지식과 지혜는 다릅니다. 하지만 지식은 지혜와 무관하지 않습니다. 지식이 많으면 지혜는 터득하기 쉬워집니다. 사물의 특질을 바르게 인식하는 수단에는 성자의 가르침, 추리, 직접 지각의 방법이 있습니다. 추리는 정념에 가깝고 직접 지각은 정정에 가깝습니다. 우리는 부처님의 가르침으로 지혜를 얻을 수 있습니다. 하루는 고타미라는 여인이 죽은 자신의 어린아이를 안고 부처님을 찾아옵니다. 고타미는 부처님께 아이를 살려달라고 애원합니다. 부처님은 살려 줄테니 시키는대로 하라고 말합니다. 부처님은 고타미에게 겨자씨를 얻어오라고 합니다. 인도에서는 겨자씨가 아주 흔한 물건이었습니다. 하지만 부처님은 조건을 붙입니다. 사람이 죽지 않은 집에서 얻어 오라고 합니다. 고타미는 급한 마음에 응낙을 해버리고 겨자씨를 구하러 갔습니다. 고타미는 겨자씨를 얻으러 이 집 저 집에 다니면서 사람이 죽지 않았느냐고 물어봅니다. 그러나 모든 집에서 가족, 친척 누군가는 죽었다고 말합니다. 사람 안 죽은 집이 하나도 없고 심지어 어떤 집에서는 자신과 같이 어린아이가 죽은 집도 있었습니다. 고타미는 어느 누구든지 다 죽는다는 것을 깨닫게 됩니다.

그리고 자신의 슬픔도 누구나 다 겪는 슬픔이란 것을 깨닫게 됩니다. 결국 고타미는 깨달음을 얻고 아이를 장례치르고 출가를 합니다. 추리란 스스로 바른 도리를 쫓아 바르게 사색함으로 지혜를 얻는 것입니다. 이것이 위빠사나, 관(관조)하는 것입니다.

별경

- 혜(慧) : prajna, 어떤 사물에 관해 그 사물의 고유의 특질과 다른 사물과의 공통된 특질을 명확하게 구별해서 아는 작용이다.
- 사물의 특질을 바르게 인식하는 수단에는 (a) 성자의 가르침 (b) 추리 (c)직접지각의 세 가지가 있다.
- 우리는 이 세 가지 인식수단을 적절하게 사용함으로써 사물의 본질을 통찰하는 지혜를 얻을 수가 있다. 이 지혜는 다음의 세 가지로 나눌 수 있다.

지혜는 첫째 성인의 가르침을 들음으로써 얻어지는 지혜가 있고, 둘째 관조함으로써 얻어지는 지혜가 있는데, 위빠사나를 통하여 인연관을 함으로써 얻어 지는 지혜이며, 셋째는 삼매를 닦음으로써 얻어지는 지혜로 사마타를 함으로써, 화두를 듦으로써 얻어지는 지혜입니다. 세 번째 지혜는 말이나 개념을 떠나 사물 그 자체에 의해 파악하는 가장 뛰어난 지혜로 소지장이 소멸됩니다.

지혜를 증득 하면 의심도 사라집니다. 왜냐하면 의심도 번뇌의 일종이기 때문입니다.

우리에게 의심하는 마음이 생기는 것은 별경이 없기 때문입니다. 별경이 성숙되지 않으면 의심하는 마음이 자꾸 일어납니다. 부처가 되기 위해서 별경을 내 것으로 만들어가야 합니다.

019 제11송 상응수구문의 선

별경은 변행 다음으로 중요한 내용입니다. 별경의 점수가 커트라인을 넘으면 부처가 됩니다. 나의 능력을 나타내는 수치입니다. 우주와 세상의 결정권을 가진 사람들은 별경을 잘 하는 사람입니다. 다시 한 번 복습하고 넘어가도록 하겠습니다.

(오은별 5살 때 그린 그림, 1986년 국제전 금상 수상작)

1985년 4살짜리 소녀가 그림으로 전 세계를 깜짝 놀라게 했습니다. 그녀는 바로 북한 출신의 오은별입니

다. 오은별은 누구에게 사사받은 적도 없는데 훌륭한 그림을 그려냅니다. 전생의 기억 속에 남은 것이 없었다면 이런 그림은 그릴 수가 없습니다. 욕은 감각적인 욕망이 아니라 지적이고 종교적인 욕망입니다. 내가 '어떻게 살겠다' 이런 것들을 말합니다. 아인슈타인은 16살 때 "빛과 같은 속도로 달리면서 물체를 보면 어떻게 보일까?"라고 생각했습니다. 아인슈타인의 이런 생각이 결국 세상을 바꾸었습니다. 2600년 전 석가모니 부처님께서 "인간은 왜 죽어야 하는가?" 이 문제가 결국 존재에 대한 본질의 체계를 깨달았듯이 아인슈타인에게도 한 가지 의문이 세상을 바꾼 것입니다. 우리가 살아가면서 삶의 방향을 결정하는 가장 중요한 것은 욕입니다. 욕은 이번 생뿐만 아니라 다음 생에서도 삶을 결정할 중요한 문제가 될 수 있습니다. 이것은 우리의 삶을 변화시키는 것입니다. 그 욕이 좀 더 강력하게 내 삶에 영향을 미칠 수 있으면 훨씬 더 좋은 결과를 낼 수 있습니다.

갖고 있는 욕에 따라 삶은 달라집니다. 욕이 분명하고 강력하면 평생 그 욕을 따라가며 살 수 있습니다. 부처님과 아인슈타인의 경우처럼 욕, 삶의 목표, 내가 해결

해야겠다는 생각 때문에 세상이 바뀌는 것입니다. 그러므로 우리는 어떤 생을 살더라도 욕이 분명해야 합니다. 분명한 삶의 목표로 인해 내가 변화하고 세상을 바꿀 수 있습니다. 승해는 마음 깊이 이해하는 것입니다. 확실하게 이해하는 것입니다. 아인슈타인은 12살 때 기독교의 불합리적인 문제성을 느끼고 종교 자체를 버리게 됩니다. 기독교라는 종교를 버린 아인슈타인은 우주적 종교를 추구했습니다. 아인슈타인은 불교가 우주적인 종교임을 알고 심취합니다. 다시 말해서 어떤 문제에 대해 깊이 이해하면 삶을 바꿀 수 있는 계기가 될 수 있습니다. 어떠한 사건도 내가 깊이 이해하면 확신이 생기고 믿음이 생기게 됩니다. 이렇게 믿음이 생기면 다른 것이 보이지 않습니다. 내가 믿는 것 하나만 보이게 됩니다.

 염은 경험했던 일을 기억하고 잊지 않는 것입니다. 내가 무엇인가를 기억하고 있으면 그것을 기반으로 생각을 바꿀 수 있습니다. 기억하고 있다면 문제의 본질을 생각할 수 있는 힘도 생기게 됩니다. 기억력 자체는 크게 중요하지 않습니다. 기억력을 통해서 다양한 문제를 생각할 수 있는 것이 중요합니다. 기억력은 그 자체를 통해 다른 생각을 유발할 수 있기 때문에 의미가 있는 것입니다. 등지, 정이란 마음에 동요가 없고 사물을 있는 그대로 볼 수 있는 상태입니다. 팔정도의 마지막에는 정념, 정정이 있습니다. 앞에서 나온 염이 정념에 해당하고 등지, 정은 정정에 해당합니다. 마음에 동요가 없고 사물을 있는 그대로 볼 수 있는 상태를 지속하면 등지, 정이 됩니다. 무엇인가에 지속적으로 몰두하면 성취할 수 있습니다. 정이 능력입니다. 이 정이 있으면 돈을 가지려고 하면 돈을 가질 수 있고 권력을 가지려고 하면 권력을 가질 수도 있습니다. 어떤 일이든 집중적으로 꾸준히 하면 삶을 변화시킬 수 있습니다. 별경의 마지막 혜는 어떤 사물에 관해 고유의 특징과 다른 사물과의 공통된 특징을 명확하게 구별해서 아는 작용입니다. 정견, 판단이 혜에 가깝습니다. 우리의 삶은 수 많은 판단의 결과입니다. 내가 어떻게 살 것인가 결정하는 것이 욕이라면 그 욕을 성취시키는 것이 승해, 염, 정입니다. 혜는 성취된 상태입니다.

별경은 선과 불선과 다르게 또 하나의 것으로 존재합니다. 선과 불선에 대해 살펴봅시다. 선에는 절대선과 상대선이 있습니다. 나를 이롭게 하고 세상을 이롭게 하는 것은 절대선입니다. 나, 상대방, 세상의 모든 것을 이롭게 하는 것은 절대선입니다. 상대선은 나에게는 이로울 수 있으나 상대방에게는 해로울 수 있는 것입니다. 예를 들어 북한에서 간첩이 내려올 때 우리 입장에서 볼 때는 간첩을 잡아야 선이 되고 북한의 입장에서는 간첩이 잡히지 않아야 선이 됩니다. 절대선은 이와 달리 나도 좋고 상대도 좋은 것입니다. 불교에는 오계가 있습니다. 오계는 살생을 하지 마라, 도둑질을 하지 마라, 거짓말을 하지 마라, 음행을 하지 마라, 술을 마시지 마라. 입니다. 오계는 절대선에 해당합니다. 부처님이 가르치신 '살생을 하지 마라.'는 어떤 종교의 가르침에도 없습니다. 불교는 이와 같이 절대선을 가르치고 있습니다. 선이란 나와 함께 살아가는 모든 생명을 복되게 하고 이익되게 하는 것입니다. 계 정 혜가 이에 해당합니다. 불선은 그 반대입니다. 불선은 악입니다. 번뇌, 탐 진 치가 불선에 해당합니다. 만약 계 정 혜를 극도로 끌어올리면 부처가 되고 탐 진 치를 극도로 끌어올리면 지옥이 됩니다.

유식 11송을 보면 선심소법 11개가 나옵니다. 우리의 삶을 선으로 이끄는 성품들이 나옵니다. '선이신참괴 무탐등삼근 근안불방일 행사급불해' '선심소는 믿음, 참, 괴와 무탐 등 세 가지 선근과 정진, 경안, 불방일과 행사 및 불해이다.'입니다.

업 속에서 우리를 선하게 이끌어가는 성품은 이것이다는 말입니다.

내 속에는 선도 들어있고 불선도 들어있습니다. 예를 들어 내 속에 선만 가득 차 있다면 끄집어 내 쓰는 것마다 선이 됩니다. 그것은 부처, 보살입니다. 세상의 모든 생명을 이익되게 하는 것 밖에 나오지 않습니다. 내 속에 불선만 가득 차 있다면 끄집어 내 쓰는 것마다 탐욕이고 이기적인 것 밖에 없습니다. 지옥이 바로 이런 것입니다. 우리 속에는 적당하게 선과 불선이 들어있습니

100법(선심소법11)

• 유식 11송
선위신참괴 善謂信慚愧 무탐등삼근 無貪等三根
근안불방일 勤安不放逸 행사급불해 行捨及不害

• 선심소는 믿음, 참, 괴와 무탐 등 세가지 선근과 정진, 경안, 불방일과 행사 및 불해이다.

다. 그래서 잘 끄집어 내 쓰면 선을 쓰고 잘못 끄집어 내 쓰면 불선을 쓰는 것입니다. 예를 들어 선한 친구면 선을 많이 쓰게 되고 불선한 친구면 그 친구를 따라 불선을 많이 쓰게 됩니다. 마음속에 선이 많이 있어도 지옥에 갈 수 있습니다. 내 속에 들어있는 것은 나 자신의 의지에 따라 선도 불선도 될 수 있습니다. 불선보다 선을 많이 끄집어 내 쓸수록 내 삶은 부처 쪽으로 가게 됩니다.

선심소법은 내 마음속의 선을 끄집어 내는 것입니다.

선

　선심소법에는 11개 요소가 있습니다.

　(1) 먼저 나오는 신은 sraddha이며, 믿음입니다. 연기와 사제가 진리라고 믿으며 불법승 삼보에는 덕이 있다고 믿으며 모든 세간, 출세간의 선에는 힘이 있다고 믿는 것입니다. 연기와 사제가 진리임을 믿고 실천에 옮기면 로또 당첨되는 것인데도 중생들은 실천하지 못합니다. 그래서 평생 자기의 업대로 사는 것입니다. 내 속에

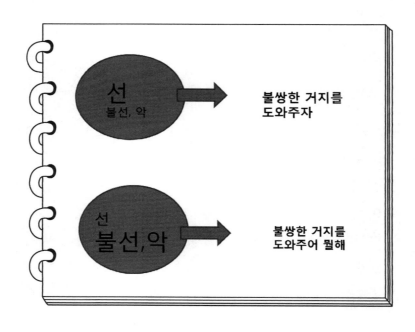

믿음이 얼마나 충족되어 있느냐에 따라 삶은 선한 쪽으로 가고 불선한 쪽으로 가기도 합니다. 한 번 먹었던 마음을 끝까지 가질 수 있느냐는 믿음의 정도에 따라 달려 있습니다. 600년대 신라의 혜초는 믿음 하나로 불법을 구하기 위하여 인도로 떠납니다.

(2) 선심소법 가운데 두 번째 참은 hri이며, 참회입니다. 어떤 잘못을 범했을 때, 스스로 반성하여 부끄러워 하는 마음 작용입니다. 하루 일과가 끝나면 자기 전에 스스로를 돌아보고 반성을 합니다. 이것이 참인 것입니다.

(3) 괴는 수치심입니다. 어떤 잘못을 범했을 때 세간에 비난받는 것을 두려워하며 부끄러워 하는 마음입니다. 자기 자신이 부끄러워 하는 것과 대상에 의해 부끄러워 하는 것입니다. 우리는 매일매일 반성함으로써 새로운 잘못을 범하지 않아야 합니다. 부처님 당시에 암굴리말라라는 청년이 있었습니다. 암굴리말라는 용모도 잘 생기고 똑똑하여 스승에게서 가장 촉망받는 제자였습니다. 그런데 스승의 부인이 암굴리말라를 너무 좋아 합니다. 스승의 부인이 수작을 걸지만 암굴리말라는 스승의 부인이라서 차마 그 수작에 응하지 못합니다. 스승의 부인은 심술이 나서 남편에게 암굴리말라가 자신에게 수작을 걸었다며 누명을 씌웁니다. 스승에게 혼이 난 암굴

리말라는 너무 분하고 억울해서 미쳐버립니다. 스승은 암굴리말라에게 사람 100명을 죽여 손가락을 잘라 목걸이를 만들면 죄를 용서해주겠다고 합니다. 그래서 암굴리말라는 사람을 죽여 손가락을 잘라 목걸이를 만듭니다. 그러다가 부처님을 만나게 됩니다. 부처님의 가르침에 암굴리말라는 스스로 참회하며 부처님의 제자가 되기를 간청합니다. 부처님은 미친 암굴리말라를 출가 수행자로 만듭니다. 암굴리말라는 평생 자신의 죄를 참회하며 부처님의 제자로 살다 갔습니다. 우리가 참회를 하지 않으면 공부를 할 수 없습니다. 우리는 자신이 항상 맞다고 생각합니다. 자기 자신의 생각대로 공부를 하면 믿음이 오지 않습니다. 진정한 믿음이 오고 승해를 얻기 위해서는 참회와 반성을 통해야 합니다. 이 생에서 공부를 하려면 내 삶에 대해 송두리째 한 번 돌아봐야 합니다. 내 생각이 허물어지고 새로운 모습을 세울 수 있을 때 공부가 가능해집니다. 만약 잘못을 하고 미안한 마음을 갖지 않으면 그 사람은 살아가면서 얼마나 많은 죄악을 범하겠습니까? 정치인들이나 범죄자들을 보십시오. 참회하는 마음이 없으니까 그렇게 행동하는 것입니다.

(4) 네 번째는 무탐으로 alobha이며, 탐내지 않는 마음입니다. 무탐의 탐은 탐 진 치의 탐입니다. 생사윤회를 반복하는 자신이 존재하는데 필요한 도구나 사물에 대

해서 집착하지 않는 것입니다. 무탐의 대표적인 예로 간디가 있습니다. 간디가 인도 대표로 영국 의회에 참석하러 갈 때 공항에서 검문을 받습니다. 그때 이런 말을 했습니다. "내가 가진 것은 물레, 밥그릇과 염소젖 한 통, 담요 6장 그것 뿐이오." 간디의 평생 재산인 것입니다. 간디는 이와 같이 탐욕심이 없었던 사람이었습니다. 중국에 방거사라는 사람이 있었습니다. 방거사는 중국 최고의 부자였는데 공부를 해보니까 재물이 오히려 방해가 되는 것입니다. 그래서 방거사는 나에게도 해로운 재산을 어떻게 다른 사람들에게 주느냐고 하면서 동정호에 다 버립니다.

(5) 다섯 번째 무진은 advesa이며, 화내지 않는 마음입니다. 자신에게 해를 끼치는 사람들, 혹은 괴로운 것, 괴로움을 낳는 원인 등에 대하여 화를 내지 않는 마음입니다. 무진의 진은 탐 진 치의 진입니다. 탐이 물질에 대한 욕심이라면 진은 감정에 대한 욕심입니다. 법정스님의 책 '무소유'에 수연스님의 이야기가 나옵니다. 1960년대 시골 버스는 상태가 좋지 않아서 문제가 자주 일어납니다. 수연스님은 버스를 탈 때마다 드라이버를 주머니에 넣고 버스 창문에 문제가 생길 때마다 드라이버로 창문을 고쳤다고 합니다. 그리고 수연스님이 머무는 선방에는 항상 고무신들이 깨끗하게 정돈되었고, 절

이 깨끗했다고 합니다. 또 누군가가 찾아오면 밤늦게 혼자 일어나 손님의 신발을 깨끗하게 닦아 주었다고 합니다. 이처럼 수연스님은 아무런 대가를 바라지 않고 그 상황에서 필요한 것을 행했습니다. 불편함이나 귀찮음 때문에 화 내지 않고 묵묵하게 다른 사람들을 위해 행동했던 것입니다.

(6) 무치는 amoha이며, 어리석음이 없는 마음입니다. 인과응보의 도리를 알고 사제의 진리를 이해하고 불법승 삼보에 대한 바른 이해를 하는 것입니다. 불법승 삼보란 부처와 부처의 법과 부처가 되기 위해 수행하는 수행자 집단을 말합니다. 혜능에 의해 불은 뛰어남이며, 법은 올바름이며, 승은 깨끗함으로 확대 해석됩니다.

100법(선심소법11)

- 정진(精進) : virya, 선한 것이 지속적으로 유지되도록 노력하는 마음이다.
- 선을 닦고 악을 끊으려는 마음
- 구체적인 수행을 추진하는 것

- 결사운동 – 요세스님, 지눌스님
- 무문관

(7) 정진은 virya이며, 선한 것이 지속적으로 유지되도록 노력하는 것입니다. 선을 닦고 악을 끊으려고 하는 구체적인 수행을 추진하는 것입니다. 목적을 위해 한 가지 행위를 지속적으로 하면 정진을 하는데 도움이 됩니다. 정진은 같은 행위를 일정한 시간 동안 지속적으로 반복하는 행위입니다. 이 생에서 정진을 한 번 해보아야 자신의 업을 뛰어넘어 달라진 모습을 볼 수 있을 것입니다. 현재 우리나라 스님들은 3개월 결재하고 3개월 해재 합니다. 무문관이란 6년 동안 해재 없이 계속 결재하는 것입니다. 6년 동안 계속 수행을 하는 것입니다. 이런 무문관은 정진이라고 할 수 있습니다.

(8) 경안은 prasrabdhi이며, 신체나 마음이 자유롭고 경쾌하게 작용하는 상태를 말합니다. 마음을 편안하게 지속시키는 것을 말합니다. 이런 상태를 만들기 위해 여러 가지 방법의 수행을 해야 합니다. 내 마음이 동요하지 않고 일정한 상태를 유지하는 것입니다. 아주 편안하고 안정된 상태를 어떤 상황에서도 흔들리지 않고 유지하는 것입니다. 신체나 마음이 싫어하는 한 소리에 걸려 자유롭지 못하고 경쾌하지 않습니다. 이때 한 소리의 업의 덩어리를 추중이라고 하는데, 수행 등을 통하여 이 추중이 없어지면 경안의 상태가 됩니다.

(9) 불방일은 sapramadika이며, 악을 끊고 선을 닦는

마음입니다. 삶에서 가장 큰 문제가 게으름입니다. 끝까지 부지런히 노력하고 애쓰는 것을 유지해야 합니다. 불방일이란 게으름에 물들지 않고 끝까지 부지런히 노력하는 것입니다. 부처님 당시 많은 천민이 부처님께 귀의합니다. 불교에서는 귀족과 천민의 계급 제도가 없었기 때문입니다. 천민이었던 쟁기꾼 낭갈라꿀라는 친구를 따라 출가를 합니다. 낭갈라꿀라는 천민 시절에 입었던 옷을 버리지 않고 나무 위에 걸어놓았습니다. 그리고 공부를 하다가 방심이 들 때 산 속에 찾아가 걸어두었던 옷을 쳐다봅니다. 천민 시절의 힘들었던 일들을 떠올리고 다시 돌아와서 열심히 수행을 했습니다. 이것이 바로 불방일의 상태라고 할 수 있습니다.

(10) 우리의 마음에는 고와 락과 사가 있었습니다. 사는 upeksa이며, 중용의 마음으로 흥분하거나 침울하지 않고 언제나 안정되어 있는 상태입니다. 마음이 안정된 뒤에 일어나는 아주 고요한 상태가 심정직입니다. 번뇌와 소번뇌의 작용을 억제하여 마음을 언제나 적정의 상태로 유지하는 작용을 말합니다. 집착에 의해 고 아니면 낙이 됩니다. 집착을 떠나면 고락을 떠난 사의 상태가 됩니다.

(11) 불해는 ahimsa이며, 생물에 상처를 입히거나 죽이거나 하지 않고 불쌍히 여기는 마음입니다. 세상의 모

100법(선심소법11)

• 불해(不害) : ahimsa, 생물에 상처를 입히거나 죽인다거나 하지 않고 불쌍히 여기는 마음이다.

• 풀에 묶인 스님
• 간디
  무저항, 비폭력, 불살생

든 생물에게 해를 끼치지 않는 것입니다. 심지어 무생물에까지 불해를 강조하는 것은 불교밖에 없습니다. 부처님 당시 어느 해 안거를 마치고 떠나는 날 아침 어떤 비구가 사리불을 비방합니다. 유행을 떠나는 제자들을 불러 모아놓고 사리불에게 비방의 진위를 묻습니다. 그때 사리불이 세상을 향하여 조용히 한마디 합니다. "부처님이시여, 저는 출가하여 이제까지 풀포기도 다치지 않게 한 것이 저의 삶이었습니다. 이러한 마음으로 살아온 제가 어찌 다른 사람을 비방하겠습니까?" 감동스러운 불해에 대한 이야기입니다. 또 어떤 스님이 산길을 가다가 도둑들에게 잡힙니다. 도둑들은 스님이 가진 것을 모두 빼앗고 풀로 스님을 묶었습니다. 풀이 약해서 마음만 먹으면 끊을 수 있는데 스님은 묶인 채로 가만히 있습니다. 마침 그 나라 임금이 사냥을 갔다가 돌아오는 길에 풀에 묶인 스님을 발견합니다. 임금은 신하들을 시켜 스님을 풀어줍니다. 임금은 "스님, 이 정도의 풀이라면 스스로 끊을 수 있는데 어째서 묶여 있었습니까?"라고 묻습니다. 스님은 임금이 지나가면서 자신을 구해주기도 했지만 나를 묶은 풀도 살렸다고 대답했습니다. 이 스님은 어떤 생명도 다치게 하지 않는 불해의 마음을 가지고 있었던 것입니다. 간디의 아힘사 운동도 불해에 속한다고 할 수 있습니다. 간디의 아힘사 운동이란 무저항, 비폭력, 불살생운동입니다.

020 제12송 상응수구문의 번뇌

　중생들은 선한 마음보다 악한 마음이 더 많습니다. 부
처보다 지옥에 가는 마음을 쓰기 쉽습니다. 번뇌지법이
선심소법보다 많은 것도 그런 이유입니다. 유식 12송을
봅시다. '번뇌위탐진 치만의악견 수번뇌위분 한부뇌질
간' '번뇌심소는 탐욕, 성냄, 어리석음, 거만, 의심, 악견

이다. 수번뇌심소는 분노, 고뇌, 질투, 인색이다.'입니다. 탐진치는 번뇌지법의 뿌리입니다.

번뇌

번뇌지법 여섯 가지는 근본적인 더러움에 물든 마음입니다. 번뇌지법 여섯 가지를 하나하나 살펴봅시다.

(1) 탐은 raga이며, 탐할 탐貪이며, 생사윤회하고 있는 자신과 자신이 존재하는데 필요한 도구나 사물에 대하여 탐하고 집착하는 마음입니다. 물질적인 것에 대해 욕심을 내는 것입니다. 탐욕, 탐애, 갈애가 탐에 속합니다. 인간이 기본적으로 가지고 있는 여덟 가지 고통인 팔고는 탐으로 인해 이루어집니다. 팔고는 크게 무상과 무아에 의해 일어나는데 무상으로 일어나는 것은 생고, 노고, 병고, 사고가 있습니다. 무아에서 일어나는 고는 애별리고, 원증회고, 구부득고, 오음성고가 있습니다. 애별리고란 좋아하는 사람과 언젠가 이별하는 고통이고, 원증회고는 원망하는 사람과 언젠간 만나는 고통입니다. 구부득고란 구하는 것을 얻지 못하는 고통이고, 오음성고는 우리 몸이 치성하여 일어나는 고통입니다. 탐에는 개인적 욕망과 조직적 욕망이 있습니다. 개인적 욕망은 내가 개인적으로 부리는 욕망입니다. 세계를 열광시킨 영화 타이타닉의 이야기를 한 번 보세요. 어머니

와 약혼남의 탐욕에 희생된 한 여인의 사랑이야기 입니다. 약혼자 잭(디카프리오)의 진정한 사랑은 탐욕에 의해 허무하게 묻혀버립니다. 조직적 욕망이란 제도적 탐욕입니다. 원자폭탄의 제조와 투하에서 인간이 갖고 있는 제도적 욕망의 극치를 볼 수 있습니다. 제도적 탐욕은 전 세계를 지배하고 좌지우지하고 싶은 개인의 탐욕이 더 해진 것입니다. 대표적인 예로 세계 제2차 대전입니다. 이것은 20세기 지정학적 역사의 분수령으로 역사의 중심이 유럽 사회에서 미국과 러시아로 넘어간 사건입니다. 2차 대전의 결과로 소련의 세력이 동유럽 여러 나라까지 뻗는 결과를 낳았고 중국에서 공산당 정권이 수립되었고 세계의 지배력이 서유럽에서 미국과 소련으로 옮겨가는 결정적 계기가 되었습니다. 2차 대전에서 약 4천만에서 5천만의 사상자가 났습니다. 인간이 가진 탐욕이 낳은 어마어마하고 끔찍한 결과입니다.

(2) 진은 pratigha이며, 성낼 진嗔이며, 사람이나 생물에 대하여 화 내는 마음입니다. 자기를 비난하거나 피해를 입히는 자에 대하여 분노하는 것입니다. 우리는 자기 생각대로 되지 않기 때문에 화를 냅니다. 우바사 비구의 이야기를 봅시다. 부처님 당시 왕사성에는 청년 형제가 있었습니다. 형은 부잣집 딸과 약혼을 하고 돈을 벌기 위해 상인들과 함께 장사를 하러 배를 타고 멀리 떠났습

니다. 형이 탄 배는 풍랑을 만나 침몰해버립니다. 3년이 지나도 형이 돌아오지 않습니다. 부자는 형이 죽었다고 생각하고 딸을 책임지라며 동생에게 맡깁니다. 동생은 처음엔 거절했지만 8년이 지나도 형이 오지 않자 결국 형수 될 사람과 결혼을 합니다. 동생은 그녀와 일년 간 행복하게 잘 살았는데 형이 돌아옵니다. 형이 돌아와서 보니까 자신의 약혼녀는 동생과 행복하게 살고 있었습니다. 형의 마음속에는 분노가 가득 차게 됩니다. 긴 시간 동안 기다렸던 동생과 약혼녀는 생각하지 않고 자신만 생각한 것입니다. 형이 돌아온 것을 안 동생은 결국 출가를 해버립니다. 출가를 한 동생이 우바사 비구입니다. 동생은 깊은 산 속에 들어가 혼자 살았는데 형은 동생이 있는 곳을 수소문해서 사냥꾼을 시켜 죽이려고 합니다. 그런데 사냥꾼이 쏜 화살이 바위에 부딪혀 옆에서 보고 있던 형에게 맞습니다. 악한 진심을 품고 있던 형이 죽은 것입니다. 형은 그 악한 원한과 진심에 의해 뱀으로 환생합니다. 뱀의 몸을 받고도 전생의 원한을 잊지 못하고 동생인 우바사 비구를 죽이려는 생각밖에 없습니다. 뱀의 몸을 받은 형은 동생을 죽이려고 맴돌다가 동생의 집의 문에 치여 죽습니다. 그 다음 형은 독벌레의 몸을 받습니다. 독벌레로 태어나 동생의 집에 숨어 있다가 동생의 머리 위에 떨어져 같이 죽습니다. 원망하는 진심이 환생을 거쳐 그런 참혹한 결과를 낳은 것입니다. 기쁘고 즐거웠던 마음은 금방 잊혀집니다. 하지만 분노에 의한 원망하는 마음은 오래 남아 있습니다. 좋은 감정보다 원망하는 감정이 더 많이 남게 됩니다. 그러므로 가능한 한 성내는 마음을 내지 않아야 합니다.

(3) 치는 moha이며, 어리석을 치痴이며, 즉 무명을 말합니다. 무명이란 진리를 알지 못하는 마음입니다. 존재의 속성이 무아와 무상이라는 것을 알지 못하는 상태입니다. 번뇌에 물든 생존 상태를 낳는 근본 원인입니다. 우리는 인과법칙을 모르기 때문에 무명에 빠집니다. 수행이란 것은 무명에서 연기로 이동해가는 것입니다. 우리는 무명의 상태에 있기 때문에 탐심과 진심이 생깁니다. 그래서 탐심과 진심인 무명, 치심을 가장 기본적인 번뇌지법으로 봅니다. 공부를 해서 지옥으로 가는 마음인 번뇌지법을 다스리고 나면 탐 진 치가 없어지고 부처가 됩니다. 탐은 계와 대립되고 진은 정과 대립되고 치는 혜와 대립됩니다. 이것들의 차이는 마음을 잘 쓰느냐 못 쓰느냐의 차이입니다. 촛불을 켜면 밝아지고 촛불을 끄면 어두워지는 차이입니다.

(4) 만은 mana이며, 게으를 만慢이며, 게으르다, 오만하다, 업신여기다의 뜻입니다. 자신의 마음이나 신체를 응시하여 이것은 자기이며 이것은 자기에 속한 것이라

고 생각하며 자신은 타인보다 뛰어나다고 생각하는 오만불손한 마음입니다.

제7식 말나식의 근본 성질은 무아인데 '나'가 있다고 착각하는 무명, 아치에서 시작합니다. 아치에 의해 아집, 아만, 아애가 생깁니다. 그 가운데 아만이 바로 만입니다. 만은 내가 상대방보다 뛰어나고 내 것이 맞다고 생각하는 것입니다. 이것은 존재하는 모든 것을 객관적으로 볼 수 있는 정견을 방해합니다. 만 때문에 모든 판단은 자기중심이 됩니다. 일기는 자기 자신을 반성하는데 아주 좋습니다. 일기를 쓰면서 하루를 반성해보면 분명히 자기중심적으로 생각한 일이 생각 날 것입니다. 이러한 것들을 반성하며 '내가 이런 짓을 하지 않았어야 했는데' '내가 좀 더 잘 했어야 했는데' 등의 생각을 일으킬 수 있습니다. 그러나 이것을 모르는 수 많은 사람은 자기 생각이 무조건 맞다고 여겨 반성을 하지 않습니다. 그러다 보면 자기 생각이 굳어버립니다. 사람들은 자기 자신을 개혁하고 깨트려야 하는데 이것을 잘 하지 못합니다. 공부를 하면서 가장 먼저 해야 할 것이 바로 이 만을 깨트리는 것입니다. 수행자, 승려들이 출가를 하는 이유가 무엇인가요? 그것은 기존의 자신이 가지고 있던 기득권을 모두 내버리고 새로 출발하기 위해서입니다. 우리가 기존에 가진 모든 것을 내려놓고 공부를 한다면 진리에 대한 공부가 훨씬 쉬워집니다. 내가 가지고 있던 기존의 틀을 모두 부수고 새롭게 생각해야 합니다. 이것이 공부를 잘 할 수 있는 근본 마음입니다. 만약 이러한 마음이 아니면 평생 아집, 아만, 아애, 아치에서 벗어날 수 없습니다. 진전이 없습니다. 공부가 어려운 이유는 기본 원리도 모르고 한 번도 경험해보지 못했기 때문입니다. 예를 들어 3곱하기 7이 21인 것은 모두 압니다. 하지만 왜? 어떻게 21이 되는지는 모릅니다. 부처 되는 공부의 기본을 나의 뿌리에서 살펴보는 것입니다. 나는 무엇이고 어떻게 이루어졌는가 등을 살펴보는 것입니다.

만에는 만, 과만, 만과만, 아만, 증상만, 비하만, 사만이 있습니다. 만이란 가문, 재능, 재산에 관하여 자신보다도 낮은 자에 대하여 자신이 훨씬 뛰어나다고 생각하는 마음입니다. 과만이란 가문, 재산, 재능 등에 관하여 자신과 대등한 자에 대하여 자신은 다른 점에서 뛰어나다고 생각하는 마음입니다. 이런 것을 보면 만이란 어떤 상황에서도 자신이 남보다 뛰어나다고 자기합리화를 하는 것입니다. 만과만이란 가문, 재능, 재산 등에 대하여 자신보다 뛰어난 자에 대하여 자기 마음속에서는 자신이 더 뛰어나다고 생각하는 마음입니다. 아만이란 자신의 마음이나 신체에 대하여 자아 혹은 자아에 속한 것이 존재하지 않는데 그런 것이 존재한다고 생각하고 그런 것에 집착하는데서 생기는 교만한 마음입니다. 증상만이란 수승한 깨달음을 얻지 못했는데도 자신은 그것을 이미 얻었다고 생각하는 마음입니다. 모르면서 안다고 착각하고 아는 척하는 것입니다. 이 상태에서는 더 이상 공부를 하지 못합니다. 자기 자신에게 솔직하지 못하기 때문입니다. 지식은 들었다고 체득되는 것이 아닙니다. 머리 속에서 정리를 해야 합니다. 자문을 해보면 정리가 잘 됩니다. 비하만이란 가문, 재능, 재산에 관하여 자신보다 뛰어난 자에 대하여 자신은 조금도 못하지 않다고 생각하는 것입니다. 사만이란 덕이 없는데도 자신은 덕이 있다고 생각하는 마음입니다. 공부나 수행을 조금밖에 하지 않았으면서 스스로가 덕이 있다고 착각하는 사람들이 많습니다.

불교교리의 변천 과정을 살펴보면 계 정 혜와 탐 진 치의 관계를 잘 알 수 있습니다.

다음의 그림이 불교교리의 구조도입니다. 불교는 무명에서 연기로 가는 가르침이며, 연기를 체득하기 위하여 사성제를 바탕으로 팔정도, 육바라밀, 삼학을 실천하면 되는 것입니다.

무명과 연기의 문제는 어떻게 모르는 것에서 아는 것

불교교리체제의 변천과정

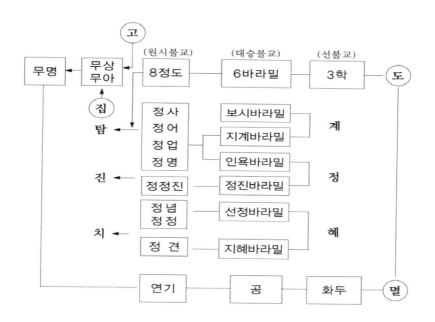

으로 가는 가입니다. 연기는 존재가 갖고 있는 법칙을
아는 것입니다. 무명은 그것을 모르는 것입니다. 존재
하는 모든 것은 무상이고 무아입니다. 존재하는 모든 것
은 끊임없이 변하고 나라고 주장할만한 어떤 독립된 주
체는 없습니다. 이러한 법칙을 모르는 것이 무명입니다.
탐진치가 우리로 하여금 그 법칙을 모르게 합니다. 어
떻게 하면 탐진치를 소멸시키고 무명을 연기로 바꿀 수

있을까요? 부처님은 이 문제를 해결하기 위해 팔정도를 말씀했습니다. 정견, 정사, 정어, 정업, 정명, 정정진, 정념, 정정입니다. 정사, 정어, 정업, 정명은 행에 의해서 탐을 소멸시키고 정정진은 진을 소멸시키고 정념, 정정, 정견은 치를 소멸시킵니다. 팔정도는 대승불교에서 육바라밀이 됩니다. 보시, 지계, 인욕, 정진, 선정, 지혜입니다. 보시, 지계에 의해 탐심이 사라지고 인욕과 정진에 의해 진심이 사라지고 선정과 지혜에 의해 치심이 사라집니다. 대승불교에서는 연기가 공이란 단어로 바뀝니다. 육바라밀은 선불교로 넘어오면서 계, 정, 혜의 삼학으로 바뀝니다. 탐심을 소멸시키는 것이 계이고 진심을 소멸시키는 것이 정이고 치심을 소멸시키는 것이 혜입니다. 선불교에서는 계정혜를 하며 탐진치를 소멸시키는 방법이 화두입니다. 화두를 깨치고 나면 멸의 상태가 되는데 열반, 적정이 이것입니다. 우리는 적정을 하지 않으면 매일 불안 속에 삽니다. 자신이 영원하다고 생각되지 않기 때문입니다. 끊임없이 변하기 때문에 불안이 생깁니다. 삶에서 죽음으로 바뀔 때 가장 큰 불안을 느낍니다. 나는 변하지 않는다, 나는 영원하다고 생각하는 것을 극복하는 것이 불안을 극복하는 방법이 됩니다.

(5) 번뇌심법 가운데 견은 drsti이며, 볼 견見이며, 그

릇된 견해입니다. 잘못되었기 때문에 악견이라고도 합니다. 이 견에는 여러 가지가 있습니다. 유신견, 변집견, 사견, 견취, 계금취가 있습니다.

유신견이란 자신의 마음이나 신체를 응시하여 이것은 자기이며 이것은 자기에게 속한 것이라고 보는 견해입니다. 내가 있고 내 것이 있다고 착각하는 견해입니다. 이 유신견은 8식이 생겨 7식이 발생함으로써 생깁니다. 변집견은 자기나 자기에게 속한 것이 언제까지나 존재한다고 보는 견해입니다. 그래서 영원히 내 것일 같아 재물을 탐하고 권력을 탐하여 자신을 망치고 나라를 망치게 하는 것입니다. 사견은 원인과 결과를 부정하며, 부모와 지식의 관계등 작용을 부정하며, 참으로 존재하는 것 등을 부정하는 견해입니다. 진리를 부정하는 것입니다. 가장 중요한 마음이 긍정적인 마음입니다. 인정하고 수용하는 마음에서 긍정적인 마음이 꽃피웁니다. 긍정적인 마음은 선심소법과 가깝고 부정적인 마음은 번뇌심법에 가깝습니다. 견취란 그릇된 견해와 그릇된 견해를 품은 자기존재를 가장 뛰어나다고 보는 견해입니다. 그래서 항상 자신은 옳고 상대방은 틀린 것입니다. 그래서 화가 날 수밖에 없는 것입니다. 계금취는 삿된 계율을 맞다고 믿으며 그런 계율을 지키는 자신이 가장 뛰어나다고 보는 견해입니다. 정견이 없으면 삿된 계율

이 맞다고 믿으며 고집불통으로 썩어 터지게 됩니다. 이 것들은 우리를 지옥으로 데리고 가는 종자들입니다.

(6) 의는 vicikitsa이며, 의심할 의疑이며, 연기와 4제 등 진리에 의심을 품는 마음입니다. 선한 행위를 하면 선한 결과가 오고 악한 행위를 하면 악한 결과가 온다는 인과응보에 의심을 품는 마음입니다. 인과응보를 믿지 못하는 마음으로는 죽다 깨어나도 진리 공부를 못합니다. 우리는 왜 은행을 찾아가 정기적금을 넣습니까? 몇 년 후에 얼마를 탈지 확실하게 아니까 넣습니다. 어떤 행위를 하면 어떤 과보가 돌아올지도 아는 것도 같은 이 치입니다. 하지만 선한 행위를 하면 손해 보는 것 같아서 하지 않는 것은 인과응보에 의심하는 마음이 있기 때문입니다. 인과응보를 믿으면 그 순간 세상을 풀어가는 방법이 달라집니다. 약삭빠른 생각들이 다 사라집니다. 만약 이 생에 응보가 돌아오지 않으면 다음 생이나 다다음 생에 돌아온다고 생각해보십시오. 이자가 얼마나 많이 붙어서 돌아오겠습니까? 인과응보란 그런 것입니다.

우리 마음속의 부정적인 마음, 지옥 가는 마음이 번뇌지법입니다.

021 제13송 상응수구문의 수번뇌

100법(수번뇌지법20)

- 유식 12송

번뇌위탐진 煩惱謂貪瞋 치만의악견 癡慢疑惡見
수번뇌위분 隨煩惱謂忿 한부뇌질간 恨覆惱嫉慳

- 번뇌심소는 탐욕, 성냄, 어리석음, 거만, 의심, 악견이다.
- 수번뇌심소는 분노, 고뇌, 질투, 인색과

- 유식 13송

광첨여해교 誑諂與害憍 무참급무괴 無慚及無愧
도거여혼침 掉擧與惛沈 불신병해태 不信幷懈怠

- 속임, 아첨과 해, 방자함, 무참과 무괴, 들뜸과 혼침, 불신 아울러 게으름

부정적인 마음, 지옥 가는 마음이 번뇌지법입니다. 유식 13송을 살펴봅시다. '광점여해교 무참급무괴 도거여 혼침 불신병해태' '수번뇌심소는 11송의 분노, 고뇌, 질투, 인색과 13송의 속임, 아첨, 해, 방자함, 무참, 무괴, 들뜸, 혼침, 불신, 게으름이다.'입니다. 유식 14송을 보면 '방일급실념 산란부정지 부정위회면 심사이각이'으로 '방일, 실념, 산란이 부정지로서 수번뇌지법입니다. 부정심소는 뉘우침, 수면, 심과 사이며 둘에 각각 둘이 있다.'입니다. 번뇌지법 여섯 개를 따르는 부수적인 번뇌 스무 개가 바로 수번뇌지법입니다.

수번뇌

수번뇌지법 스무 개 대해서 알아보겠습니다.

(1) 분은 krodha이며, 성낼 분忿이며, 성내다, 원망하다의 뜻입니다. 직접 눈앞의 상대로부터 해를 당했을 때 그 상대방에게 품는 분노하는 마음입니다. 좁은 골목길을 가다가 반대편에서 오는 사람과 부딪쳤습니다. 상대편이 다짜고짜 다가와 똑바로 다녀라고 폭언을 합니다. 잘못한 것도 없는데 잘못한 것이 되어 일어나는 분한 마음입니다. 분은 진의 특수한 상태입니다. 분은 성내는 진심의 한 부분입니다. 분을 보면 수번뇌지법은 전부 탐진치에 종속되는 것입니다.

(2) 한은 upanaha이며, 한할 한恨이며, 원통하다, 원망스럽게 생각하다의 뜻입니다. 눈앞에서 상대방으로부터 해를 당했을 때 분노가 일어난 뒤 그 상대방에게 적의의 감정을 품는 것입니다. 자신에게 해를 끼쳤던 상대방을 용서하지 못하고 그 사람에게 복수하려는 생각을 일으키는 작용입니다. 상대방에게 폭언을 듣고 한 방 치려고 주먹을 쥐는 마음입니다. 이것도 진의 특수한 작용입니다.

(3) 부는 mraska이며, 부는 뒤집힐 복(부로 읽음)覆이며, 뒤집히다, 전도되다, 무너지다의 뜻입니다. 은폐로써 덮고 감추는 것입니다. 다른 사람으로부터 '너는 이전에 죄를 범하였구나.'라고 힐문 받았을 때 자신이 범한 죄를 숨기려고 하는 마음입니다. 나의 죄를 숨기고 은폐하는 것입니다. 치의 특수한 형태입니다. 거짓말하고 속이는 것입니다. 후회하게 하며 그 결과 우울함을 만들어 마음 편히 생활할 수 없게 하는 작용입니다. 그러므로 전생에 거짓말, 은폐의 업을 많이 지은 사람은 우울증에 시달리게 됩니다. 이왕 말이 나온 김에 정신병을 살펴봅시다. 정신병에는 조증, 울증, 분열증으로 크게 나눌 수 있습니다. 조증은 들뜨는 것이고 울증은 슬퍼하는 것입니다. 가라앉는 것입니다. 조증에는 다행감, 과잉행동, 빠른 말투가 여기에 속합니다. 울증은 슬

퍼하여 쪼그라드는 감정입니다. 신체적 변화, 심리적 갈등, 사회적 환경이 작용합니다. 분열증에는 망상, 환청, 와해된 언어, 정서적 둔감이 따릅니다. 감각이 둔해지고 이해가 느려지고 언어 능력이 떨어집니다. 머리 속의 생각이 실제와 환각의 분간이 안됩니다. 앞과 뒤가 연결이 안 되는 것입니다. 세세생생 살면서 치심이 누적되면 이런 정신적인 병이 생깁니다.

(4) 뇌는 pradasa이며, 괴로워 할 뇌惱이며, 매도하는 것입니다. 상대방의 급소를 찌르는 듯한 몹시 난폭한 말을 하여 상대방에게 대드는 마음입니다. 상대방에게 치명적인 영향을 미치는 뇌쇄라는 말이 있습니다. 특히 여자의 아름다움이나 매력이 남자에게 치명적일 때 '그 여자가 나를 뇌쇄시킨다'고 말합니다. 이것은 진의 특수한 형태입니다. 말에 더하여 악한 행위를 일으키는 작용이 있습니다. 즉 말로 끝나는 것이 아니라 행동으로 연결됩니다. 공동생활을 할 수 없도록 만드는 작용입니다. 공동생활을 하려면 참고 양보하고 인정해야 하는데 혼자 불편하여 공동생활을 할 수 없게 만듭니다. 특히 단체생활을 못하는 사람이 있습니다. 그 사람은 뇌의 작용이 많다고 할 수 있습니다.

(5) 질은 irsya이며, 시기할 질嫉이며, 질투하는 마음입니다. 어떤 사람이 이익을 얻거나 유명해지거나 가문

이 좋거나 학식이 있음을 알았을 때 그 사람을 질투하여 분노하는 마음입니다. 사촌이 논 사면 배 아픈 것이 이 마음입니다. 이것도 진의 특수한 작용입니다. 질은 우울함이 생겨 마음 편히 생활할 수 없게 만드는 것입니다. 질투를 많이 하는 사람은 진심이 누적되어 다음 생에 우울증이 오기 쉽습니다.

(6) 간은 matsarya이며, 아낄 간慳이며, 아끼다, 째째하게 굴다의 뜻입니다. 인색한 것입니다. 다른 사람에게 물건 등 무엇을 주는 것을 아까워하는 마음입니다. 보시를 할때 한 번은 하지만 두세 번은 아까워서 못하는 마음입니다. 탐의 특수한 형태입니다. 탐욕스러운 사람은 다른 사람들에게 베풀 줄을 모릅니다. 이 마음에는 물품을 사용하지 않고 불필요한 물건까지 쌓아두는 작용이 있습니다. 쓸데없는 것까지 쌓아두는 것입니다. 저도 이 간을 못하고 있습니다. 연구실로 날라 온 월간지, 소식지 등을 버리지 못하고 쌓아두고 있습니다. 가정 주부들도 너무 쌓아두지 말고 제때 처리해야 간하는 마음이 없어져 탐욕하는 마음이 소멸될 것입니다.

(7) 광은 maya이며, 속일 광誑이며, 속이다, 기만하다의 뜻입니다. 속이는 것입니다. 이익이나 명성을 얻고자 하는 사람이 자신에게는 덕이 없으면서도 마치 덕이 있는 것처럼 다른 사람을 속이는 마음입니다. 학교 다닐

때 부정행위하는 학생을 대수롭지 않게 생각합니다. 결국 그 마음이 광입니다. 커서 부정축재를 하며 나라를 훔치는 것이 모두 이 광하는 마음입니다. 학창 시절의 부정행위는 사회생활에서 질서를 무시하고 부정축재로 부를 획득하는 것과 같은 것입니다. 이것은 탐심과 치심 두 가지 작용 위에 세워진 것으로 부정한 생활의 원인이 됩니다. 우리의 성품을 가장 순수하게 만들어 주는 작용은 정직함입니다. 반성을 통하여 자신을 정직하게 보는 것입니다. 정직하게 자신을 볼 수 있으면 보물창고를 여는 열쇠를 얻는 것입니다.

(8) 첨은 sathya이며, 아첨할 첨諂이며, 현혹하는 것입니다. 자신의 과실을 감추기 위해 상대방을 꾀는 마음입니다. 사극을 보면 간신배들이 임금을 현혹하여 속이는 것을 볼 수 있는데 그들이 저지르는 잘못이 첨입니다. 권력에 아첨하는 것입니다. 건달과 같이 빈둥거리며 자신의 과실을 숨기는 마음입니다. 탐과 치 위에 세워진 것으로 바른 가르침을 받아들이는데 방해가 되는 작용입니다.

(9) 교는 mada이며, 교만할 교憍이며, 교만입니다. 교는 만과 같습니다. 탐욕의 일부에 속하며 모든 번뇌와 수번뇌를 일으키는 원인입니다. 자기를 바로 보지 못하게 만드는 마음입니다. 자신의 잘못을 보지 못하게 하며

자신만 잘 나고 자신만 맞다고 우기는 마음입니다. 정치인이 자신이 없으면 나라가 돌아가지 않을 것처럼 생각하는 그런 마음입니다. 그래서 우리는 일기를 쓰며 자신을 되돌아 보아야 합니다. 자신의 일과를 되돌아 봐야 하는 것입니다.

(10) 해는 vihimsa이며, 해칠 해害이며, 살해입니다. 죽이거나 결박하거나 때리거나 협박하는 등 살아있는 것에 대해 해를 입히는 마음입니다. 이로 인해 괴로움과 우울함이 생깁니다. 진심의 일부에 속합니다. 불교는 자기 자신의 문제를 다룹니다. 불교는 통찰을 통하여 자신과 사회조직과 국가의 문제 등을 풀어내고 있습니다. 세상의 모든 문제를 해결할 때 유일하게 자기 철학과 문제에 바탕을 두고 있습니다. 자신의 문제가 원만하게 해결되면 모든 것이 잘 해결됩니다. 우리는 거꾸로 생각합니다. 중생들은 대상, 상대방, 세상을 바꾸려고 합니다. 하지만 본질은 자신이 바뀌면 세상과 대상이 모두 바뀝니다. 이것이 안되니까 나는 맞는데 상대방이 틀린 것으로 보이는 겁니다.

(11) 무참은 ahrikya이며, 없을 무無 부끄러워 할 참慚으로 무참이며, 참회하지 않는 것입니다. 자신이 범한 잘못에 대하여 스스로 부끄러워하지 않는 마음입니다. 시험 치면서 부정행위를 해놓고 그것 좀 하면 어때

하면서 부끄럼 없이 당당해 하는 그런 마음입니다. 먹는 음식에 유해 첨가물을 넣고도 돈 많이 벌면 되는 거지, 그 음식 먹는 사람들이 어떻게 되든 아무 생각이 없는 그런 마음입니다. 특히 한국인들에게 가장 심한 것이 무참이 아닌가 합니다.

(12) 무괴는 anapatrapya이며, 없을 무無 부끄러워할 괴愧로 무괴이며, 수치심이 없는 마음입니다. 자신이 범한 잘못에 대하여 세간이나 타인에게 부끄러워 하지 않는 마음입니다. 스스로 부끄러워 하지 않는 것과 세상에 부끄러워 하지 않는 것입니다. 무참과 무괴는 탐과 치 혹은 진과 치를 토대로 만들어진 것입니다. 부끄러워하지 않음이 탐 진 치를 만들어 냄을 알 수 있습니다. 그래서 우리는 반성을 해야 합니다. 무엇인가 잘못하면 미안해 하고 부끄러워해야 하는데 뻔뻔하게 행동합니다. 혼자 있을 때도 더불어 있다는 생각을 하면 번뇌지법으로부터 벗어날 수 있습니다.

(13) 혼침은 styana이며, 어리석을 혼惛 가라앉을 침沈으로 혼침이며, 혼미한 상태의 마음입니다. 마음이 몽롱하고 침체되어 대상을 명확하게 지각할 수 없는 상태입니다. 이것은 마음이 안정되지 않은 상태입니다. 마음이 자유롭게 활동할 수 없는 상태입니다. 참선 공부하면서 조심해야 할 것 중의 하나입니다. 참선한다고 다리

틀고 앉아 있어도 성성하지 못하면 소득이 없습니다. 깨어있어 성성해야 됩니다. 혼미한 상태로 몇 백 년을 앉아 있어도 하는 둥 마는 둥입니다. 혼침은 치의 일부에 속하며 모든 번뇌와 수번뇌를 조장하는 작용이 있습니다.

(14) 도거는 auddhatya이며, 슬퍼할 도悼 들 거擧로 도거이며, 슬퍼하여 마음이 들 떠 있는 상태입니다. 심부적정으로 마음이 적정하지 않은 상태입니다. 마음이 들 떠 있는 상태입니다. 마음이 들뜨면 집중되지 않아서 아무것도 할 수 없습니다. 참선할 때는 적정해야 합니다. 그래서 공부할 때 경계해야 하는 두 가지는 바로 혼침과 도거입니다. 마음이 한 대상에 집중된 상태를 삼매라고 합니다. 적정삼매, 관조삼매가 되지 않는 상태가 도거입니다. 도거는 탐의 일부에 속합니다. 적정은 불안을 벗어나 안정된 상태입니다. 근본적인 불안을 깨트리면 편안하고 안정된 상태인 적정에 들어가게 됩니다. 적정일 때는 안정이 흐트러지지 않습니다. 바깥에는 바람이 불고 파도가 치지만 속은 고요한 상태입니다.

(15) 불신은 asraddhya이며, 아닐 불不 믿을 신信으로 불신이며, 믿지 못하는 것입니다. 연기와 사제를 진리로 믿지 않으며 불법승 삼보에 덕이 있음을 믿지 않으며 세간, 출세간의 선에는 힘이 있다는 것을 믿지 않는

것입니다. 진리를 믿지 않는 사람을 구제하기가 가장 어렵습니다. 진리와 진리를 따르는 사람들을 믿지 못하고 선이 세상을 바꿀 수 있음을 믿지 못하는 것이 불신입니다. 수행하고자 하는 의욕이 생기지 않기 때문에 불신의 마음은 태만을 생하는 원인이 됩니다.

(16) 해태는 kausidya이며, 게으를 해懈 게으름 태怠로 해태이며, 규칙적인 무엇인가가 하기 싫어 게으름을 피우는 상태입니다. 즉 태만입니다. 선한 행위를 힘써 수행하지 않는 마음입니다. 새벽 4시에 일어나 한 시간씩 참선하기로 결심을 해놓고 겨우 두세 번 하고 이불속에서 나오기 싫어서 '추운데서 잘못하면 중풍 걸려, 따뜻한데 조금 더 누워 있자.' 하는 게으른 마음이 해태입니다. 지속적으로 어떤 행위를 하지 못하게 하는 마음입니다. 치의 일부로 선을 얻고자 하는 수행 정진의 장애가 됩니다.

(17) 방일은 pramada이며, 놓을 방放 달아날 일逸로 방일이며, 거리낌 없이 멋대로 노는 마음을 놓아버린 상태입니다. 노력하지 않는 마음입니다. 탐, 진, 치, 태만의 네 가지 마음을 막지 못하고 그것과 대치하는 선한 마음을 익숙하도록 노력하지 않는 마음입니다. 악을 증가시키고 선을 감소시키는 원인이 되는 작용입니다. 부처님께서 마지막 열반에 드시면서 '부지런히 노력하고

애써라.'고 하셨습니다. 삶이란 특별한 것이 아닙니다. 부지런히 노력하면서 하루하루 살아가는 것이 최선의 삶입니다. 부지런함은 바위도 뚫습니다. 결국 일을 내는 것은 방일하지 않는 부지런함입니다. 탐, 진, 치, 태만의 네 가지 마음 위에 잠정적으로 나오는 마음입니다. 탐진치 때문에 방일이 나오는 것입니다.

(18) 실념은 mrsita이며, 잃을 실失 생각할 념念으로 실념이며, 생각하는 것이나 기억을 잃어버린 상태를 말합니다. 의지와 목적 등을 기억하지 못하는 마음입니다. 실억념으로 번뇌를 수반하여 산란심의 원인이 됩니다. 별경 가운데 염이 있습니다. 그 염을 잃어버리는 것이 실념입니다. 탐 진 치 위에 잠정적으로 세워진 마음으로 탐욕을 떠나는데 장해가 됩니다.

(19) 심란은 viksepa이며, 마음 심心 어지러울 란亂으로 심란이며, 마음 속에서 상황이 복잡하여 마음이 어지러운 상태입니다. 혼란한 마음입니다. 탐진치에 의해서 마음이 삼매의 대상으로부터 벗어나 이쪽저쪽으로 마음이 흐트러진 상태입니다. 상사에게 꾸중을 들었거나, 싫은 소리를 들었을 때 마음이 심란하다고 합니다. 이때의 마음상태입니다. 탐 진 치 위에 잠정적으로 세워진 마음으로 탐욕을 떠나는데 장해가 되는 작용을 합니다.

(20) 부정지는 asamprajanya이며, 아닌가 부不 바를

정正 슬기 지智로 부정지이며, 바르지 못한 지혜입니다. 번뇌를 수반하는 지혜입니다. 수번뇌지법 스무 개 가운데 마지막입니다. 부정지란 무엇을 행하고 무엇을 행하지 말아야 하는지 바르게 알 수 없기 때문에 죄를 짓는 원인이 됩니다. 노름을 하는 사람은 화투를 잘 칩니다. 화투 치는 머리는 잘 돌아가는 것입니다. 그러니 바르지 못한 쪽으로 자꾸 하려고 합니다. 지혜는 지혜인데 번뇌를 수반하는 지혜인 것입니다. 노름과 도둑질도 그렇습니다. 머리가 나쁘면 도둑질도 못합니다. 그러지만 그 행위가 번뇌를 수반하는 것입니다. 치가 생기는 근본적 원인은 부정사유 때문입니다. 무엇이 바른 것인지 알지 못하는 부정사유의 한 형태가 부정지입니다.

022 제14송 상응수구문의 부정

경전 가운데 밀린다왕문경, 나선비구경은 서양과 동양의 사상적 교류가 최초로 기록된 문헌이 아닌가 싶습니다. 서양에서 온 밀린다 왕이 묻고 동양의 나가세나 비구가 답을 합니다. 밀린다 왕은 달변가였습니다. 그런 밀린다 왕이 기고만장하여 나가세나 비구에게 여러 가지를 묻습니다. 나가세나 비구는 거기에 대해 훌륭하게 대답합니다. 밀린다 왕은 나가세나 비구의 대답을 듣고 두 손 두 발을 다 듭니다. 그 가운데 밀린다 왕이 나가세나에게 미리 하는 노력에 대해 묻는 대목이 나옵니다. 밀린다 왕이 묻습니다. "왜 당신네 나라의 승려들은 젊었을 때부터 수행에만 전념하는가?" 나가세나 비구는 "왕이시여 당신은 전쟁을 잘 합니까?"라 하자 밀린다 왕은 자신은 전쟁을 잘 한다고 했습니다. 나가세나 비구는 "그럼 당신은 전쟁을 어떻게 치릅니까?"라고 하자 밀린다 왕은 "적이 어떻게 쳐들어올 것인가를 대비해서 미리 성을 쌓고 양식을 준비합니다."고 합니다. 그러자 나가세나 비구가 미래의 위험이 지금 존재하느냐고 묻습니다. 밀린다 왕은 존재하지 않는다고 합니다. 나가세나 비구는 "대왕께서는 존재하지도 않는 미래를 위해서 그렇게 대비를 하셨습니까. 출가한 승려들도 마찬가지입니다. 미래에 닥칠 늙음과 죽음에 대비해 젊어서 수행 정진하는 것입니다. 전쟁과 마찬가지입니다. 미리 대비하는 것은 성과가 있지만 닥치고 나서 하는 것은 성과가 없습니다."고 합니다. 결국 밀린다 왕은 나가세나 비구가 잘 납득이 가도록 설명을 했다고 수긍합니다. 이 말에서 알 수 있듯이 젊어서 공부를 시작하면 성과가 더욱 커집니다. 미리 준비하는 것과 같이 공부도 미리 해야 합니다. 언제 닥칠지 모르는 죽음에 대비해야 합니다.

밀린다 왕이 나가세나 비구와 윤회에 대해서 이야기한 부분을 봅시다. 밀린다 왕이 묻습니다. "다시 윤회하지 않을 사람이 다시 윤회하지 않을 것을 압니까?" 나가세나 비구는 "대왕이시여 그런 사람은 자신이 윤회하지 않을 것을 알고 있습니다."고 합니다. "그 사람은 어떻게 그것을 아는가?" "세상에 다시 태어날 인과 연이 정지함으로 다시 태어나지 않을 것을 압니다. 어느 농부가 곡식을 가꾸어 창고에 채워둔 후 얼마 동안 농사를 짓지 않고 저장된 것을 꺼내 먹거나 필요한 다른 물품과 바꾸며 살아간다고 합시다. 그 농부는 자신의 창고에 곡식이 가득 차 있음을 알겠습니까?" "그렇습니다. 알고 있을 것입니다. 마찬가지로 채우지 않은 인과 연의 정지함(없음)에 의해 알고 있을 것입니다." 공부를 해서 어느 단계에 이르면 다시 태어나지 않을 것을 알게 됩니다.

100법(부정법)
- 유식 14송
방일급실념 放逸及失念 산란부정지 散亂不正知
부정위회면 不定謂悔眠 심사이각이 尋伺二各二

- 방일 및 실념 산란, 부정지이다. 부정심소는 뉘우침, 수면, 심과 사이며, 둘에 각각 둘이 있네.

제14 송을 보면 '방일급실념 산란부정지 부정위회면 심사이각이'입니다. '방일 및 실념과 산란과 부정지는 부정심소이다. 부정심소는 뉘우침과 수면과 심과 사이며 둘에 각각 둘이 있다.'입니다.

- 9) 사부정심
- 부정법(4) – 악작(惡作), 수면(睡眠), 심(尋), 사(伺)
- 악작(惡作) : kaukrtya, 후회, 악한 짓을 한 것을 후회하는 마음이다.
- 마음을 하나의 대상에 집중하는 삼매의 마음에 장해가 되는 작용이 있다.

예) 고기잡는 것

부정

부정법을 살펴봅시다. 네 개의 부정심소입니다. 이것은 정해지지 않는 법입니다. 선심소법은 부처되게 하는 선한 성품이고 번뇌지법은 우리를 지옥으로 가게 하는 탐 진 치의 근원이 되는 성품입니다. 부정법은 선도 악도 아닙니다. 어떤 경우에는 선이 되고 어떤 경우에는 불선이 됩니다. 어떻게 쓰느냐에 따라 선이 되고 불선이 됩니다.

(1) 악작은 kaukrtya이며, 악할 악惡 지을 작作으로 악작이며, 악함을 행하는 것입니다. 후회입니다. 악한 짓을 한 것을 후회하는 마음입니다. 공중 전화기 박스에서 전화를 걸려고 줄을 서 기다리고 있는데 앞사람이 전화를 오래 건다고 다가가 때리고 패악을 부리는 행위는

악작입니다. 후회를 하고 참회를 하여 그 일이 다시 일어나지 않게 하면 선법이 됩니다. 그렇지만 후회하는 자체는 불선법입니다. 친구들하고 어울려 낚시를 하여 고기를 잡거나 발을 쳐서 고기를 잡습니다. 고기를 잡는 순간은 즐겁지만 잡힌 고기를 보면 우울해집니다. 바로 잡힌 고기를 보는 순간 불선임을 알게 됩니다. 하나에 집중하는 삼매의 마음에 장애가 되는 작용이 있습니다.

(2) 수면은 middha이며, 잘 수睡 잠잘 면眠으로 수면이며, 잠자는 것과 같이 아무 것도 모르는 상태입니다. 가위눌린 상태의 마음입니다. 마음이 자유롭게 작용하지 못하고 잠에 가위눌려 위축된 상태입니다. 간혹 잠을 편히 자지 못하고 가위눌리는 경우입니다. 꿈에 도둑이 들어 집을 뒤지며 물건을 훔쳐가는 것을 빤히 보고 있으면서 '도둑이야!' 소리를 쳐도 소리가 나오지 않고 도둑을 잡으려고 해도 꼼짝 못하는 경우가 가위눌린 상태입니다. 우리가 불안할 때, 무엇인가가 잘 성취되지 않을 때 수면 상태에 빠지기 쉽습니다. 이것은 치의 일부로 행해야 할 것을 행하지 못하게 하는 원인이 되는 작용입니다.

(3) 심은 vitarka이며, 찾을 심尋이며, 추구하는 마음입니다. '우리는 왜 죽는가'하는 문제에 깊이 몰두하는 것이 심입니다. 이것은 무엇일까?' 하며 추구하는 마음

입니다. 어떤 사건에 부딪힐 때 이것은 무엇이고 왜 일어났을까 생각하는 것은 좋은 것입니다. '나의 전생은 무엇일까?' 하는 좋은 쪽으로 작용하면 선이 되고, '화투나 포커를 어떻게 하면 잘 할까?'를 연구하면 불선이 작용하는 것입니다. 추구하는 마음은 좋은 것인데 추구하는 내용에 따라 세상을 이롭게도 하고 악을 끼치기도 합니다. 이 마음은 의지와 지혜의 특수한 작용에서 성립합니다. 심에는 의지가 필요하고 추구하면 지혜가 생깁니다. 의지는 마음이 구체적으로 작용하는 것입니다. 육근의 마지막이 의입니다. 지혜는 선함과 악함을 구별하는 것입니다. 판단력과 분별력을 말합니다. 지식과 지혜는 다릅니다. 아무리 지식이 많더라도 지혜롭지 못하면 악용될 우려가 있습니다. 지식을 잘 활용하려면 지혜가 필요합니다.

(4) 사는 vicara이며, 엿볼 사伺이며, '우리는 왜 죽는가?'에서 심장이나 세포 등을 깊이 살펴보거나 자세하게 살펴보는 마음입니다. 심과 같이 추구하는 마음입니다. 하지만 이것은 이전에 '이것은 ~~이다.'라고 이해했던 것을 더욱 깊이 추구하는 마음입니다. 심은 거칠고 큰 것이라면 사는 미세한 것입니다. 참선하면 견성을 한다는데 하고 참선하려는 마음은 심이며, 이것을 더욱 세밀하게 깊이 공부하여 견성하게 하는 마음은 사입니다.

대부분 심은 되는데 사를 하기는 쉽지 않습니다. 그래서 부처되기가 쉽지 않는 것입니다. 마음은 의지와 지혜의 특수한 작용에서 성립한 것입니다. 심은 사물 자체를 전체적으로 추구하는 것이라면 사는 사물 자체를 보다 깊이 자세하게 추구하는 것입니다.

이각이 尋伺二各二
- 둘의 각각은 둘이 있네

- 둘의 각각 – 회(후회)와 면(수면),
           심과 사
- 둘이 있네 – 부수적 번뇌(더러움을 갖는 것)와
  선한 것(더러움을 갖지 않는 거)

악작, 수면, 심, 사는 부정법입니다. 부정법은 선도 아니고 불선도 아닙니다. '이각이'란 말이 있습니다. 이 말은 둘의 각각은 둘이 있다는 말입니다. 처음의 둘은 악작과 수면, 심과 사를 말하고 뒤의 둘은 따라 일어나는 마음으로 부수적으로 갖는 번뇌인 불선과 착한 마음인 선을 말합니다. 잘 쓰면 선이고 잘못 쓰면 불선이란 뜻입니다. 예를 들어 사는 깊이 생각하는 지혜로 공부를 할 때는 좋게 활용되지만 도박이나 도둑질 같은 나쁜데 이용되면 불선이 되는 것입니다.

023 심불상응행법

 현재 우리가 알고 있는 유식 30송은 600자에 불과합니다. 유식 30송에 대해 뛰어난 논사 열 명이 30송에 주석을 답니다. 한 명이 10권의 책을 지어 100권의 유식을 논술한 책이 만들어집니다. 현장은 그 100권의 유식 논서를 인도에서 중국으로 가져옵니다. 삼장법사라고 일컬어지는 현장의 삼장이란 경과 율과 론을 말합니다. 현장은 이 세 가지에 정통해서 삼장법사라 불린 것입니다. 유식 30송 100권은 규기법사에 의해서 유식론 10권으로 만들어집니다. 현장은 중국으로 돌아와서 자신이 가져온 100권을 제자들에게 번역하고 정리를 시킵니다. 모두 제 각각의 의견을 내놓습니다. 그 의견들은 너무 복잡해서 정리가 되지 않습니다. 그래서 현장의 제자인 규기법사가 혼자서 책임지고 정리합니다. 규기법사는 100권의 유식 책을 10권의 성유식론으로 정리해냅니다. 그것이 유식론 10권입니다. 그 후 자신의 생각을 덧붙이거나 부족한 것을 채워 넣어 13권을 더 지었습니다. 현장과 규기의 이야기가 있습니다. 현장이 길을 가다가 눈이 중동인 청년을 만났습니다. 중동이란 사물을 두 가지로 나누어 보이는 눈입니다. 두 가지가 같이 보이는 것입니다. 역사적으로 중동이었던 유명한 인물로 순임금, 항우가 있습니다. 현장은 그 청년에게서 느껴지는 총기에 승려로 만들어 가르쳐야겠다고 생각합니다. 그래서 그 청년에게 승려가 될 것을 권합니다. 그런데 청년은 거부합니다. 청년은 술과 여자 없이 못 산다고 말합니다. 현장은 둘 다 해도 좋으니 출가해달라고 합니다. 그 청년이 바로 규기입니다. 규기를 보고 삼거법사라고도 합니다. 삼거는 수레가 세 개라는 뜻입니다. 규기가 항상 수레를 세 개나 끌고 다녀서 붙은 별명입니다. 그 수레에는 각각 술, 여자, 책이 있었다고 합니다. 규기도 나중에는 스승과 같이 삼장법사의 호칭을 받게 됩니다.

스무네 가지의 심불상응행법을 살펴봅시다. 심불상응행법의 정확한 이름은 비색비심불상응행법(非色非心不相應行法)입니다. 물질, 형상도 아니고 정신도 아니고 심왕과 상응하는 심소도 아니라는 말입니다. 그러면서

심불상응행법24

• 득(得), 무상정(無想定), 멸진정(滅盡定), 무상천(無想天), 명근(命根), 중동분(衆同分), 생(生), 노(老), 주(住), 무상(無常), 명신(名身), 구신(句身), 문신(文身), 이생성(異生性), 유전(流轉), 정이(定異), 상응(相應), 차제(次第), 세속(勢速), 시(時), 방(方), 수(數), 화합(和合), 불화합(不和合)

도 실재하고 있는 것입니다. 그래서 이것은 선 불선이 아니라 무기인 것입니다. 무기가 이차적으로 선 불선으로 작용하게 됩니다.

이런 속담이 있습니다. '뒤로 넘어져도 코 깬다'는 아무리 잘 하려고 해도 안 되는 것을 뜻하며, 또 죽이려고 절벽에서 밀었는데 마침 웅덩이에 떨어져 다치지도 않고 주위에 있는 황금까지 주워 온 것입니다.

무기가 이차적으로 선에 작용하는 것은 절벽에 떨어진 운 좋은 놈과 같은 것입니다. 좋은 조건이 심불상응행법과 작용하여 결과가 배로 증가하는 것이며, 좋지 않은 조건은 심불상응행법과 작용하여 나쁜 결과가 배로 증가되는 것입니다.

(1) 득得이란 물질적이나 정신적으로 무엇인가를 얻을

때 몸과 마음에 임시로 세우는 것입니다. 장사를 하여 이득을 남기는 것이나 새배를 하여 새배 돈을 받는 것은 득입니다. 이득으로 아프리카에 못 먹어 죽어가는 아이에게 음식을 보시하면 선이 되고, 생긴 수입으로 놀음판에 뛰어들면 불선이 되는 것입니다.

(2) 무상정無想定이란 무상천이라는 과보를 느끼는 원인이 되는 것으로 외도나 범부가 갖는 선정입니다. 외도들이 최고의 깨달음이라고 추구하는 것입니다. 6식의 활동을 중지시키고 4대를 잘 조화시키는 유루정입니다. 유루란 다음 생에 업을 짓는 원인이 되는 것입니다. 생각이 깨어있지 않으면서 정에 들어있는 상태입니다.

(3) 멸진정滅盡定이란 6식, 7식의 활동을 중지시키는 것으로 성자의 선정입니다. 이것은 무루입니다. 열반적정에 드는 것입니다. 삼매에 들어 무념무상이 지속되어 식이 맑아져 미세한 움직도 보이는 상태입니다.

(4) 무상천無想天이란 색계 최고의 천입니다. 우리가 몸을 받아 육도 윤회하는 세상은 욕계입니다. 그 위에 색계가 있습니다. 어떤 외도는 이것을 진짜 열반으로 착각하기도 합니다. 진짜 열반은 아닙니다. 무상정의 상태에서 몸 받는 세계입니다.

(5) 명근命根이란 제8아뢰야식으로 하여금 약 7, 80년을 한 기로 상속하는 것입니다. 우리의 목숨, 명줄입니

다. 우리의 평균 수명인 70에서 80년 사이를 한 기(주기)로 보는 것입니다. 지금은 백 세시대입니다. 우리는 80년이지만 모기나 파리 등은 일주일입니다. 생멸하는 한 주기를 말하는 것입니다.

(6) 중동분衆同分이란 사람에게 있어서 사람 같은 사람 혹은 동물과 같은 사람을 닮게 하는 것입니다. 인간이 지켜야 할 것을 지키지 않고 제멋대로 행동하는 사람들이 있습니다. 그런 사람들은 동물의 속성을 닮아서 동물처럼 행동하는 것입니다. 만물의 특성을 닮아가게 하는 것입니다.

(7-10) 생生, 노老, 주住, 무상無常이란 유위법에 포함되어 있는 사상입니다. 생이란 본래 없으나 지금은 있게 하는 것입니다. 계속 변하여 달라지는 것은 노라고 합니다. 잠시 동안 변하지 않고 머물러 있는 것이 주입니다. 잠시 동안 있다가 생멸로 말미암아 끊임없이 변하는 것이 무상입니다. 이 세상의 모든 것은 생노병사 하고 성주괴공합니다. 성주괴공이란 형성되고 머무르고 무너지고 없어지는 것을 말합니다. 세상에 존재하는 모든 것은 이 법칙을 따릅니다.

(11-13) 명신名身, 구신句身, 문신文身을 봅시다. 음성, 말의 짜임새에 있어서 임시로 정해 놓은 것입니다. 명신이란 주어, 구신은 주어와 술어, 문신은 음소를 말

합니다. 아버지가 방에 들어가신다. 에서 명신은 아버지이며, 구신은 아버지와 들어가신다. 이며, 문신은 아버지가 방에 들어가신다. 입니다. 명신은 주어이며 구신은 주어와 술어이며 문신은 문장으로 세상 모든 언어는 이 구조의 결합으로 이루어져 있습니다.

(14) 이생성異生性이란 범부를 규정하는 종자가 있는 곳에 임시로 세운 것입니다. 태어나는 곳에 따라 다르게 형성되는 성품입니다. 인간, 개, 소 등 생명이 있는 곳에 인간이면 인간 성품, 개이면 개의 성품, 소이면 소의 성품이 임시로 세워지는 것을 말합니다.

(15) 유전流轉이란 온갖 법이 원인과 결과로 상속하여 끊임없이 계속되는 것을 말합니다. 인간 몸 받는 것도 원인과 결과로 인하여 끊임없이 태어나고 죽는 형태로 되풀이 되는 삶을 말합니다.

(16) 정이定異란 원인에 있어서 선과 악, 결과에 있어서 선과 악 이것이 결정되어 있어서 분명히 다름을 말합니다. 선한 마음을 일으키면 선이 따라오게 되며 악한 마음을 일으키면 악이 따라오게 되는 것입니다.

(17) 상응相應이란 선한 원인에는 선한 결과, 악한 원인에는 악한 결과가 반드시 따른다는 것을 말합니다. 공부하는 선의 씨를 뿌리면 좋은 결과가 생기기 마련이고 고기 잡는 살생의 악의 씨를 뿌리면 나쁜 결과가 따라오

게 마련입니다. 선인락과이며 악인고과입니다.

(18) 차제次第는 유위의 온갖 법에는 앞과 뒤의 순서가 있음을 말합니다. 공부에도 순서가 있습니다. 불교를 공부하는 데 있어서 본질인 연기를 먼저 배우는 것도 그런 이유입니다. 연기를 공부하고 교리의 체계화를 공부하고 유식을 공부합니다. 우리가 초등학교에서 대학교까지 과정을 거쳐가는 것도 차제법입니다. 이 차제법을 거치면 무엇이든지 하기 쉽습니다.

(19) 세속勢速이란 유위의 온갖 법에서 인과가 빠르게 유전하는 것입니다. 빠르게 흘러가는 것입니다. 아침에 참선하고 좋은 기운으로 출근했더니 저녁 퇴근 때 승진했다는 좋은 과보를 받기도 합니다.

(20) 시時는 시간입니다. 유위의 온갖 법에 있어서 진행되는 인과의 상속 위에 세운 것입니다. 존재하는 것이 일정한 방향으로 흘러가는 것이 시간입니다. 우주의 일정한 운동을 시간으로 인식하게 합니다.

(21) 방方은 공간입니다. 위치에 있어서 동서남북과 그 각각 사이의 4유, 그리고 상하를 말합니다. 유위법은 각각 위치를 차지하는데 그 위치를 말하는 것이 방입니다. 우리는 부피를 갖고 있는 공간 속에 놓여 있습니다. 이 공간은 움직입니다. 이 우주에 존재하는 모든 것은 끊임없이 움직이고 있습니다. 이 움직임은 일정한 방

향으로 움직이고 있습니다. 그것이 시간입니다. 시간이
흘러가면 우리는 생노병사 합니다. 시간이 일정한 방향
으로 움직임에 따라 모든 것은 일정한 것이 아니라 항상
끊임없이 변하는 무상입니다. 그래서 나라고 할 만한 것
이 아무것도 없습니다. 아인슈타인 이전 사람들은 시간
과 공간을 분리 생각했습니다. 하지만 아인슈타인은 시
간과 공간을 분리하지 않고 생각했습니다. 이것은 12연
기와 연결이 됩니다. 부처님께서 시간의 변화에 대해서
설명한 것이 육육법 연기입니다. 공간 속에서 물질들이
어떻게 변하느냐를 설명한 것이 오온연기입니다. 부처
님은 이것을 합쳐 12연기로 설명했습니다.

(22) 수數는 숫자입니다. 유위의 온갖 법에 있는 하나
하나의 차별을 포함한 것으로 여러 가지가 있습니다. 모
든 것을 객관화하여 차별 없이 나타내는 상징적인 문자
입니다. 그래서 숫자는 세계 공통 문자이기도 하며, 축
적 문자이기도 합니다. 숫자를 사용하여 방정식을 풀었
다면, 누군가가 이것을 바탕으로 미적분법을 세우기도
합니다.

(23) 화합和合이란 어떤 원인에 의해 어떤 결과가 생길
때 거기에 많은 외적인 원인이 모인다는 것입니다. 고3
수험생이 원하는 대학에 합격했을 때 인이 되는 학생과
연이 되는 부모, 교사, 동료 등 많은 인연이 합하여 결

과가 이루어진다는 것입니다.

(24) 불화합不和合이란 화합의 반대로 온갖 법이 독자성을 가지고 있음을 말한 것입니다. 지금 여기에 여러분이 함께 수업을 듣는 것은 화합입니다. 그러나 각자 따로 앉아 같은 내용도 다르게 받아들이고 있습니다. 이것은 불화합니다.

지금까지 한 것은 유위법으로 총 94 개입니다. 무위법여섯 개와 합하여 총 100법인 것입니다.

무위법(6)
- 허공(虛空) : 어떤 것도 존재하지 않는 광대무변한 공간, 영원불변 해서
- 택멸(擇滅) : 지혜로 번뇌를 멸해버린 열반, 열반 적정
- 비택멸(非擇滅) : 현상이 될 연(원인)이 없기 때문에 현상이 되지 못한 존재
- 택멸부동(擇滅不動) : 적정에서 부동멸
- 상수멸(想受滅) : 수상이 멸한 상태
- 진여(眞如) : 구경열반, 진리

무위법에는 여섯 개가 있습니다.

(1) 허공이란 어떤 것도 존재하지 않는 광대무변한 공간입니다. 영원불변함을 말합니다. 이 세상에 존재하는 것 중에서 무위법을 생각할 때 어떤 상황에서 어떤 작용

을 하더라도 변화가 없을 것 같은 허공을 설정한 것입니다. 무위법 여섯 개는 개념으로 이해할 때 무위일 것 같은 것을 설정한 것입니다. 무위법이란 유위법에 대한 상대적 개념의 이해입니다. 이 세상에 무위법은 존재하지 않습니다. 인과가 없는 법이란 존재하지 않습니다. 깨달음의 눈으로 이 세상을 보면 무위법으로 보이는 것입니다.

(2) 택멸이란 번뇌를 멸한 것으로 지혜가 충만한 열반의 상태입니다. 번뇌가 멸해 오염되기 전의 상태를 말합니다. 본래 청정의 세계를 나타내는 것입니다.

(3) 비택멸이란 원인이 없이 스스로 번뇌를 멸하는 것입니다. 택멸의 상태가 원인도 없이 그냥 이루어진 것을 비택멸이라 합니다. 업이 되는 원인이 없는 무루에 의한 것입니다.

(4) 택멸부동이란 번뇌가 멸해 버린 적정의 상태를 말합니다. 택멸이 된 상태의 적정의 세계를 나타냅니다.

(5) 상수멸이란 색 수 상 행 식에서 수 상이 멸한 상태를 말합니다. 느낌과 형상이 멸해 무념무상이 된 상태에서 번뇌가 멸한 것을 말합니다.

(6) 진여란 구경열반, 진리를 말합니다. 오염되기 전의 원래 갖고 있던 것, 원래 존재했던 청정 그대로의 것이 무위법입니다.

024 제15송 소의문육, 구불구전문

5. 그러면 현행하는 분위를 어떻게 알아야 하는가?
• 유식 15송
의지근본식 依止根本識　오식수연현 五識隨緣現
혹구혹불구 或俱或不俱　여도파의수 如濤波依水

• 근본식이 의지하나니 오식은 연에 따라 일어난다.
• 어느 때는 함께하고 어느 때는 함께하지 않나니 파도가 물에 의지하는 것과 같다.

　유식 15송을 봅시다. '의지근본식 오식수연현 혹구혹불구 여파도의수' '근본식이 의지하나니 오식은 연에 따라 일어난다. 어떤 때는 함께 하고 어떤 때는 함께 하지 않는다. 파도가 물에 의지하는 것 같이 생긴다.'입니다.

5. 소의문육

'의지근본식'이며, '근본식이 의지하니'입니다.

 심왕과 심소가 생기할 때는 반드시 그 소의를 가집니다. 그래서 육식의 소의를 밝히는 것으로 근본식인 제8식을 소의로 해서 전6식이 일어나기 때문에 의지라고 하는 것입니다.

6. 구불구전문

의식의 나타남에 대하여
• 아뢰야식 – 무부무기
  더러움에 덮여있지 않으며 선으로도 악
  으로도 기별되지 않는다
• 말나식 – 유부무기
  더러움에 덮여있으며 선으로도 악으로도
  기별되지 않는다
• 의식 – 선, 악, 무기로 기별된다

 '오식수연현 혹구혹불구 여파도의수'이며, '오식은 연에 따라 일어난다. 어떤 때는 함께 하고 어떤 때는 함께 하지 않는다. 파도가 물에 의지하는 것 같이 생긴다.'입니다.

5식인 안 이 비 설 신이 인연에 따라 일어나는 것이 파도가 물에 의지해서 일어나고 사라지는 것과 같다는 말입니다. 8식 아뢰야식은 무부무기입니다. 더러움에 덮여 있지 않으며 선으로도 악으로도 기별되지 않습니다. 원래는 선도 아니고 악도 아니나 우리가 끄집어 내어 쓰면 선이 되고 악이 됩니다. 7식 말나식은 유부무기입니다. 더러움으로 물들어 있고 덮여 있으나 선으로도 악으로도 기별되지 않습니다. 내 속에 있으니까 기별되지 않는 것입니다. 6식 의식은 부딪혀서 나타나므로 선, 악, 무기로 기별합니다. 중요한 것은 우리 속을 선으로 채워야 합니다. 자비로 채워야 합니다. 자비심으로 가득차면 부처가 됩니다. 6식의 감수작용에 대해 살펴봅시다. 안 이 비 설 신 의의 6식은 표층심리이기 때문에 그 감수작용은 강하고 더욱 변화가 심해 어떤 때는 부정적인 감정을 느끼고 어떤 때는 긍정적인 감정을 느끼고 어떤 때는 부정적인 것도 긍정적인 것도 아닌 것을 느낍니다. 이와 같이 6식은 감정의 표현이 분명합니다. 6식으로 표현되는 감정들은 모두 강렬합니다. 그에 비해 7식, 8식은 매우 미약합니다. 8식은 거의 느낄 수 없습니다. 이런 6식의 감수작용에는 고의 감수, 낙의 감수, 사의 감수가 있습니다. 고의 감수에는 고통인 고와 슬픔인 우가 있고 낙의 감수에는 즐거움인 낙과 기쁨인 희가 있습니다. 이때 고와 낙은 5식을 수반합니다. 하지만 우와 희는 정신적인 것으로 6식, 의식을 수반합니다. 즉 내 몸을 바탕으로 일어나는 작용은 고통인 고와 즐거움인 낙이며, 내 몸을 떠나서 일어나는 작용은 슬픔인 우와 기쁨인 희입니다. 내가 하루 수행일과를 끝내고 누우면 편안한 마음이 됩니다. 이것은 즐거움 입니다. 이것이 내 몸을 바탕으로 일어나는 작용입니다. 아이가 대학에 합격했다면 기쁨인 것입니다. 이것이 내 몸을 떠나서 일어나는 작용입니다.

5식의 특성

- [그들 5식은] 동시에 [생하는 것도] 있고, 동시가 아닌 것도 있다.
- 나무에 붙어 울고 있는 매미를 눈으로 보는 것과 귀로 듣는 것을 동시에 한다.
- 안식과 이식의 두 가지가 동시에 작용한다
- 논쟁의 대상?
- 설일체유부 – 동시성을 인정하지 않음
- 유가행유식파 – 동시성 인정

5식은 근본에서 연에 따라 생하고 그들은 동시에 생하는 것도 있고 동시가 아닌 것도 있습니다. 그것은 물에서 물결이 생하는 것과 같습니다. 연에 따라 생한다는 말은 하는 행동, 처한 상황에 따라 5식이 일어난다는 것입니다. 만약 늦가을 해 질 녘 호수가를 거닐고 있을 때 떨어져 뒹구는 낙엽을 보면 문득 학창 시절 열심히 외웠던 박인환의 '세월이 가면'이라는 시가 생각날 수도 있습니다.

가을의 공원, 그 벤치 위에, 나뭇잎은 떨어지고, 나뭇잎은 흙이 되고, 나뭇잎에 덮여서, 우리들 사랑 사라진다 해도. 이와 같이 상황에 연하여 5식이 생한다는 것입니다.

5식은 근본에서 연에 따라 생한다고 했을 때 근본이란 존재와 비존재입니다. 예를 들어 나무 기둥은 6식 가운데 신만 갖고 있습니다. 이와 같이 생물과 무생물 모두 안 이 비 설 신 의로 표현할 수 있습니다. 그 대상인 색 성 향 미 촉 법이 존재합니다. 안 이 비 설 신 의와 색 성 향 미 촉 법은 다른 것이 아닙니다. 성분이 안으로 들어오면 안 이 비 설 신 의가 되어 나를 이루는 것이고 밖으로 나가 있으면 색 성 향 미 촉 법으로 존재가 됩니다. 안과 밖의 차이일 뿐 같은 것입니다. 하나의 근본에서 나온 것입니다. 하나의 근본은 물들기 전의 본래 성품이 법성인 것입니다. 법성을 이루고 있는 이 법신이 안으로 들어와 나를 이루면 자신이고 밖으로 나가 대상을 이루면 법신이 됩니다. 자신의 청정한 본래 성품은

오식의 생기

- 인연소생의 법 – 모든 현상은 인과 연에 의해 생한 존재이다.

예) 수박 – 인은 씨앗, 연은 물이나 공기, 흙 등
- 인연과의 법칙 : 과 = $e^{인}$ X 연

자성이며, 법신의 청정한 본래 성품은 법성인 것입니다. 이 하나의 근본은 법성을 말하는 것입니다.

모든 현상은 인과 연에 의해 생한 존재입니다. 인과 연에 의해 인과의 과가 생깁니다. 예를 들어 수박의 인은 수박의 씨앗이고 연은 물과 공기, 땅으로 이것이 복합적으로 작용해 수박이라는 과가 나옵니다. 인연과의 법칙을 수식으로 나타낼 수 있습니다. 이것을 증명하기 위해서는 심리학과 정신학이 발달하여 언젠가는 증명될 것입니다. 김성규가 이것을 수식화 하였는데 앞으로 위대한 식이 될 것입니다.

나타나는 결과 $Y = e^{A} X B$

여기서 A는 인을 나타내며, B는 연을 나타냅니다. A는 지수 함수의 곱으로 변하며 S는 선형적으로 변한다는 것입니다. 예를 들어 수박의 씨앗 품종이 좋으면 생산량이 지수함수적으로 변하여 엄청나게 많은 수박을 생산할 수 있으며, 땅이 비옥하다면 생산량을 증가시키는데 선형적으로 변하여 훨씬 더 많은 수박을 생산할 수 있다는 것입니다. 자신과 남편의 관계에서 자신을 변화시키는 것이 쉽다고 했습니다. 쉬우면서 변화량이 지수적으로 변화기 때문에 대상을 변화시키는 것보다 효과가 훨씬 더 커지는 것입니다.

그렇다면 인과 연 가운데 무엇이 더 중요하게 작용할까요? 씨앗인 인이 더 중요하게 작용합니다. 연은 부수적인 작용입니다. 연이 좋지 않아서 인이 잘 안 되는 경우도 있지만 인이 좋지 않으면 아무리 연이 좋아도 좋은 과가 나오지 않습니다. 인이 좋다면 연이 좋지 않아도 어느 정도의 과는 나옵니다. 그러나 연이 중요하지 않다는 것은 아닙니다. 연이 좋으면 좋은 과를 내기가 매우 수월해집니다. 전5식은 현재세에서 여러 가지 연을 인으로 삼습니다. 근과 경과 작의 때문에 여러 가지 전식이 생깁니다. 근에서 경으로 나아갈 때 작의가 작용합니다. 우리가 육체를 갖고 있는 한 모든 작용은 5변행에 의해 이루어집니다.

　연에 의해서 사상이 생합니다. 근과 경과 작의를 근본연으로 하여 촉, 수, 상이 생깁니다. 근과 경이 부딪쳐 촉, 작의, 수, 상, 사가 생겼습니다. 그 내용을 설명한 것입니다. 모든 8식, 7식, 6식이 근본적으로 갖고 있는 것은 촉 작의 수 상 사인 것입니다. 우리가 본 것들은 모두 형상으로 저장되어 있습니다. 상상도 할 수 없을 정도로 많은 형상이 저장되어 있습니다. 5식의 특성을 봅시다. 그들은 동시에 생하는 것도 있고 동시에 생하지 않는 것도 있습니다. 예를 들어 나무에서 매미가 울고 있다면 눈으로도 보고 귀로도 듣습니다. 눈과 귀가 동시에 작용한 것입니다. 이처럼 안식과 이식은 동시에 작용합니다. 초기 불교의 설일체유부에서는 동시성을 인정하지 않았습니다. 그러다가 유식 사상의 전성기인 유가행 유식파에 이르러 동시성을 인정하게 됩니다. 5식은 흡사 물의 여러 가지 물결이 생하는 것과 같습니다. 아뢰야식에서 여러 가지 식이 연에 따라서 어떤 때는 하나 어떤 때는 여럿이 생한다는 것을 물과 물결에 비유한 것입니다. 물결은 하나가 되기도 하고 여러 개가 되기도 합니다. 성품 본질을 보는 것이 견성입니다. 숨어 있는 본질을 보려면 깊이 빠져드는 수밖에 없습니다. 선정과 삼매가 바로 깊이 들어가는 방법입니다. 제7식을 쓰는 경우 더러움에 물든 유부무기를 끄집어 내어 씁니다. 업으로 물든 것을 쓰는 것입니다. 그렇기 때문에 행위한 사람마다 다르게 저장되어 있는 업식으로 물들어 있기 때문에 모두 다르게 분별하고 인식하는 비량인 것입니다.

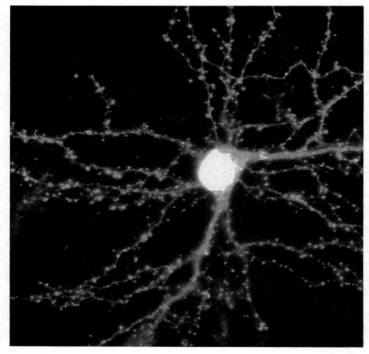

기억의 빛

우리가 기억을 형성할 때 "뇌에 물리적 변화가 생긴다"고 미국 서던캘리포니아대학교의 돈 아널드는 말한다. 이 쥐의 뉴런에서 뻗어나온 가지들에 표시된 빨간색과 초록색 점들은 이 뉴런이 다른 뉴런들과 접촉하는 지점을 보여준다. 쥐가 새로운 기억을 형성함에 따라 새로운 점들이 나타나고 오래된 점들은 사라진다.

025 제16송 기멸분위문육

〈티벳 사자의 서〉를 보면 선한 업은 백색이며 나쁜 업은 흑색으로 나타내고 있습니다. 현대과학의 발달로 뇌의 비밀이 많이 벗겨졌습니다. 행위한 것이 뇌조직에 저장되어 있다가 생각을 일으키면 생각에 따라 색깔로 신호를 나타냅니다. 현대 과학의 발달로 마음이 일으키는

유식 16송

• 유식 16송
의식상현기 意識常現起 제생무상천 除生無想天
급무심이정 及無心二定 수면여민절 睡眠與悶絕

• 의식은 항상 일어난다. 무상천에 태어나는 것 및 무심의 두 선정과 잠잘 때와 기절했을 때는 제외된다.

모든 작용이 상세하게 밝혀질 날이 멀지 않았습니다. 유식이 얼마나 대단한 것인지 과학이 밝히고 있습니다.

유식 16송을 봅시다. '의식상현기 제생무상천 급무심이정 수면여민절' '의식은 항상 일어난다. 무상천에 태어나는 것과 무심의 두 선정과 잠잘 때와 기절했을 때는 제외된다.'입니다.

7. 기멸분위문육

5식이 감지한 것이 내 속에 쌓여있는 업과 결부되어 의식으로 나타납니다. 업과 우리가 일반적으로 일으키는 의식의 뿌리는 제7식 말나식입니다. 말나식의 근거는 세세생생 살아오며 쌓인 업의 창고 제8식 아뢰야식이 있습니다. 제7식은 제8식을 자신의 의지대로 해석해서 끄집어 내어 씁니다. 이 의식은 항상 일어나 무상천에 태어나면 의식이 일어나지 않습니다. 무상천이란 생명이 존재하는 세상을 욕계, 색계, 무색계인 삼계로 나눌 수 있는데 색계에 속합니다. 무색계의 무심의 선정에 들었을 때와 잠잘 때와 기절했을 때는 의식이 없습니다. 잠잘 때는 의식이 작동하지 않습니다. 기절했을 때도 의식이 없습니다. 이것을 제외하고는 의식은 항상 일어납니다. '언제나 의식이 생한다.'는 것은 5식은 각기

생하든가 생하지 않는 경우가 있지만 의식은 언제나 활동하고 있는 것을 말합니다. 눈은 형상을 볼 때 귀는 소리를 들을 때 작용합니다. 내가 눈으로 형상을 볼 때 귀는 작동하지 않습니다. 이처럼 5식은 작용하기도 하고 작용하지 않기도 합니다.

5식과 함께하지 않는 의식

- 5식과 함께 작용하지 않는 의식
- (1) 5식의 직후에 작용하는 것
- (2) 5식과 무관하게 작용하는 것

- (1) 전자는 예를 들면 꽃을 본 직후에 그 꽃은 무엇일까 등으로 생각하는 의식인 것이다. 감각을 통해 우리는 여러 가지 것을 생각한다. 그 생각하는 마음이 5식의 직후에 작용하는 의식이다.
- (2) 5식과 무관하게 작용하는 것

- 삼매중의 의식
- 미래나 과거를 생각할 때의 의식
- 수면 중에 꿈을 꾸고 있을 때의 의식

의식이 5식과 함께 작용하지 않는 경우도 있습니다. 첫째 5식의 직후에 작용하는 것, 둘째 5식과 무관하게 작용하는 것입니다. 만약 내가 꽃을 볼 때 꽃을 보고 나서 생각을 합니다. 이와 같이 대상을 보고 의식을 일으킵니다. 우리는 감각을 통해 여러 가지를 생각합니다. 이때 5식은 작용하지 않습니다. 5식과 무관하게 작용하는 것으로 참선에서 일으키는 생각이 있습니다. 선정이나 삼매에 들어서 일으키는 생각은 5식과 무관하게 일어납니다. 미래나 과거를 생각할 때 일어나는 의식도 그렇습니다. 이것은 내 의식 속에서 그냥 생각을 일으키는 것입니다. 머리 속에서 생각을 일으키는 것은 5식과 상관이 없습니다. 5식을 통하지 않아도 생각할 수 있습니다. 저장창고를 통해 생각하는 것입니다. 꿈을 꿀 때의 의식도 5식을 통하지 않습니다. 저장창고의 업으로 꿈을 꿉니다. 꿈은 내가 살아왔던 삶과 관계가 있습니다. 내 저장창고 속에 있는 것과 관계없는 것은 나오지 않습니다. 몇 생을 살아오면서 내 속에 저장된 것들이 나타난 것입니다. 전혀 관계없다면 결코 꿈으로 나타나지 않습니다. 현실에서 일어나지 않을 것도 꿈에 나오는데 그것은 우리가 인간의 육체에서 벗어나 귀신이었을 때의 체험일 수도 있습니다.

의식이 없을 때를 살펴봅시다. 무상정이란 무상과에 이르기 위한 원인이 되는 정입니다. 무상과란 상이 없는 과로 색계에 해당합니다. 색계의 제4선천에 있는 세계로 여기에 태어나면 500대겁 동안 무심의 상태로 살게

의식의 소멸

- [무상정] 무상과에 이르기 위한 원인이 되는 정.
- [멸진정] 안식에서 말나식까지 멸해진 상태. 의식이 작용하지 않는다.
- [무심의 수면]이란 꿈을 꾸는 일 없이 숙면하고 있는 상태를 말한다.
- [무심의 기절]이란 불의로 머리를 맞게 되거나, 혹은 어떤 생리적인 이상 등으로 기절하여 완전히 의식이 없어진 상태를 말한다.

되는 세계입니다. 상상도 할 수 없는 긴 시간 동안 무심의 상태로 사는 것입니다. 무심이란 안식 내지 의식의 여섯 가지가 생하지 않는 것입니다. 안 이 비 설 신 의가 생하지 않는 것입니다. 이것저것 생각하는 구상작용이 수행의 과정에서 마음의 형상이 없는 상태가 되는데 이것을 무상이라고 부릅니다. 6식이 없어져서 그냥 그대로 있는 상태입니다. 쉽게 말해서 가사상태로 있는 것입니다. 동물들이 동면하는 것과 비슷한 상태입니다. 긴 시간 동안 아무것도 먹지 않아도 살 수 있습니다. 분명한 것은 무상과와 견성성불은 다릅니다.

진리를 잘 이해하지 못하면 그 속에 빠지게 됩니다. 잘못된 사견에 빠진 것만큼 무서운 것이 없습니다. 이렇게 되면 무상과에 빠져 고통을 받게 됩니다. 멸진정이란 안식에서 말나식까지 멸해진 상태입니다. 제7식은 제8지 부동지에 가야 완전히 멸해집니다. 20세기의 성인이라고 일컬어지는 라마나 마하리쉬는 17살 때 깨달음에 대한 의식이 옵니다. 그때 다니던 학교도 내팽개치고 동네 근처의 아루나찰나산으로 들어가 버립니다. 평생을 그 산에서 나오지 않습니다. 마하리쉬는 그 산에서 4년 동안 그대로 선정에 듭니다. 4년 후 선정에서 깨어나 보니 산 속의 동물들, 곤충들에 의해 몸이 엉망이 되어 있었습니다. 그 상태가 되는 것도 모르고 선정에 든 것이었습니다. 이런 선정에 한 번 들면 모든 것이 달라질 수 있습니다. 그러나 이런 선정에 드는 것은 육체적으로 상당한 어려움을 동반합니다. 선정에 몇 시간 드는 것이 3천 배보다도 더 힘들다는 말도 있습니다. 무심의 수면상태에서는 의식이 없습니다. 꿈을 꾸는 일 없이 숙면 상태에 있는 것, 즉 깊이 잠들어 있는 것입니다. 이 상태는 선정에 든 상태와 같습니다. 내 속에 번뇌 망상이 일어나도 나는 못 느끼는 것입니다. 이것이 일반적인 상태입니다. 그런데 참선을 하면서 생각을 가라앉히면 많은 생각이 끝도 없이 일어나는 것을 알게 됩니다. 극저온의 상태는 가라앉은 상태와 같습니다. 현시점에서 최고의 극저온은 −273.15도로 절대온도, 켈빈 온도입니다. 현재 우리 인간의 능력으로는 −269도 정도까지 만들어낼 수 있다고 합니다. 그 상태가 되면 무엇인가 들어만 있어도 튀어나옵니다. 극저온으로 만들면 미세한 변화에도 움직입니다. 그래서 생각을 적정의 상태로 만들면 아무리 미세한 번뇌라도 다 감지할 수 있습니다. 그것을 잠재울 수 있습니다. 우리가 참선을 하여 선정에 드는 것은 그런 상태에 드는 것입니다. 이런 무의식의 수면 상태에서도 화두에 드는 경우가 있습니다. 이렇게 되면 어떤 상황에서도 내 속에 갇혀 흔들리지 않게 됩니다.

 무심의 기절에서도 의식이 없습니다. 불의로 머리를 맞게 되거나 혹은 어떤 생리적인 이상 등으로 기절하여 완전히 의식이 없어진 상태를 말합니다. 1970년대 해인사 강원에 있었던 유명한 이야기가 있습니다. 나무를 잘 타는 스님이 있었습니다. 어느 날 울력시간에 스님들이 잣을 따고 있었는데 다른 스님들은 나무 밑에서 잣을 땄었는데 그 스님은 나무 위에 올라가 나무 사이를 뛰어넘으며 잣을 땄습니다. 그런데 나무를 뛰어넘다 떨어졌는데 그대로 기절을 했습니다. 다른 스님들은 그 스님이 죽은 줄 알고 다비 준비를 했습니다. 그때 그 스님은 육체에서 영혼이 나간 상태였는데 여러 곳을 돌아다니며 여러 가지 경험을 합니다. 속세의 부모님 집에 돌아갔다가 해인사로 다시 돌아옵니다. 돌아와서 보니 자신의 육체는 누워 있고 속세의 가족들은 울고 있고 스님들은 염불을 외우고 있었습니다. 영혼이 염불을 자세히 들어보니 한 사람은 '제경행상'이라고 하고 있고 다른 한 사람은 '은행나무 바릿대'라고 하는 것입니다. '염불을 참 이상하게 하는군.'이라고 생각하는 순간 그 스님의 영혼이 육체 속으로 들어갔습니다. 화장을 준비하는데 관에서 사람이 불쑥 튀어나오자 모든 사람이 깜짝 놀랐습니다. 시간이 지난 후 그 스님이 당시 염불을 외우던 스님들에게 물었습니다. "너는 제경행상이라고 염불하던데 그 말이 무슨 뜻인가?" "네가 죽었으니 네가 가지고 있던 제경행상이라던 책을 가지고 싶었는데 그것은 태우지 않고 내가 가져야겠다고 생각했다."고 합니다. 그 영혼은 그 사람이 생각하고 있던 것을 본 것입니다. 그리고 다른 스님에게 묻습니다. "너는 은행나무 바릿대라고 하던데 그게 무슨 말이냐?" "난 네가 가지고 있던 은행나무로 만든 바릿대를 가지고 싶어서 장례식을 하고 나면 가지려고 했다."고 합니다.

유식의 전변원리 및 구조

026 제17송 일체유식

유식 제17송을 살펴봅시다. '시제식전변 분별소분별
유차피개무 고일체유식''이 모든 식이 전변하여 분별
(견분)과 분별되는 것(상분)이 된다. 이것에 의지하여
그것(실아실법)은 존재하지 않는다. 따라서 일체는 모두
식 뿐이다.'입니다.

식의 전변은 세친이 처음 한 말로 이것이 우리가 알고 있는 식 그 자체입니다. 분별은 내가 일으키는 생각입니다. 상분은 분별되는 것입니다. 주체와 객체, 주관과 객관입니다. 아뢰야식에서 생각이 나오면 견분과 상분으로 나누어집니다. 실아실법이란 원래 나와 대상이 없다고 가정한 것입니다. 모든 존재는 없고 식뿐인 것입니다.

> ## 그러면 자체분이 전변된 것인 두 가지 심분(견분과 상분)과 의지처를 어떻게 알아야 하는가?
> - → 식이 전변된 것에 의거해서 가정적으로 자아와 법을 말하는 것이지, 식에서 떠난 별도의 실유가 아니다. 그러므로 일체는 오직 식만이 존재한다.
> - 견분 – 아, 주관, 보는 것,
> - 상분 – 법, 객관, 보이는 것,

식이 있으니까 내가 있고 대상이 있는 것처럼 느끼는 것입니다. 없는 것을 내가 생각하고 있기 때문에 있다고 가설하고 이야기를 시작한 것입니다. 자체분이 전변된 두 가지 심분(견분과 상분)은 무엇에 의지하여 생기는 것일까요? 이것들은 식이 전변 된 것에 의거하여 가정적으로 나와 법을 세워서 말한 것입니다. 나와 법은 없고 식만이 있을 뿐인데 식을 설명하기 위해 가정하고 이해하자는 것입니다. 식이 있기 때문에 있는 것처럼 보일 뿐입니다. 식을 떠난 별도의 실제가 있는 것은 아닙니다. 그러므로 오직 식만이 존재합니다. 견분은 나, 주관, 보는 것이라면 상분은 법, 객관 보이는 것입니다. 이 세상의 모든 것은 나와 대상입니다. 식의 전변은 분별입니다. 우리가 일으키는 생각은 다 분별입니다.

분별
- 1) 식의 전변이란 분별이다
- [이 식의 전변은 분별이다]라는 것은 이 〈유식삼십송〉에서 바수반두가 새롭게 지어낸 '식의 전변'이라는 말로 불리우는 것이 보통 '분별(vikalpa)'이라는 것을 가리킨다.
- '분별'이란 vikalpa라는 산스크리트어의 한역이며, 우리의 '심작용'일체를 말한다. 그러나 vikalpa는 때로는 '망분별'이라고도 번역되듯이 우리의 '그릇된 심작용' '허망한 인식'을 의미한다.

분별이란 것은 유식 30송에서 바수반두가 새롭게 지어낸 식의 전변이라는 것입니다. 바수반두가 바로 세친입니다. 분별이란 우리의 심작용 일체를 말합니다. 분별은 망분별과 정분별로 나눌 수 있는데, 망분별은 바르지 않은 것이고 정분별은 바른 것입니다. 정견이고 정견이 아닌 것의 차이입니다. 망분별은 그릇된 심작용, 허망한 인식을 의미합니다. 탐 진 치를 일으키는 분별입니다. 분별은 망분별의 의미인 나쁜 쪽으로 쓰이기도 합니다. 분별이란 둘로 나누어 생각한다는 의미입니다. 원래 아무것도 없는데 나와 대상으로 나누는 것입니다. 이것이 제7식 말나식에서 처음으로 나타납니다. 주관과 객관의 이원적 대립 위에 주관이 객관을 아타, 피차로 생각하는 작용이 분별입니다. 나와 대상을 설정하고 나누는 것입니다. 그래서 깨달음의 세계로 들어가기 위해서는 분별을 없애야 합니다.

분별된 것은 원래 존재하지 않습니다. 보통 자신의 마음을 떠나 실재한다고 생각하는 여러 가지 사물은 마음을 떠나서는 존재하지 못합니다. 내가 생각하니까 존재하는 것입니다. 우리는 마음속에 여러 가지 표상을 갖고 있습니다. 예를 들어 자신, 나 등의 언어 표상을 가지고 있습니다. 그러한 표상에 대응하는 대상이 마음을 떠나서 존재한다고 생각합니다. 실제로는 존재하지 않습니다. 원래 존재하지 않는 것이기에 마음을 떠나면 존재하지 않는 것입니다. 내가 있다고 생각하니까 존재하는 것입니다. 나와 대상은 전부 실체화된 표상에 지나지 않으며 내 생각에서 만들어져 분별된 것입니다. 내 속에서 있다고 생각하기 때문에 있는 것입니다. 그와 같은 표상을 갖는 것은 마음뿐입니다. 그래서 분별된 것은 존재하지 않고 있는 것은 오직 식뿐입니다. 이것이 바로 유식입니다. 번뇌와 허망함에 빠진 식은 그 성질을 변화시켜 진실을 꿰뚫어 보는 청정한 지혜가 되어야 합니다. 식 가운데는 정견과 사견이 있습니다. 청정한 지혜는 허망하고 올바르지 않은 사견, 식을 없앤 올바른 정견, 식만 남게 하는 것입니다. 무부무기로 만드는 것입니다. 원래 본성은 청정한데 살아오면서 쌓인 삶의 흔적, 업이 물들이는 것입니다. 오염된 것을 제대로 보면 오염되지 않은 본질을 볼 수 있습니다. 식에 대해 제대로 이해하면 견성하는 것입니다. 견성한다고 지혜와 복덕을 모두 갖출 수는 없습니다. 이런 지혜와 복덕을 갖추려면 수없이 선행과 자비를 실천해야 합니다. 전 세계적으로 사랑받고 환영을 받는 사람들은 세세생생 살아오면서 수 많은 선행과 자비를 실천했기 때문입니다. 자신이 베풀었던 만큼 돌아온 것입니다. 이 미혹의 세계, 현실의 생활로부터 벗어나기 위해서는 비록 마음이 더러움으로 가득 차 있더라도 그 마음을 수단으로 하여 실천, 수행 생활을 해야 합니다. 예를 들어 교법을 따르고 요가를 수행하는 등의 방법을 통해 자신의 더러움을 없애지 않으면 안 됩니다. 마음속의 더러움을 없애기 위해서 수행을 해야 한다는 말입니다. 그 수행 가운데 가장 중요한 두 가지가 위빠사나와 사마타입니다. 위빠사나는 관조, 관찰하는 것입니다. 원인을 찾아내는 것입니다. 사마타는 삼매로 어떤 곳에 내 생각을 집중시키는 것입니다. 이 두 가지가 잘못된 것을 깨트리고 본질로 들어가게 합니다. 아인슈타인의 상대성이론은 20세기 사람들의 사고 방향을 바꾸어 놓았습니다. 이것은 단순히 과학적 사고에서 나온 것이 아니라 본질에 대한 이해를 통해 나오는 것입니다. 이것이 바로 관조, 관찰, 집중입니다. 세속적인 것도 마찬가지입니다. 돈을 잘 벌기 위해서 관조, 관찰, 집중을 통하면 돈을 벌기 쉬워집니다. 유가행 유식파에서는 존재하는 것은 오직 식, 마음뿐이다라고 주장했습니다.

유식의 증명

- 4) 유식의 증명에 대하여
- 유가행유식파에서는 존재하는 것은 오직 식뿐이며 마음뿐이라고 주장한다. 그러면 그들은 이런 주장을 어떻게 증명하는가?
- 불교에서의 증명은 크게
- (1) 부처님의 교설에 근거를 둔 증명
- (2) 이론에 의한 증명
- 전자를 '교증' 후자를 '이증'이라 부른다.

이 주장은 어떻게 증명이 될까요? 부처님의 교설에 근거를 두고 증명하고, 이론에 의한 증명을 합니다. 부처님 교설에 의한 증명은 교증이고 이론에 의한 증명은 이증이라고 합니다. 화엄경에서 삼계는 '오직 마음뿐이다'고 합니다. 삼계는 욕계, 색계, 무색계를 말합니다. 이것은 교증입니다. 유식에 대해 가장 구체적으로 설명한 경전이 해심밀경이라고 할 수 있습니다. 해심밀경에서 자씨 보살(미륵)과 부처님의 대화가 나옵니다. 미륵은 부처님께 "위빠사나와 사마타를 통해 견성을 하면 그 마음이 지금 이 마음과 다른 것이 있습니까?"하고 묻습니다. 부처님은 "다른 것이 없다고 말해야 합니다. 나는 식의 소연(인연, 원인)은 식의 소현(나타나는 것)이라고 설하기 때문입니다."고 대답합니다. 사마타와 위빠사나를 통해 깨침을 얻었다고 하더라도 마음 뿐이란 사실은 변함이 없습니다. 이것도 교증입니다.

027 제18송 전변원리의 심법생기 연유

　인도에서 기원전 500년부터 존재했던 불교가 이슬람의 침공으로 1203년 멸망을 하게 됩니다. 약 1700년 동안 존재했던 불교문화가 허망하게 말살되어 버립니다. 백만여 평의 땅에 세워진 사찰과 불상과 거기에 거주했던 승려들이 흔적도 없이 사라져버렸습니다. 이때 인도에서 티벳으로 망명한 승려들에 의해 새로운 불교의 양상인 활불 사상이 성립하게 됩니다. 즉 림포체 신앙이 형성됩니다. 지금 달라이 라마는 14세입니다. 누군가가 죽고 태어나고 해서 14번째가 지금의 달라이 달마라는 말입니다. 달라이 라마 1세는 겐둔 뚭빠(1391-1475)입니다. 1세가 열반에 들어 2세로 환생하고 다시 3세로 환생하고 하여 14세 달라이 라마로 환생한 것입니다. 그래서 달라이 라마의 원래 이름은 여러 명이 환생한 이름을 차례로 붙여서 카왕 로상 예셰 텐징 강쪼가

된 것입니다. 이 사상은 열심히 수행하여 어느 단계에 오르면 자신이 다음 생에 받을 몸을 예견하여 삶을 되풀이 하는 것입니다. 이것이 보편적인 활불 사상으로 림포체 신앙이라는 티벳 불교의 특수한 양상을 만듭니다.

이 사상에 기반한 티벳 불교는 지금까지 가장 활발하게 살아있는 불교의 한 양상으로 있습니다. 시간적으로나 공간적으로나 존재하는 것은 오직 식뿐인데 그래도 세상은 만들어지고 역사는 이루어집니다.

> **만약 오직 식만이 있고 외부대상이 전혀 존재하지 않는다면, 무엇에 의거하여 갖가지 식이 생겨나는가?**
>
> • 유식 18송
> 유일체종식 由一切種識　여시여시변 如是如是變
> 이전전력고 以展轉力故　피피분별생 彼彼分別生
>
> • 일체 종자식이 이렇게 전변함에 의거해서 전전하는 세력 때문에 그들 분별이 생겨난다.

오직 식만 있고 나와 대상은 원래 없다고 지난 시간에 말했습니다. 그러면 식은 어떻게 생길까요? 유식 18송을 봅시다. '유일체종식 여시여시변 이전전력고 피피분별생' '일체종자식이 이렇게 전변하는 힘 때문에 그들에게 분별이 생긴다.'입니다.

 의식을 보면 대상을 접하여 일으키는 생각이 있고 현재와 아무 상관없이 일어나는 생각도 있습니다. 그 의식을 일어나게 하는 뿌리가 있습니다. 내 속을 살펴보면 세세생생 살아오면서 쌓인 업의 종자가 있습니다. 그것이 뿌리입니다. 그 뿌리가 제8식 아뢰야식입니다. 제8식에서 나온 제7식은 나라고 규정하는 주체가 되는 의식입니다. 나를 이루고 있는, 나라고 인정하는 것의 중심이 제7식입니다. 저장창고에 들어있는 무엇이 이 생에서 사용하는 것인지 그렇지 않은지에 대한 과학적 증명을 일란성 쌍둥이의 성장을 관찰함으로써 밝혀졌습니다. 쌍둥이는 태어나자마자 다른 환경에서 키웠는데 세월이 지나 전혀 다르게 성장한 쌍둥이의 성격이나 특징 등이 똑같음을 보고 태어나기 전에 업이 있음을 알 수 있었습니다.

 일체 종자식이란 내가 했던 모든 업이 저장된 창고입니다. 내가 일으키는 식은 일체 종자식에 뿌리를 두고 일어나는 것입니다. 사람들이 살아가는 내용이 다 다른 이유는 일체 종자식에 저장된 내용이 다르기 때문입니다. 이 일체 존재를 산출하는 일체 종자식은 제8식에 저장되어 있습니다. 내가 수억 겁 동안 살아오면서 행위했

일체종자식

- 1) 일체종자식
- [진실로 식은 일체 종자를 갖는 것이다]
- 아뢰야식에는 일체 존재를 산출하는 종자가 저장되어 있음을 뜻한다.
- 이런 의미에서 아뢰야식은 '일체종자식'이라고도 한다.

던 모든 업이 아뢰야식 속에 일체 종자식으로 저장된 것입니다. 그러므로 아뢰야식을 일체 종자식으로 부르기도 합니다.

아뢰야식으로부터 여러 가지 현실의 마음(분별)이 생겨나지만 그것은 아뢰야식으로부터 일방적으로 생겨난

알라야식의 전변

- 2) 아뢰야식의 전변
- (1) 아뢰야식의 전변 – 아뢰야식이 현실의 마음, 여러 가지 분별을 산출할 수 있는 상태로 변화하는 것
- (2) 현실의 마음의 전변 – 아뢰야식이 변화해서 현실의 마음을 생성하여, 그것이 감각 내지 지각 사고등의 작용을 하는 것

것은 아닙니다. 아뢰야식과 현실의 마음이 상호 인과적 작용에 의한 것입니다. 내 속에 저장된 것이 현재 상황과 결합해서 새로운 결과로 나온 것입니다. 그 상황에 맞는 이야기가 전개되는 것입니다. 이것을 유식삼십송의 18송에서는 상호 힘에 의해 이렇게 전변 한다고 했습니다. 아뢰야식의 전변에는 아뢰야식 자체의 전변과 현실 마음의 전변이 있습니다. 아뢰야식 자체의 전변이란 아뢰야식이 현실의 마음 작용, 여러 가지 분별을 산출할 수 있는 상태로 변하는 것입니다. 현실 마음의 전변이란 아뢰야식이 변화해서 현실의 마음을 생성하여 그것이 감각, 지각 사고에 작용하는 것입니다. 예를 들어 내 말을 상대방이 들어주면 기분이 좋고, 상대방이 들어주지 않으면 기분이 나빠지는 것이 그것입니다. 말나식을 관통하여 더 깊이 들어가 아뢰야식을 보게 되면 전생과 윤회를 알게 됩니다. 내가 이 생을 살아가는 근거가 다 들어있는 것입니다. 목표를 설정하고 실천하는 것이라든가, 삶을 바꿀 수 있는 원동력이 되는 진리를 추구하여 견성성불의 목표를 설정하고 수행, 정진하는 것 등입니다.

아뢰야식에 의해 이런저런 분별이 생겨납니다. 아뢰야식은 창고로 내가 수억 겁 동안 행해 왔던 모든 업이

아뢰야식 연기

- 3) 아뢰야식 연기
- [그것에 의해 이런저런 분별이 생한다]
- 아뢰야식의 변화 (거기에는 그 변화를 일으키는 원인이 된 그 이전의 현실의 마음 변화도 포함된다)가 원인이 되어 여러 가지 분별이 현실에 일어나게 된다는 것이다.

다 들어있습니다. 그래서 그 업을 근거로 분별이 생기며 그 분별에 따라 다른 업을 끄집어 내어 쓰는 것입니다. 꿈에서 본 생소한 풍경도 사실은 전생을 살아오며 보았던 풍경이 내 속에서 있던 것으로 나타난 것 뿐입니다. 한 번도 보지 못한 것이 형상화되지는 않습니다. 앞에서 나와 대상은 원래 없는 것이고 식만 있다고 했습니다.

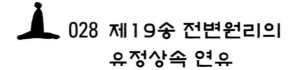
내부의 식은 있지만, 외부대상은 실재하지 않는다. 그렇다면 무엇에 의거해서 유정이 생사에서 상속하는가?

• 유식 19송
유제업습기 由諸業習氣 이취습기구 二取習氣俱
전이숙기진 前異熟개盡 복생여이숙 復生餘異熟

• 모든 업의 습기와 이취의 습기와 함께 함으로써 이전의 이숙식이 이미 멸하면 다시 다른 이숙식을 생겨나게 한다.

　그렇다면 원래 존재하지 않는 모든 생물은 무엇에 의거하여 생사를 반복할까요?

　유식삼십송 19송을 봅시다. '유제업습기 이취습기구 전이숙기진 복생여이숙' '모든 업의 습기와 이취의 습기

가 함께 함으로써 이전의 이숙식이 이미 멸하면 다른 이
숙식이 생겨난다.'입니다. 이숙식은 8식입니다. 지금 이
몸이 죽으면 저장창고 속에 들어있던 것은 다음 생으로
옮겨갑니다. 그렇게 되면 무엇인가 붙고 떨어져 다른 형
태가 됩니다. 이 생의 업이 다르게 익어 다음 생에 나타
나는 것이 이숙식입니다. 이 생에서 머리가 좋아 열심
히 노력하여 교수가 되었다면 다음 생에는 그만한 능력
을 가지고 태어나는 것이지 교수가 되는 것은 아닙니다.
교수가 될 수도 있고, 판사가 될 수도 있고 사업가가 될
수도 있다는 것입니다.

 습기는 습관, 버릇으로 업과 같은 말입니다. 잘 살려
면 올바르고 규칙적인 습기와 좋은 습관이 필요합니다.
이취는 능취와 소취로 능취는 일체의 마음의 체이며 소
취는 견분, 상분을 말합니다. 이취는 견분, 상분을 각각
나와 대상이 실재한다고 여겨 습기가 된 것입니다. 이취
는 번뇌 망상, 탐 진 치를 일으키고 지옥으로 이끌어가
는 잘못된 생각들입니다. 한 생을 살면 바른 것도 축적
되지만 바르지 않은 것도 축적됩니다. 그러나 중생의 삶
은 바른 것보다 올바르지 않은 탐 진 치가 더 많이 쌓여
있습니다. 수레바퀴 속에서 우리의 삶은 끝도 없이 굴러
가는 것입니다.

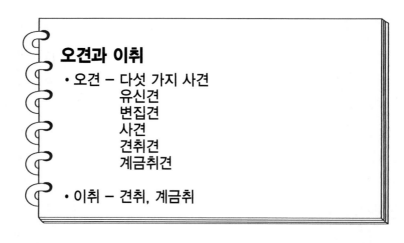

오견과 이취
- 오견 – 다섯 가지 사견
  유신견
  변집견
  사견
  견취견
  계금취견

- 이취 – 견취, 계금취

　오견과 이취를 봅시다. 오견과 이취는 원래 무아인데 내가 있다고 생각하게 하여 탐 진 치를 일어나게 합니다. 오견은 다섯 가지 삿된 견해(사견)로 유신견, 변집견, 사견, 견취, 계금취가 있습니다. 오견 중에 견취와 계금취를 이취라고 합니다. 견은 생각이지만 취는 행위를 포함하고 있는 견해입니다.

　(1) 유신견은 자신의 마음이나 육신을 보고 이것은 '자아'이며, '이것은 자아에 속한 것'이라고 보는 견해입니다. 내가 있다고 생각하는 것입니다. 평생 내가 있다고 생각하고 자신만을 위하여 잘 먹고 욕심을 내고 그렇게 살게 하는 잘못된 견해입니다.

　(2) 변집견은 유신견에 의해 '자아'나 '자아에 속한 것'이 영원히 존재한다고 생각하는 잘못된 견해입니다. 영

원히 살 것 처럼 탐욕을 부리면서 몸에 좋다는 온갖 것을 먹으며 자신에게만 투자하는 것입니다. 내가 영원히 존재할 것 처럼 생각하는 잘못된 견해입니다.

 (3) 사견은 정말 잘못된 견해입니다. 영원히 지옥에서 헤어나지 못하게 하는 견해입니다. 원인과 결과를 부정하는 견해입니다. 선한 행위는 선한 과보를 받고 악한 행위를 하면 악한 과보를 받는다는 보편적인 생각을 부정하는 견해입니다. 가장 제도하기 어려운 인과를 부정하는 견해입니다. 작용의 관계를 부정하는 견해입니다. 나를 낳아주신 부모님이 계신다는 관계와 작용을 부정하는 것이 여기에 속하는 것입니다. 참으로 존재하는 것을 부정하는 견해입니다. 수행이나 노력을 통하여 아라한이 되며 부처를 이루는데 아라한이나 부처가 없다고 부정하는 견해가 여기에 속합니다. 세상의 확대 발전이나 모든 생명이 다 잘 살아야 한다는 목적을 부정하는 것이 이 사견인 것입니다. 가장 무서운 생각인 것입니다. 이렇게 되는 순간 세상은 꿈과 이상이 없는 지옥이 되어 버립니다.

 (4) 견취는 잘못된 견해를 가지고 가장 뛰어난 견해인 줄 알고 또 그러한 능력을 가지고 있다고 생각하는 잘못된 견해입니다. 이런 무지가 자신만 힘들게 하는 것이 아니라 주위에 있는 사람들도 힘들게 하며, 나아가 이런

생각을 가진 사람이 기업의 사장으로 있으면 회사가 부도가 나고 수십 명이 상처를 입게 됩니다.

(5) 계금취는 진리를 모르고 바른 목표를 모르고 잘못된 외도의 목표를 믿고 따르면서 자신이 가장 뛰어나다고 생각하는 견해입니다. 부처님 당시 육사외도들이 여기에 속합니다.

19송에서 '이전의 이숙식이 멸하면 다른 이숙식이 생겨난다.'를 잘 이해하기 위해서는 전생이 있음을 알면 됩니다. 전생을 연구한 여러 사례를 살펴보고자 합니다.

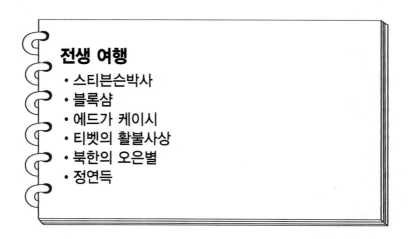

전생 여행
- 스티븐슨박사
- 블록샴
- 에드가 케이시
- 티벳의 활불사상
- 북한의 오은별
- 정연득

앞에서도 이야기했지만 티벳의 활불 사상, 4살 때부터 프로 화가의 실력을 보였던 북한의 오은별, 90년대 TV에 나와 전생을 기억하여 사람들을 놀라게 했던 정연득

이 있었습니다. 그리고 블록샴이나 에드가 케이시 같은
최면술사는 최면을 통해 사람들의 전생을 밝혀 내기도
했습니다.

 미국의 스티븐슨 박사는 전 세계를 돌아다니면서
1300여 명의 전생을 기억하는 사람들을 확인했습니다.
전생 기억 사례 중 하나를 살펴보겠습니다. 어떤 아이가
있었습니다. 그 아이는 전생에 자신이 흉기에 찔려 살해
되었다고 합니다. 그 아이를 살펴보니 남에게 해를 끼친
적도 없고 해를 당한 적도 없는데 몸에 흉터가 있었습니
다. 전생에 받았던 그 상처가 이 생에도 내려온 것입니

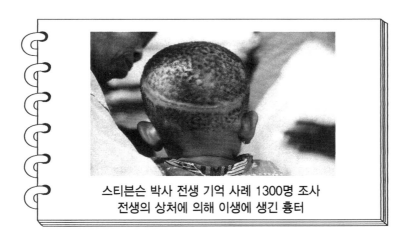

스티븐슨 박사 전생 기억 사례 1300명 조사
전생의 상처에 의해 이생에 생긴 흉터

다. 스티븐슨 박사는 그 사진을 찍기도 했습니다.
 최면술사 블록샴과 전생에 얽힌 이야기는 '전생의 나를

찾아서'라는 책에 잘 나타나 있습니다. 제프리 아이브슨이라는 저자가 최면술사 블록샴을 따라다니며 겪은 이야기를 적은 책입니다. 1890년대에 태어난 블록샴은 최면으로 전생을 기억나게 하여 20년 동안 400명의 전생의 기억을 기록합니다. 그 가운데 제인 에반스 부인의 이야기가 독특합니다.

제인 에반스 부인의 7번의 생
- 로마제국 통치하의 영국에서 가정교사의 아내로서의 전생(서기 286년),
- 영국 요크에서 유태인 여성으로서의 전생(서기 1190년)
- 프랑스 부르스의 대부호 작크 꿰르의 하녀로서의 전생(서기 1451년 사망),
- 스페인 캐더린 공주 시대의 하녀로서의 전생,
- 앤 여왕 재위시 런던에서 바느질 품팔이 소녀로서 산 전생,
- 미국의 메릴랜드 주 수녀로서의 전생(약 1920년 사망),
- 현생의 제인 에반스(1939년 탄생)
- 모든 전생에서의 기억이 역사적 사실과 매우 흡사한 부분이 많았고 역사적으로 고증이 안된 것도 사학자들이 충분히 그럴 수 있다고 인정을 하였다.

블록샴은 제인 에반스 부인의 여섯 번의 전생을 최면을 통해 밝혀냅니다. 미국의 메릴랜드 주에서 수녀로 살

았다가 1920년대 사망한 전생, 영국의 앤 여왕 시대에 런던에서 바느질 품팔이 소녀로 살았던 전생, 스페인의 캐서린 공주의 하녀로 살았던 전생, 프랑스 부루스의 대부호 자크 쾨르의 하녀로 살았다가 1450년에 사망한 전생, 영국 요크에서 유태인 여성으로 살았다가 1190년에 사망한 전생, 로마 제국 시대 영국에서 가정교사의 하녀로써 살았다가 286년에 사망했던 전생입니다. 최면을 걸면 신기하게도 전생의 목소리, 그 당시의 언어로 말하기도 했습니다. 블록샴은 제인 에반스 부인의 말을 증명하기 위해 때론 현지에 찾아가 역사적인 고증을 시도해 봤습니다. 어떤 때는 증거 자체가 아예 없기도 하고 에반스 부인이 말했던 말과 유사한 사실을 고증하기도 했습니다. 에반스 부인의 전생 가운데 12세기 유태인 여성 레베카의 이야기입니다. 에반스 부인의 말에 따르면 레베카의 남편은 값비싼 법복을 입지만 유태인이기 때문에 비싼 것처럼 보이면 안 되었다고 합니다. 사람들이 자신의 집을 탐내고 있고 자신이 유태인임을 나타내기 위해 가슴에 노란 배지를 달고 있었어야 했다고 말했습니다. 블록샴이 "가슴에 배지를 달아 불쾌하지 않았는가?"라고 묻자 최면에 걸린 에반스 부인은 "그렇다. 불쾌하다."고 대답했습니다. 프랑스 중세 때 아리손이란 하녀로 살았던 이야기도 나옵니다. 최면에 걸려 아리손이란 하녀가 된 에반스 부인은 다음과 같이 이야기합니다. "우리는 그녀를 기다리고 있다. 우리는 매우 흥분해 있다. 그녀는 대단한 미인이라고 한다." 블록샴은 그녀가 누구인지 묻습니다. 에반스 부인은 "그녀는 푸르망트에서 왔다고 한다." 했습니다. 블록샴이 그녀는 특별한 손님인가 묻자 최면에 걸린 에반스 부인은 그렇다고 대답합니다. 블록샴이 왜 특별한지 묻자 에반스 부인은 "그녀는 왕의 정부이다."고 했습니다. 블록샴이 어느 왕의 정부인지 묻자 에반스 부인은 샤를이라고 대답합니다. 블록샴이 "샤를 프랑소와인가?"라고 묻자 에반스 부인은 "아니다. 샤를 발루아이다. 왕은 아네스를 무척 좋아한다."고 합니다. 블록샴은 부인에게 아네스의 성이 무엇인가라고 묻자 부인은 "소렐. 푸르망트의 아가씨."라고 말합니다. 바로 샤를 7세의 정부였던 아네스 소렐을 말하고 있었던 것입니다. 부인은 "그녀는 참 아름답다. 그녀는 고운 옷을 입었다."고 합니다. 블록샴은 "어떤 옷을 입었는가?"라고 묻습니다. 최면에 걸린 에반스 부인은 "반달과 별 무늬의 초록색 비단 드레스와 가장자리를 모피로 장식한 융단으로 된 외투를 입고 머리채를 올렸다. 그녀는 왕을 대신해서 우리 주인에게 돈을 빌리러 왔다고 한다."고 합니다. "당신 주인은 왕에게 돈을 빌려주던가?"라고 묻자 "그렇다. 주인은 전에도 왕에게 돈을 빌려 주었다."고 합니다. 블록샴이 "당신 주인은 직위가 있는 귀족인가?"라고 묻자 "그저 대상인 쾨르라고 부른다."합니다. "왕에게 얼마를 빌려주었는가?" "2천 에퀴톨을 빌려주었다."고 합니다. 에퀴톨은 1395년부터 프랑스에서 융통되던 금화입니다. 실제로 쾨르는 아네스 일로 정치적 음모에 휩싸여 재산이 몰수되고 로마로 도망가게 됩니다.

에드가 케이시의 예언

- 체르노빌 원자력 폭발 사건
- 1929년 증권시장 붕괴 예언,
- 러시아 공산주의 붕괴,
- 사해 히브리어 구약 성경 발견,
- 2차대전 시작
- 1986년 4월, 원전 사상 대재앙을 초래한 체르노빌 원자력 폭발사건을 1923년 예언했다. 그의 예언은 63년 후 적중해 놀라움을 던져 주었다.

에드가 케이시의 이야기를 살펴봅시다. 1877년 3월 18일에 태어나서 1945년 1월 3일에 사망했습니다. 예언가로 유명했던 사람입니다. 케이시는 '레코드 리딩'이란 말을 쓰며 한 사람이 평생을 살고 나면 그 흔적이 우주에 남아 있다고 합니다. 주파수만 맞추면 그 사람의 모든 것을 읽어낼 수 있다는 것입니다. 자기 최면으로 들어가 상대방의 몸과 전생을 다 볼 수 있다고 말했습니다. 케이시는 이 생의 병이 전생의 카르마(업)로 인해 나타난다고 말했습니다. 빈혈증에 시달리고 있던 청년이 있었습니다. 그 청년은 빈혈증을 해결하기 위해 케이시를 찾아갔습니다. 케이시에 의하면 그 청년은 전생에 고대 페르시아 사람이었는데 홍역으로 통치권을 빼앗아 다른 사람의 피를 많이 흘리게 한 대가를 받은 것이라고 합니다. 그런 전생 때문에 빈혈증에 시달리고 있는 것이라고 합니다. 뚱뚱한 몸 때문에 고민하던 사람이 케이시를 찾아갔습니다. 케이시는 전생에 그 사람이 뚱뚱한 사람을 비웃었기 때문에 그 대가로 뚱뚱한 몸을 받은 것이라고 했습니다. 또 간질로 고생하던 사람이 케이시를 찾아갔는데 케이시는 전생에 마녀 재판에 회부된 여자를 성폭행한 간수였기 때문에 그 대가를 받고 있는 것이라고 했습니다. 케이시는 환자의 병을 고칠 수 있는 전문 의사도 아니었지만 14,000여 명의 환자들의 병을 고쳐 주었습니다. 케이시는 고졸에다 공장에서 일하던 노동자 출신이었습니다. 하지만 케이시는 영적 능력과 예지력은 선천적으로 타고났습니다. 케이시에 의하면 환자들을 보면 병든 부분이 바로 보였다고 합니다. 그는 환자들의 몸을 통해서 그 속에 병든 부분을 투시할 수 있는 능력을 타고난 것입니다. 어렸을 때부터 영적 능력이 뛰어났던 것입니다. 중생들의 가장 큰 문제는 자기 자신에 대해서는 제대로 판단을 못합니다. 상황은 분명한데 자기에게 유리한 쪽으로 억지를 부립니다. 케이시의 유명한 예언들을 봅시다. 대표적으로 체르노빌 원자력 폭발, 1929년 미국 증권시장 붕괴, 러시아 공산주의 붕괴, 사해 히브리어 구약성경 발견, 2차 대전, 일본 땅의 수몰 등을 예언했습니다. 에드가 케이시의 명상법은 불교의 명상과 유사한 점이 있습니다. 에드가 케이시는 명상을 내면으로의 여행이라고 했습니다. 케이시에 의하면 명상을 하면 마음과 가슴속에 있는 풍요로움의 광맥을 찾게 해준다고 합니다. 내면세계의 본질적인 문제를 볼 수 있다고 했습니다. 케이시의 명상법은 가장 편안한 자세를 취하고 머리와 목을 풀어줍니다. 그리고 깊은 숨쉬기를 연습 합니다. 개인적 취향을 가미하면 좀 더 명상하기가 좋다고 합니다. 예를 들어 음악을 틀거나 향을 피우는 등의 방법입니다. 그리고 명상을 하면 무엇이 성취된다는 확신에 초점을 맞춥니다. 그리고 이 명상을 해야겠다는 온전한 결심을 합니다. 마지막으로 치유의 기도를 합니다. 치유 기도를 하면 내 병이 낫고 편안하고 행복해지고 모든 것이 성취된다고 명상을 하는 것입니다. 이 방법은 현재 불교에서 하고 있는 명상 수행법과 큰 차이가 없습니다.

업이 미래의 성질을 결정

- 1) 업의 성질이 미래를 결정한다
- [업의 습기]란 업 즉 행위에 의해 아뢰야식 속에 저장되어 있는 습기(vasana)를 말한다.
- '저장되어 있는 습기'라는 면을 강조하여 vasana 라고 하는데 bija(종자)와 같은 말이다.

　업이 미래의 성질을 결정합니다. 다음 생애의 나를 결정하는 것이 업이라는 것입니다. 이숙식인 제8식이 새로운 내 삶을 만드는 원동력, 근거가 되는데 업은 제8식 안에 들어있습니다. 제8식 아뢰야식 안에 들어있는 습기, 업에 의해 다음 생이 결정되는 것입니다. 이것을 내 속에 들어있는 종자라고도 합니다. 업이란 산스크리트어로 카르마이며 행위라는 의미입니다. 행위는 신체적인 행위, 언어적인 행위, 정신적인 행위로 나누어집니다. 앞의 두 가지는 정신적 행위가 구체적으로 나타난 것입니다. 내 속에 있는 것이 몸과 언어를 통해 표출되는 것입니다. 정신적 행위에서는 마음의 작용이 가장 중요합니다. 마음의 작용은 능취와 소취로 나눌 수 있습니다.

능취와 소취

- 2) 두 가지 집착심의 습기
- [두 가지 집착의 습기를 동반하여]라는 것은 미래세의 자신을 형성하는 데는 업의 습기만이 아니라 또 한 가지 다른 종류의 습기가 관계한다는 것을 지적한 것이다.

- 능취能取 – 인식하는 것.
- 소취所取 – 인식되는 것.

　능취와 소취는 둘 다 집착성의 습기입니다. 능취는 인식하는 것이고 소취는 인식되는 것입니다. 미래세의 나를 형성하는 데는 이 두 가지 습기가 크게 영향을 미칩니다. 내가 인식하는 것과 대상에게 인식되는 것 다 작용하는 것입니다. '이전의 다르게 성숙된 것이 멸할 때 또 하나의 다르게 성숙된 것이 생한다.'는 말은 현세의 몸이 죽을 때 현세의 몸 안에 있던 이숙식(제8식 아뢰야식)이 멸하고 미래세에서 태어날 몸에 들어갈 다른 이숙식이 생긴다는 말입니다. 윤회란 죽음과 삶이 끊임없이 되풀이 되는 것입니다. 이숙식이 멸하고 다른 이숙식이 생겨나는 것을 반복하는 것입니다.

죽음에서 재생으로

- 3) 죽음에서 재생으로
- [이전의 다르게 성숙한 것이 멸할 때] 현재세의 아뢰야식이 멸할 때라는 의미이다.
- 멸, 죽음에는 두 가지가 있다.
- (1) 수명을 가져오는 업력이 다하기 때문에 죽는다
- (2) 부귀영화를 가져오는 업력이 다하기 때문에 죽는다

죽음은 끝나는 것이 아니라 다음 생으로 잇는 것입니다. 죽음에는 두 가지가 있습니다. 첫째는 수명이 가져오는 업력이 다 하는 것입니다. 둘째는 부귀영화를 가져오는 업력이 다 하는 것입니다. 병 들거나 부귀영화가 다 해서 죽는 것입니다. 다시 태어날 때 다른 이숙식이 생겨나고 그것을 받습니다. 그 때문에 전생의 업보가 현생에서는 다르게 나타나는 것입니다. 예를 들어 내가 누구에게 천 만 원의 돈을 빌렸다가 그대로 죽었다면 다음 생애에서 나는 천 만 원에 해당하는 과보를 받게 됩니다. 나에게 돈을 빌려준 사람은 천 만 원에 해당하는 다른 것을 받는 것입니다. 해심밀경에서는 진리를 모르는 어리석은 사람이 윤회를 듣고 '나'가 있다고 생각할

까 봐 윤회를 이야기하지 않는다고 했습니다. 이숙식, 아뢰야식은 상주하거나 일정한 형태를 띠지 않고 주재성이 없습니다. 그러므로 우리는 끝없이 윤회를 하나 실체가 없고 나아가 주체도 없는 것이 됩니다. 실체가 없다고 해서 아뢰야식이 없어지는 것은 아닙니다.

029 제20송 삼종자성의 변계소집성

지난 시간에 나와 대상의 실체는 없고 오직 식만 있다고 했습니다. 그렇다면 부처님께서는 왜 세 가지 자성을 말했을까요? 부처님께서는 세 가지 자성은 식을 떠나지

> **만약 오직 식만이 있다면 무슨 까닭으로 부처님께서 여러 경전 중에서 세가지 자성을 말씀하셨는가?**
>
> • 마땅히 알지니, 세 가지 자성도 역시 식에서 떠나지 않는다. 무슨 까닭인가?
> • 유식 20송
>   유피피변계 由彼彼遍計 변계종종물 遍計種種物
>   차변계소집 此遍計所執 자성무소유 自性無所有
> • 그들 두루 계탁함에 의해서 갖가지 사물을 두루 계탁한다. 이 변계소집의 자성은 실재하지 않는다.
> • 계탁 : 의식의 작용으로 여러 사물을 잘 헤아려 분별함

않는다고 했습니다. 세 가지 자성이란 유식에서 우리의 성품을 분별한 것입니다. 세 가지 자성에는 변계소집성遍計所執性, 의타기성依他起性, 원성실성圓成實性이 있습니다.

삼자성
사물이 존재하는 양태(존재태)

• 1) 삼자성
변계소집성(망분별된 것)
의타기성 (다른 것에 의한 것)
원성실성 (완성된 것)

유식 20송을 봅시다. '유피피변계 변계종종물 차변계소집 자성무소유' '이러이러하게 두루 계탁(의식의 작용으로 사물을 잘 헤아리고 분별함)함에 있어서 갖가지 사물을 두루 계탁한다. 이 변계소집의 자성은 실재하지 않는다.'입니다.

세 가지 자성을 살펴봅시다. 변계소집성은 망분별된 것으로 원래 없는데 내가 있다고 착각하는 것입니다. 의타기성은 다른 인연에 의해 생긴 것입니다. 원성실성은 완성된 것으로 원래 있는 본질, 진여, 불성을 가리킵니다.

변계소집성은 내가 일으키는 분별에 의해 사물이 분별된 것입니다. 분별하는 종류가 많아서 '이러 이러 하게'라고 말합니다. 능변계의 허망분별을 가르키며, 허망분별에 의해서 갖가지 변계된 사물을 두루 계탁합니다. 허망하게 집착된 오온, 12처, 18계 등의 법, 자아의 지성 및 차별을 말합니다. 예를 들면 산길을 가다가 떨어져 있는 새끼줄을 보고 뱀으로 착각합니다. 내 분별에 의해 새끼줄을 뱀으로 본 것이 변계소집입니다. 우리는 어떤 것이든 모두 분별합니다. 여러 가지 개념이나 말을 사용하여 사물을 생각하는 것을 말합니다. 우리가 공부하고 있는 통섭불교원 건물의 가격이 10억 원을 합니다. 이때 10억이라는 가치는 원래 없는 것인데 변계소집에 의해 형성된 것입니다. 이것은 자신의 마음이고 육체입니다. 안 이 비 설 신에 의해 사물이 보이거나 소리가 들리거나 냄새를 맡거나 맛을 보거나 감각을 느낍니다. 실제로 있는 것처럼 보이지만 변계소집성은 실재하는 것이 아닙니다. 우리의 의식의 분별에 의해서 망분별된 것입니다. 망분별의 망이란 허망하게 생각하는 것입니다. 마음밖에 사물들이 존재한다고 그릇되게 분별하는 것입니다.

사물의 비존재의 증명

3) 사물의 비존재의 증명
안혜(安慧, 스티라마티)가 서술한 간단한 '이론에 의한 증명'과 '교설에 근거를 둔 증명'을 소개한다.
① 이론에 의한 증명
인식대상에 차이가 없을 때라도 그것을 이해하는 사람들이 서로 다르게 이해하는 일이 실제로 생긴다. 그러나 어떤 한 가지의 것에 서로 다른 다수의 실체가 있다고 하는 것은 불합리하다. 따라서 [말이나 개념을 사용해서] 구태여 존재한다고 생각되어진 것이기 때문에 분별의 대상은 존재하지 않는다고 알아야 한다.
② 교설에 근거를 둔 증명
또 진실로 수보리여, 범부나 이생이 집착하는 것처럼 여러 가지 사물이 존재하는 것은 아니다(반야경).

나와 대상과 같은 사물은 실재하지 않는다고 했습니다. 원래는 실재하지 않으나 망분별에 의해 있는 것처럼 느끼는 것입니다. 그렇다면 없다는 것을 어떻게 증명할까요? 인도에서 유식의 10대 논사 가운데 한 사람인 안혜는 '이론에 의한 증명', '교설에 의한 증명'을 이야기했습니다.

이론에 의한 증명은 이증으로 인식대상에 대해 차이가 없어도 그것을 이해하는 사람들이 서로 다르게 이해하는 일을 통해 증명할 수 있습니다. 그러나 한 가지 사물에서 서로 다른 다수의 실체가 있다고 하는 것은 불합리적인 말입니다. 예를 들어 물이 가득 차 있을 때 사람이 볼 때는 물입니다. 하지만 물고기가 봤을 때는 물이 아닙니다. 공기와 같이 봅니다. 다른 생명들이 보면 똑같은 물을 보고도 모두 다르게 봅니다. 사람과 물고기뿐만 아니라 다른 생명들에게도 물은 다르게 보입니다. 아귀에게는 물이 고름이나 피로 가득 찬 강이고 천인에게는 물이 보석으로 장식된 토지로 보입니다. 그러므로 이것의 실체는 원래 있는 것이 아니다는 것입니다. 안혜는 만약 물이라는 사물이 실재한다면 이러한 일이 일어날 수 없다고 했습니다. 이로써 사물이 비존재라는 것을 증명했습니다. 물이 실재한다면 모든 존재가 물을 물이라고 느껴야 하는 것입니다. 교설에 의한 증명은 교증이라고 합니다. 경전에 있는 내용으로 증명하는 것입니다. 안혜는 반야경의 '진실로 수보리여, 범부나 이생이 집착하는 것처럼 여러 가지 사물이 존재하는 것이 아니다.'를 인용하여 사물의 비존재를 주장했습니다. 사물은 원래 존재하지 않는데 우리의 분별을 통해 존재하는 것처럼 보일 뿐입니다.

 마음의 분별에 의해 물질을 만들어냅니다. 마음에 의해 형상화되고 물질화됩니다. 형상화, 물질화는 어떻게 일어날까요? 이것은 네 가지 연에 의해 이루어집니다.

마음이 형상화(물질화) 될 때

4) 마음이 형상화(물질화) 될 때
4가지 연이 모여 이루어진다.
인연(因緣), 등무간연(等無間緣), 소연연(所緣緣), 증상연(增上緣)
인연 – 선한 생각(보시등)이나 악한 생각(살생등)을 일으키는 것.
등무간연 –보시하자는 선한 생각을 갖고 있을 때, 보시해서 뭘해 그자가 게을러서 먹을 것이 없는 것이지,
할 때는 선한 생각이 끊어진다.
이 때 선한 생각이 끊어지지 않도록 하는 것.
소연연 – 경계
증상연 – 다른 법이 생기지 못하도록 힘이 되어주는 것.

네 가지 연이란 인연, 등무간연, 소연연, 증상연입니다. 인연이란 인과, 연기의 법칙입니다. 내가 생각을 일으키는 단계입니다. 등무간연이란 간격이 없이 바로 일어나는 연입니다. 내가 생각을 할 때 그 생각을 지속적으로 해야 형상화가 이루어집니다. 간격이 없이 일어난다는 것은 그런 뜻입니다. 한 번 힘을 가하면 지속적으로 운동을 하는 관성의 법칙과 유사합니다. 소연연은 대상에 의한 연으로 대상을 말합니다. 내가 마음을 내는 상대를 말합니다. 증상연은 대상과 나에 의한 연입니다. 내

가 생각이 일어날 때 다른 생각이 생기지 못하도록 힘이 되는 것입니다. 이 네 가지 연에 의해 마음에서 물질화, 형상화가 이루어집니다. 어떤 한 가지 생각이 일어나면 그 생각이 구체화되도록 하는 것이 이 네 가지 인연입니다. 그래서 한 가지 사물을 보면 '이것은 이것이다.'라고 확정하는 것입니다. 내 분별에 의해 대상이 물질화하는 것은 이 네 가지 연에 의한 것입니다.

마음이 형상화(물질화) 될 때

- 예를 들어
- 미워하는 경우
1) 미워하는 사람을 보는 것은 인연이고
2) 미워하는 행위를 계속 지속되게 하는 것은 등무간연이고
3) 미워하는 대상은 소연연이고
4) 미워하는 것 외에 다른 생각이 못 들어오게 하는 것은 증상연이다.

 사람을 미워하는 것을 예로 들어봅시다. 미워하는 사람을 보는 것은 인연입니다. 미워하는 마음을 지속되게 하는 것은 등무간연이고 미워하는 대상, 사람은 소연연입니다. 미워하는 마음 외에 다른 마음이 못 일어나게

하는 것이 증상연입니다.

변계소집성이란 우리의 망상 속에서 존재하는 세계입니다. 예를 들어 가치란 분별에 의해 생기는 것으로 마음이나 시각에 의해 매겨진 것입니다. 귀중품인 금은 금이 적거나 없는 곳에 가면 비싸지만 금이 많은 곳에 가면 귀중품이 아닙니다. 의타기성은 인연에 의해 생겼다가 인연이 없어지면 사라지는 것입니다. 예를 들어 자동차를 봅시다. 자동차를 열심히 타다가 기능이 다 하게 되면 차를 폐기합니다. 그렇게 되면 차가 없어집니다. 인연만큼 존재하다가 인연이 다 하면 없어집니다. 원성실성은 본질 자체입니다. 예를 들어 금에 대한 가치, 시각이 존재하지 않는 금 그 자체를 말합니다. 무엇인가 덮어쓰고 만들어낸 것이 아닙니다. 우리의 본성도 같습니다. 본성은 무부무기이고 선도 악도 아닙니다. 그런데 '나'라는 것이 생겨서 선도 되고 악이 되기도 합니다. 도둑을 잡는 것도 마찬가지입니다. 도둑의 습성, 본성을 알면 쉽게 잡을 수 있습니다. 진리를 알아야 올바르게 살고 부처가 될 수 있습니다. 우리는 원성실성을 알아야 부처라는 목적지에 갈 수 있습니다. 금목걸이를 예로 들어봅시다. 금목걸이를 보고 탐욕을 일으켜 훔치고 가격을 매기고 주관적 가치를 부여하는 것은 변계소집성입니다. 금목걸이가 우리 눈에 보이는 것은 연기법, 인연에 의해 존재하는 것으로 의타기성입니다. 존재하는 것의 본질을 깨달아 세계가 무위, 무상인 것을 인식하는 것이 원성실성입니다. 유식을 공부하는 것은 변계소집성과 의타기성을 알고 멸한 후 원성실성에 가기 위해서입니다.

내가 상대를 좋아한다면

- 6) 내가 어떤 상대를 좋아한다 했을 때
- 내 업에 맞는 만큼 좋아하는 것이다.
- 상대를 좋아하는 것이 아니다.
- 자신의 업을 좋아하는 것이다.
- 유식에서는 여자를 좋아하는 정염이 생겼을 때
- 왜 그런 생각이 일어나는지를 생각한다.
- 자신의 업(심소법)에 축적되어 있는 자신의 욕망 때문이라는 것을 인식한다.
- 인식하므로써 그것으로부터 벗어나게 된다.

배우 김태희는 마음에 드는데 하희라는 마음에 들지 않는다고 합시다. 내 심소에 저장되어 있는 업이 김태희처럼 생긴 모습은 마음에 들고 하희라처럼 생긴 모습은 별로인 것이지 상대방 모습 하고는 아무런 관계가 없습니다.

내가 상대방을 좋아한다면 내가 갖고 있는 업이 상대를 좋아하게 만드는 것입니다. 상대방과는 상관이 없습니다. 내가 상대방을 좋아하는 것은 내 업만큼 좋아하게 됩니다. 그것은 상대를 좋아하는 것이 아니라 자신의 업을 좋아하는 것입니다. 모든 일이 일어나는 주체는 상대방이 아니라 자기 자신입니다. 나는 잘 했고 상대방은 틀렸다고 생각하는데서 모든 문제가 생깁니다. 내가 이성을 좋아하는 정념이 생겼을 때 왜 그런 일이 일어났는지 생각해보면 자신의 업에 축적되어 있는 욕망 때문에 생긴 것임을 알 수 있습니다. 그것을 알면 객관적이 되어 집착으로부터 벗어날 수 있습니다.

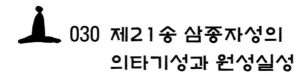

030 제21송 삼종자성의 의타기성과 원성실성

> **유식 21송**
> • 유식 21송
> 의타기자성 依他起自性 분별연소생 分別緣所生
> 원성실어피 圓成實於彼 상원리전성 常遠離前性
>
> • 의타기자성의 분별은 연에서 생겨난 것이다.
> • 원성실자성은 그것에 있어서 항상 앞의 것을 멀리 떠난 자성이다.

유식 21송을 봅시다. '의타기자성 분별연소생 원성실어피 상원리전성' '의타기자성의 분별은 연(인연)에서 생겨난 것이다. 원성실자성은 그것에 있어서 항상 앞의 것을 멀리 떠난 자성이다.'입니다.

소변계의 자성은 의타기성뿐입니다. 두루 계탁하는 심

왕등의 소연연이기 때문입니다. 변계소집은 집착심의 대상일 뿐 인식 대상이 아니기 때문에 능변계입니다. 두 가지 의지처인 견분과 상분은 실제로 연에 의탁해서 생겨나며, 이것의 체성이 비실재가 아닌 것을 의타기성이라고 합니다.

색심에서 일어나는 모든 법은 유루에도 있고 무루에도 있지만 대상의 여러 가지 연에 의해서 생기하기 때문에 의타기라고 합니다. 여기서 여러 가지 연이라는 것은 인연, 등무간연, 소연연, 증상연을 가리키며 마음에서 일어나는 모든 법은 이 네 가지 연에 의해서 생기하며, 제법은 인연과 증상연에 의지해서 생깁니다.

분별은 마음이며 구체적으로는 안식이며 나아가 아뢰야식 등 여덟 가지의 식입니다.

원성실자성은 변계소집성과 의타기자성을 떠나야 나타난다는 말입니다. 의타기와 분별에서 벗어나야 진리, 본질을 볼 수 있습니다. 진여를 나타냅니다.

진여는 언어가 끊어진 자리이며, 생각이 끊어진 자리이며, 무분별지에 의해서 능히 증지되는 절대의 경지로 무위를 의미합니다.

심소에 저장되어 있는 모든 업은 의타기입니다. 자성인 원성실은 의타기에 덮여 있는지 없는지 모르며 평생 의타기를 나인 줄 알고 사용하다가 가는 것입니다. 덮여 있는 의타기를 걷어내면 원성실이 찬란하게 모습을 드러내게 됩니다. 이것이 의타기로부터 멀리 벗어나는 것입니다.

> ## 다른 것에 의한 것(의타기依他起)
>
> 1) 다른 것에 의한 것(의타기依他起)
> 왜 '다른 것에 의한 존재태를 갖는 것'이라고 불리는가? 그것은 그것들이 [연으로부터 생한 것이기] 때문이다.
> 보다 상세히 말하면 분별 즉 제식은 자기 자신의 힘에 의해서가 아니라 자기 이외의 다른 것의 힘, 즉 '인'과 '연'에 의해 생하기 때문이다.

1. 의타기성

의타기성에 대해 자세히 살펴봅시다. 의타기란 말은 다른 것에 의한 것입니다. 의타기가 다른 것에 의해 존재 형태를 갖는 이유는 인연으로부터 생긴 것이기 때문입니다. 의타기자성의 분별, 모든 의식은 자기 자신의 힘에 의한 것이 아니라 자기 이외의 다른 것의 힘, 인과 연에 의해 생긴 것입니다. 예를 들어 눈을 감고 있는 상태에서 갑자기 눈을 떠 봅시다. 그러면 눈앞에 나팔꽃의 화분이 눈에 들어옵니다. 나팔꽃이 눈에 띄인 것은 우연히 눈을 뜬 그곳에 화분이 있다는 연의 도움을 입어 그것을 본다는 시각이 아뢰야식 속의 종자, 즉 '인'에서 생기게 된 것입니다. 시각 자체가 그것을 보려고 생각했던 것이 아닙니다. 그 생성에는 시각 자체의 의지나 힘이 아무런 작용을 하지 않았습니다. 그 시각은 스스로에 의한 것이 아니라 다른 것에 의한 것이라고 할 수 있습니다. 연의 도움을 입어 나, 육근, 인이 그 사물을 인식하는 구조입니다. 사물과 존재는 각각 사물이 생성하는 원인, 생성된 사물, 그 존재성에 있습니다. 사물이 생성하는 원인에는 인과 연, 분별이 있고 생성된 사물에는 의타기성, 분별된 것이 해당되고 그 존재성에는 인과 연은 존재하지만 분별에 의해 생긴 것은 존재하지 않습니다. 분별에 의해 망분별된 사물은 분별된 것이지만 그것은 원래 존재하지 않는 것입니다. 이것이 사물과 존재의 관계입니다. 우리는 인과 연에 의해 생긴 사물을 존재한다고 여깁니다. 내 분별에 의해 분별된 것이 사물입니다. 우리는 그 사물이 있다고 착각하지만 그 사물은 원래 존재하지 않습니다. 연과 연에 의해 분별된 사물은 현실세계에서는 1차적인 존재로 변계소집성이라고 합니다. 의식에 의해 분별 작용에 의해 생겨난 사물, 마음을 떠나 존재한다고 생각되는 사물은 현실세계에서는 2차적 존재입니다. 이것은 의타기성이라고 할 수 있습니다.

완성 된 것(원성실圓成實)

2) 완성 된 것(원성실圓成實)
[완성된 존재태를 갖는 것]
존재적으로나 인식적으로나 최고도의 존재성을 갖는 것을 말한다. 그 원어 parinispanna에 부정사를 덧붙힌 a-parinispanna는 '무유진실' '비진실'로 한역되어, 앞에서 논한 '망분별된 존재태를 갖는 것'을 형용하는 말이다.
따라서 parinispanna란 진실로 존재하는 것, 진실한 것을 의미하는 말이다.

2. 원성실성

원성실성을 봅시다. 원성실성은 완성된 것입니다. 존재적으로나 인식적으로나 최고도의 존재성을 갖는 것을 말합니다. parinispanna는 진실로 존재하는 것, 진실한 것을 의미합니다. 본질, 진여, 본 자성을 말합니다. 진여의 말 뜻은 존재하는 '그대로 존재하는 것'이라는 뜻입니다. 모든 마음의 번뇌가 불식될 때 자신의 마음 속에 나타나는 그대로의 존재, 진실성을 말합니다.

그 원어 parinispanna에 부정사 a를 붙여 '무유진실, 비진실'로 번역되어 망분별된 존재의 형태를 형용하는 말입니다.

진여의 원어는 tathata 이며, 뜻은 '존재하는 그대로 존재하는 것'입니다. 흙탕물이 고여 있을 때 몇 시간을 그냥 두면 모든 불순물이 가라앉아 깨끗한 물이 나타납니다. 청정이 된 것입니다. 이때 존재하는 그대로의 존재 상태가 된 것입니다. 이렇게 투명한 상태에서는 미세한 움직임도 모두 포착됩니다.

정적이든 지적이든 번뇌 망상이 사라지면 마음속에는 있는 그대로의 존재가 나타나게 됩니다. 이 상태를 진여라고 하며 진실재이며, 온 우주를 덮고 있는 하나일 뿐입니다.

변계소집과 의타와 원성실과의 관계
- 3) 변계소집과 의타와 원성실과의 관계

- 속박
- 정의적(혹은 신체적) 속박 – 알라야식 속에 잠재한 더러움에 물든 종자에서 유래하는 속박
- 지적인 속박 – 주관 객관이라는 이원적 대립에서 생긴다.

3. 삼종자성의 관계

변계소집성과 의타기성과 원성실성의 관계를 살펴봅시다. 원성실성은 의타기성, 변계소집성과 항상 떨어

져 있습니다. 이 두 가지를 버린 것입니다. 유식의 입장에서 볼 때 이 세상은 나와 대상이 없는 오직 식만 있을 뿐입니다. 진리도 결국 내 마음을 떠나 존재할 수 없습니다. 원성실성이 내 마음을 떠나 존재할 수 없는 것입니다. 그래서 다른 것에 의해 존재하는 것(의타기성), 마음속으로부터 모든 속박, 분별된 존재 틀을 갖는 것(변계소집성)이 제거되어야 원성실성이 나타날 수 있습니다.

변계소집을 이루고 있는 속박에는 두 가지가 있습니다. 정의적(신체적) 속박과 정신적 속박입니다. 정의적, 신체적 속박이란 아뢰야식 속에 잠재한 더러움에 물든 종자에서 유래한 것입니다. 정신적 속박인 지적인 속박은 주관과 객관이라는 이원적 대립에서 생기는 속박입니다. 변계소집을 이루고 있는 이 두 가지 속박에서 벗어나야 변계소집으로부터 떠나게 됩니다.

031 제22송 삼종자성의 불일불이

 남대문 보수공사는 정치 논리에 따른 졸속공정으로 한국 인들의 인간성을 잘 보여준 사건입니다. 반면 서양에는 1 세기 동안 지은 건물도 있습니다. 브루넬레스키의 돔이 그 대표적 예로 서양인들의 인간성을 잘 보여주고 있습니다.
 자신이 어떻게 하느냐에 따라 세상은 달라지게 됩니다.

유식 22송

· 유식 22송
고차여의타 故此與依他 비이비불이 非異非不異
여무상등성 如無常等性 비불견차피 非不見此彼

· 그러므로 이것은 의타기자성과 다른 것도 아니고 다르지 않은 것도 아니다. 무상 등의 성품과 같은 것이다. 이것(원성실성)을 보지 않고서는 그것(의타기성)은 보이지 않는다.

유식 22송을 봅시다. '고차여의타 비이비불이 여등상 등성 비불견차피' '그러므로 이것은 의타기성과 다른 것도 아니고 다르지 않는 것도 아니다. 무상 등의 성품과 같은 것이다. 원성실성을 보지 않고서는 의타기성은 보이지 않는다.'입니다.

원성실성은 본질, 진여의 개념이었고 식으로 따지면 제8식 아뢰야식이었습니다. 이것이 업에 의해 변계소집성, 의타기성으로 나타납니다. 만약 변계소집성과 의타기성을 이해하고 깨트리면 원성실성을 바로 볼 수 있습니다. 변계소집성이나 의타기성은 그대로 보는 것이 아니라 무엇인가 덧씌워진 상태에서 보는 것입니다. 22송을 살펴보면 '의타기성과 다른 것도 아니고 다르지 않다는 것도 아니다.'는 말은 원성실성이 밖으로 나타난 의타기성과 같기도 하고 그렇지 않기도 하다는 말입니다. 소승불교, 원시불교에 의하면 중생은 부처가 못됩니다. 부처가 되려면 수억 겁을 갈고 닦아야 합니다. 그 긴 시간 동안 죽도록 수행해도 언제 될지 모릅니다.

대승불교로 넘어오면 달라집니다. 중국 당나라 때 덕산선감 스님이 있었습니다. 덕산선감 스님은 금강경을 통달하여 별명이 주금강(금강경을 두루 통달하다) 이었습니다. 당시 중국 남쪽에는 선불교가 성행하고 있었고 북쪽에는 기존 교종을 따르고 있었습니다. 남방의 선불교에서는 바로 견성성불을 할 수 있다고 이야기합니다. 덕산 스님은 못마땅해서 그들의 코를 납작하게 해주려고 남방으로 내려가서 용담 선사가 머물고 있던 절에 도착합니다. 덕산 스님은 용담 선사에게 자신이 알고 있는 금강경 지식을 마구 늘어놓았습니다. 용담 선사는 실컷 듣다가 밤 9시가 되자 잠을 자자고 합니다. 밖이 어두워 용담은 촛불을 가지고 나갑니다. 그때 마침 용담이 덕산에게 촛불을 건네면서 꺼버립니다. 덕산은 촛불을 끈 순간 자신이 여태껏 금강경을 외우고 그 지식을 자랑하고 다녔던 것이 아집이었다는 것을 알았습니다. 허망한 경계에 있었다가 본질을 보게 된 것이었습니다. 자신의 본래 성품, 진여, 아뢰야식을 본 것입니다. 다음 날 일어나자마자 덕산은 자신이 갖고 왔던 금강경을 모두 불살라 버립니다. 이와 같이 대승불교로 넘어오면서 불교의 성격이 크게 바뀝니다. 소승불교에서는 수억 겁을 거쳐도 겨우 부처가 될까 말까 하는데 대승불교에서는 바로 부처가 될 수 있습니다. 소승에서 부처는 먼 존재였다면 대승에서는 바로 부처가 될 수 있습니다. 소승에서 대승으로 넘어오면서 누구나 쉽게 부처가 될 수 있다는 생각을 합니다.

1. 불일불이 不一不異

 유식 22송의 '이것은 의타기성과 다른 것도 아니고 다르지 않는 것도 아니다.'는 말은 익숙하지 않습니까? 반야심경을 보면 '같기도 하고 같지 않기도 하다.'는 말이 자주 나옵니다. 이것은 결국 같은 말입니다. 원성실성은 본질, 진리, 진여이고 변계소집성, 의타기성은 진여에서 나온 현상입니다. 결국 '진리에서 나온 현상은 진리와 같기도 하고 같지 않기도 하다.'는 뜻입니다.

깨달음의 세계와 미혹한 세계는 불일불이

• 1) 깨달음의 세계와 미혹한 세계는 불일불이 '완성된 존재태를 갖는 것]이란 깨달음 · 청정 · 진실의 세계이다.' 다른 것에 의한 존재태를 갖는 것 '이란 미혹 · 부정 · 허위의 세계이다. 통상적으로 말해 본다면 전자는 '열반' 후자는 '생사'의 세계이다.

 그렇다면 깨달음의 세계와 미혹한 세계가 같기도 하고 다르기도 한 것이 됩니다. 원성실성은 깨달음의 세계로 청정, 진실의 세계입니다. 의타기성은 미혹한 세계로 부정, 허위, 업의 세계입니다. 이것을 식과 연결시키면 원

성실성은 제8식 아뢰야식이며 의타기성은 제7식 말나식입니다. 원성실성은 열반의 세계이고 의타기성은 생사의 세계입니다. 즉 열반과 생사가 같기도 하고 다르기도 한 것입니다.

'진리에서 나온 현상은 진리와 같기도 하고 같지 않기도 하다.'는 말로 돌아가서 이 말을 살펴보면 결국 열반이 곧 생사이고 진리가 곧 현실이고 현실이 곧 진리란 말이 성립됩니다. 진리는 현상과 같기도 하고 같지 않기도 합니다. 앞에서 나온 덕산의 촛불도 그렇습니다. 어두운 가운데 촛불을 켜면 환한 세상 밖에 없습니다. 어둠이 번뇌, 미혹이라면 밝음은 진리, 진여입니다. 어둠이 밝아지면 번뇌가 보리, 진리가 되는 것입니다. 밝아지는 순간 어둠이 다른 곳으로 가는 것이 아닙니다. 어두움 자체가 밝아진 것에 불과합니다. 그래서 번뇌가 따로 있는 것이 아닙니다. 내가 수행을 해서 지혜를 터득하면 번뇌가 진리로 바뀔 뿐입니다. 번뇌와 진리는 동체로 알면 진리이고 모르면 번뇌인 것입니다. 본질을 알면 열반, 본질을 모르면 생사입니다. 본질을 모를 때는 끝도 없이 생사를 되풀이 합니다. 본질을 알면 열반적정의 세계가 펼쳐집니다. 이 두 가지는 같은 것입니다. 대승불교에서 말하는 '번뇌가 곧 보리이다.'라는 말이 바로 이 뜻 입니다. 번뇌가 보리가 되는 것이지 보리를 얻으면 번뇌가 다른 곳으로 가는 것이 아닙니다. 그래서 대승불교에서는 '이 괴로움에 찬 생사의 세계가 그대로 안락한 열반의 세계이다.'고 한 것입니다. 중생도 한 생각만 바꾸면 부처가 될 수 있습니다. 이러한 불일불이의 진리는 의타기성의 연으로부터 망분별된 것이 제거되지 않으면 볼 수 없습니다. 의타기성은 원래 원성실성에서 나온 것입니다. 두 가지는 다른 것이 아닙니다. 그러므로 이것을 바꾸어 의타기성의 망분별만 없애면 원성실성이 되는 것입니다. 의타기성은 또한 마음입니다. 마음의 모습에 따라 그것이 생사도 열반도 될 수 있습니다. 예를 들어 하늘을 봅시다. 의타기성이 하늘이라면 구름이라는 변계소집성을 걷어내 버리면 하늘이 태양(원성실성)의 빛으로 가득 차게 됩니다. 하늘의 모습은 이렇게 달라지지만 태양은 언제나 같습니다. 구름에 가려지든 가려지지 않든 언제나 태양은 그대로입니다. 앞에서 열반과 생사가 같은 것이고 번뇌와 보리가 같은 것이라고 했습니다.

2. 깨치기 전후의 증명

진여와 마음도 그러합니다. 깨치고 알면 내 마음이 진여이고 깨치지 못하면 무명이 됩니다. 세상사가 다 그렇습니다. 중생들은 아집에 의해서 관계를 보며 자기 자신의 고집만을 내세웁니다. 이렇게 되면 지혜를 얻을 수 없어 세상이 생사, 번뇌, 무명이 됩니다. 그러면 아무리 애를 써도 되는 일이 없습니다. 그러나 연기적인 관계를 이해하면 부처가 될 수 있습니다. 연기적인 관계를 이해한다는 것은 연기적인 입장에서 자기 자신을 보는 것입니다. 해심밀경에서 '승의제의 상과 제행의 상이 불일불이'하다고 했습니다. 승의제의 상은 진여이고 제행의 상은 중생이 보는 형상입니다. 유가사지론을 보면 '상과 진여가 불일불이'라고 합니다. 현양성교론을 보면 '승의제와 원성실성, 진여와 유상의 법이 불일불이'라고 합니다. 삼무성론을 보면 '5법 중 앞의 4법과 진여가 불일불이'라고 했습니다. 이런 것들이 전부 진여와 현상(마음)이 같기도 하고 같지 않기도 한 것을 말합니다.

현상과 본질의 불일불이

2) 현상과 본질의 불일불이
- 제행이란 일체의 현상적 존재를 말하며 무상이란 그것들이 생하여서는 멸해가는 찰나적 존재인 것을 말한다.
- 다시 말해 제행이란 '현상'이며, 무상은 그것의 '상태'를 말한다.
- 이 무상이라는 상태를 '무상하다'라는 형용사를 추상명사화해서 '무상성'이라 한다.

부처님이 깨치고 보니 존재하는 모든 것의 본질은 무상 무아였습니다. 모든 존재는 항상 일정한 형태 없이 끊임없이 변해 가며 나라고 할만한 주체적인 것이 없습니다. 제행과 같은 일체의 현상적 존재는 생하여 멸하는 찰나적인 존재입니다. 끊임없이 변합니다. 예를 들어 100년 후 우리가 여기에 존재할까요? 이미 다 사라지고 없습니다. 지금 이 형상을 가지고 남아 있을 사람은 아무도 없습니다. 다 변하거나 허물어져 없어집니다. 그러므로 제행의 상태가 바로 무상입니다. 이런 무상한 특성을 무상성이라고 합니다. 무상의 시작이 생이고 종착역이 멸입니다. 무상은 끊임없이 생멸합니다. 이것은 고통스럽고(고) 실체가 없고(공) 나란 것이 없습니다(무아). 현상의 모든 존재는 무상이므로 고이고 공이고 무아가 됩니다. 누구나 이런 성질을 보편적으로 갖고 있습니다.

완성된 본질을 보지 못하면 의타기성으로 원성실성을 볼 수 없습니다. 우리가 의식을 근거로 생각을 일으켜도 진리는 볼 수 없습니다. 이것은 우리가 꿈을 꾸고 있는 한 꿈을 꾸고 있다는 것을 자각하지 못하는 것과 같습니다. 꿈을 꿀 때는 꿈이 아니고 현실이지만 꿈에서 깨면 꿈임을 알게 됩니다. 본질을 모를 때는 우리가 실재하지 않는 것임을 모릅니다. 내가 본질을 알고 나면 이 세상 모든 것이 실재하지 않는 꿈에 불과한 것임을 알게 됩니다.

유식에서의 지혜

- 근본무분별지
- 진리 자체를 보는 지혜이다.
- 그것은 모든 지혜의 근원이 되기 때문에 근본이라 하며 주관과 객관의 대립이 없는 일원적 인식, 환언하면 진리와 합일된 지혜이기 때문에 무분별지라 한다. 유식적으로 말하면 진여에 통달하는 지혜이다.

유식의 지혜는 두 가지입니다. 가행위에서 근본무분별지와 후득청정세간지가 있습니다. 가행위란 산의 정상을 향해 끊임없이 올라가는 것으로 수행, 정진하여 성숙되어가는 단계입니다. 근본무분별지는 산의 정상에 다다른 단계입니다. 진리 자체를 보는 지혜입니다. 이것은 모든 지혜의 근원이 되고 주관과 객관의 대립이 없는 일원적인 인식입니다. 진리와 합일된 지혜입니다. 진여에 통달한 지혜입니다. 팔정도의 정견과 같습니다. 우리는 정상에 있는데 그치지 않고 세상에 다시 내려와야 합니다. 그것이 후득청정세간지입니다. 근본무분별지를 얻은 뒤에 얻어지는 청정한 지혜입니다. 우리가 정상에 오르는 이유는 정상에서 느낀 마음을 내려와서 펼치기 위해서 입니다. 그래서 부처님은 이 세상의 모든 중생을 부처로 만들기 위해 활동을 하는 것입니다. 일상적인 마음에서 보면 현상계는 잡다한 차별의 세계이고 실재하는 세계로 보입니다. 하지만 근본무분별지를 터득하면 상대적이고 차별적인 세계는 없어지고 절대의 세계가 나타납니다. 우리가 깨치지 못한 눈으로 볼 때 이 세상은 유위입니다. 하지만 깨달음의 눈으로 보면 이 세상은 무위입니다. 중생이 이 세상을 보면 중생의 세상이고 부처가 세상을 보면 부처의 세상입니다. 그러므로 이 세상을 이상적인 부처의 세상으로 만들기 위해서 우리는 부처가 되어야 합니다. 청원 유신 선사의 이야기를 봅시다. 성철 스님의 유명한 말이 '산은 산이오, 물은 물이다.'입니다. 유신 선사는 출가하고 30년 동안 열심히 공부해서 깨달음을 얻었습니다. 그리고 이렇게 말했습니다. "내가 30년 전 참선을 하지 않았을 때는 산을 보면 산이었고 물을 보면 물이었소, (의식으로 보는 산과 물) 선지식을 접하고 어떤 깨달음의 경지에 달했을 때 산을 보면 산이 아니었고 물을 보면 물이 아니었소, (세상의 본질이 보이는 단계) 그런데 이제 다시 세상을 보니 예전처럼 산을 보니 오로지 산이고 물을 보니 오로지 물이었소." 우리가 밥을 먹을 때도 똑같습니다. 우리는 밥을 먹으면서 온갖 생각을 합니다. 그래서 밥을 먹을 때 밥만 먹는 사람이 도를 깨친 사람이라고 할 수 있습니다.

032 제23송 삼무자성

유식성 즉 원성실성은 부처의 경계입니다. 진여를 봄으로써 마음속의 더러움을 소거시키면 세상은 환상이나 꿈같이 보이게 됩니다. 금강경을 보면 '여몽환포영'이란 말이 있습니다. 모든 것이 바로 꿈, 환상, 거품, 그림자와 같다는 말입니다. 인연과 관계에 의해서 잠시 머물다가 없어지는 것입니다. 그냥 우리는 행할 뿐입니다. 유식 20론에서 유식성이란 부처님의 경계라고 했습니다. 깨달은 자 즉 부처가 되어야 이 세계는 오직 식, 마음뿐이라는 것을 마음 깊이 알 수 있습니다. 유식이란 이 세상이 어떻게 되어 있는지 알고 나서 그것을 비우고 버리는 것입니다. 유식이란 배나 뗏목과 같습니다. 강을 건너기 위해서 필요하지 배나 뗏목 자체가 필요한 것은 아닙니다. 배에 있어서 강을 건너는 것이 중요하듯이 유식에 있어서 유식을 통해 얻는 그 깨달음이 중요한 것입니다. 앞에서 세 가지 자성에 대해 살펴보았습니다. 하지만 부처님께서는 모든 법에는 자성이 없다고 말씀하셨는데 이것은 무슨 말일까요? 식을 갖고 본질의 세계, 공의 세계로 들어가면 이렇습니다.

> **만약 세 가지 자성이 있다면, 어째서 부처님께서 모든 법은 다 자성이 없다고 말씀하셨는가?**
>
> · 유식 23송
> 즉의차삼성 卽依此三性 입피삼무성 立彼三無性
> 고불밀의설 故佛密意說 일체법무성 一切法無性
>
> · 곧 이 세 가지 자성에 의거해서 그 세 가지 무자성을 건립한다. 그러므로 부처님께서 밀의로써 모든 법은 자성이 없다고 말씀하셨다.

유식 23송을 봅시다. '즉의차삼성 인피삼무성 고불밀의설 일체법무성' '이 세 가지 자성에 의거해서 저 세 가지 무자성을 세운다. 그러므로 부처님께서 밀의로써 법은 자성이 없다고 말씀하셨다.'입니다.

여태껏 변계소집성, 의타기성, 원성실성의 삼성에 대해 살펴보았지만 본질, 정견으로 보면 이 삼성에는 자성이 없는 무자성이라는 것입니다. 원래 없는 것이라는 말입니다. 이해하기 쉽도록 있는 것 같이 설명한 것입니

다. 산길을 가다가 떨어져 있는 끈을 보고 소집에서 순
간적으로 경계를 일으켜 뱀으로 오인하였습니다. 소에
저장되어있는 뱀과 끈에 의해 끈을 뱀으로 착각했는데
좀 더 본질적으로 물들기 전의 성품에서 보면 원래 뱀도
끈도 없다는 것입니다. 여기서 끈을 뱀으로 착각하는 것
이 변계소집성입니다.

황룡사에 있는 9층 목탑을 보기 위해 수학여행을 갔습
니다. 가서 보니 신라시대 때 만든 황룡사 9층 목탑은
병자호란과 임진왜란을 겪으면서 불타고 소실되어 거룩
한 기상의 탑은 없고 흔적만 남아 있을 뿐입니다. 인연
소생에 의해 탑이 만들어지고 인연이 다 하여 탑은 소멸
되고 흔적만 남아 있습니다. 의타기성에 의해 조성된 탑
이 인연이 다 하여 흔적만 남아 있는 것을 보게 됩니다.
이때 탑을 만든 재료인 나무까지 다 타버리고 아무것도
남아있지 않습니다. 탑도 나무도 원래 없는 것입니다.

반야공과 유식공을 알면 무자성에 대해 좀 더 이해하
기가 쉽습니다. 쉽게 말해서 유식의 공과 반야사상의 공
입니다. 반야심경에서 "조견오온개공이며, 시제법공상"
이다 라고 했습니다. 선정삼매에 들어 존재의 실상인 오
온(다섯 가지 쌓임)을 살펴보니 모두 다 공하여 존재의
실상이 "공"이라는 것입니다. 오온은 다섯 가지 쌓임으

반야공과 유식공

1) 반야공과 유식공의 차이

① 반야사상에서는 일체제법이 개무자성이라고 본다.

② 이에 반해 유식사상에서는 일체제법이 결정적으로 무자성인 것은 아니라고 설한다.

② 의 유식의 입장에서 이제까지 서술해 왔던 '세 가지의 존재태' 즉 '3자성'설이 설해졌다.

로 색 수 상 행 식을 나타냅니다. 우주에 존재하는 모든 생명체(무생물까지 포함)는 육신과 정신으로 나누어집니다. 이때 육신을 이루는 부분인 물질 즉 색이며, 정신을 이루는 부분이 수 상 행 식입니다. 색은 수 상 행 식이 살고 있는 집이며 집에는 창문이 사방에 나 있습니다. 동쪽 창문에는 눈(眼)이 달려 있고, 서쪽 창문에는 귀(耳)가 달려 있고, 남쪽 창문에는 코(鼻)가 달려 있고, 북쪽 창문에는 혀(舌)가 달려 있어 사방을 감시하고 살피고 있습니다. 집체는 몸체(身)에 해당하며, 집 내부에 들어 있는 뜻(意)은 집체와 네 곳의 창문을 통하여 나타납니다. 정신작용인 수 상 행 식에서 수는 눈 귀 코 혀 몸으로 받아들인 것을 인식하는 감수작용이며, 상은 감수작용을 통하여 인식된 것을 형상화하는 표상작용이며, 행은 행위를 일으키게 하는 생성작용과 상의 작용과 식의 작용을 유지시키려는 결합작용을 하며, 식은 모든 의식을 통합하고 판단하는 분별작용을 하는데 원래는 오온이 공하다는 것입니다. 반야사상에서는 모든 법이 무자성이라고 봅니다. 자성이란 것은 원래 없다는 말입니다. 유식에서는 모든 법이 결정적으로 무자성인 것은 아닙니다. 중생은 없는 것을 있는 것이라 착각하기 때문에 있다고 가정하고 설명한 것입니다.

부처님께서 생전에 가장 오래 머물러 계셨던 곳이 사위성의 기원정사입니다. 기원정사를 지은 사람이 바로 수닷타 장자입니다. 부처님의 10대 제자 가운데 수보리는 수닷타의 조카입니다. 수보리는 부처님의 제자 가운데 진리를 보는 눈이 가장 뛰어났습니다. 부처님께서 천상의 세계에 설법을 다녀옵니다. 그래서 수 많은 제자들이 부처님을 마중하러 나갑니다. 그 가운데 연화색 비구니가 가장 먼저 부처님을 마중합니다. 연화색 비구니는 부처님을 가장 먼저 마중했다고 자랑스러워했습니다. 그러자 부처님께서는 "연화색 비구니여, 나를 가장 먼저 마중한 것은 그대가 아니라 수보리니라. 나의 법신을 가장 먼저 보았느니라."고 합니다. 그 법신이 다름이 아닌 반야공입니다.

033 제24송 삼무자성의 상무자 성, 생무자성, 승의무자성

> **유식 24송**
>
> • 유식 24송
> 초즉상무성 初即相無性 차무자연성 此無自然性
> 후유원리전 後由遠離前 소집아법성 所執我法性
>
> • 처음의 것(변계소집성)에서는 곧 상무자성을 말하고 다음의 것(의타기성)에서는 무자연성을 말한다. 나중의 것(원성실성)에서는 앞(변계소집성)에서의 집착된 자아와 법을 멀리 떠난 것에 의거하는 자성을 말한다.

　유식 24송을 봅시다. '초즉상무성 차무자연성 후유원리전 소집아법성' '처음의 것(변계소집성)은 상무자성을 말하고 그 다음의 것(의타기성)에서는 무자연성을 말하고 나중의 것(원성실성)에서는 변계소집성의 집착된 자아와 법에서 멀리 떠난 것에 의거하는 자성을 말한다.'

입니다.

　여기서는 3자성을 통해 무자성을 설명합니다. 3무자성은 상무자성, 생무자성, 승의무자성입니다. 상무자성은 변계소집성이고 생무자성은 의타기성이고 승의무자성은 원성실성을 말합니다. 예를 들어 우리에게 목적지가 있다고 한다면 처음에는 그 목적지를 향해 갑니다. 중간쯤 가면 힘에 부쳐서 포기하고 싶습니다. 그럴 때 '조금만 더 가면 목적지다'하며 어떻게든 끌고 갑니다. 조금만 더 가면 있는 것은 실제로는 목적지가 아닙니다. 중간에 힘이 부친 사람들을 끌고 가기 위한 구실일 뿐입니다. 자성과 무자성도 같습니다. 본질 목적지는 무자성이지만 사람들에게 무자성을 이해시키기 위해서 중간 목표로 자성을 이야기한 것입니다.

상무자성

3) 상무자성에 대하여
- [최초의 것은 상으로서의 비존재태를 갖는 것이다]
- '세가지의 존재태를 갖는 것' 중의 최초, 즉 '망분별된 것'은 '상으로서의 비존재태를 갖는 것'이라는 것을 말한다.
- 변계소집자성은 상무자성이라고 한다. 이 경우의 상이란 사물의 형상 혹은 특질을 말한다.
- 상분별된 것이란 실제로는 마음을 떠나서는 실재하기 않는데도 마치 실재하는 것처럼 개념이나 말로써 파악하는 것을 말한다.

1. 상무자성

상무자성은 처음의 변계소집성에 의지해서 세운 것입니다. 상은 체상體相의 뜻인데 변계소집성이 다만 망정의 앞에서만 나타나는 것입니다. 그 체상이 모두 무이기 때문에 상무성이라는 것입니다. 허공꽃空華은 눈 병자에게 나타날 뿐 실은 그 체상이 전부 무인 것에 비유하고 있습니다.

생무자성

- 확실히 실제로 여러 가지 마음이 거래한다. 하지만 우리는 그런 마음들을 자유자재로 생하게 할 수는 없다. 홀연염기라고 하듯이 우리의 마음속에는 여러 가지 생각이나 감정이 자기 의지와는 무관하게 연달아 생해서는 멸해간다.
- 이와 같은 마음의 타율적인 면과 그 존재성의 무상함을 '생으로서의 비존재태를 갖는 것'이라는 표현으로 설명하려고 했던 것일 것이다.

2. 생무자성

생무자성은 다음의 의타기성에 의해서 세운 것입니다. 의타기성은 중연衆緣에 의한 것입니다. 존재하고 있는 모든 것은 인연 소생으로 생겨난 것이기 때문에 자연정실自然定實의 성이 무無임에 생무자성으로 이름 부친 것입니다. 헛것으로 생긴 일이 가짜로 존재하는 것이어서 정실이 아닌 것에 비유하고 있습니다. 의타의 법은 인연에 의해서 생하여 망집할 만한 자연의 성이 없기 때문에 생무성이라고 합니다.

> **승의무자성**
> - 5) 승의무자성에 대하여
> - [그것은 모든 존재물의 승의이다. 그렇기 때문에 그것은 진여이다]
> - '완성된 것'의 '승의로서 비존재태를 갖는 것'이라는 것을 말한다.
> - 원성실자성은 승의무자성이라고 한다.
> - 그것이란, '세 가지의 존재태를 갖는 것' 가운데 마지막인 '완성된 것'을 말한다.

3. 승의무자성

승의무자성은 끝의 원성실성에 의해서 세운 것입니다. 승의勝義에서 승은 특성을 의미하고, 의는 경계를 의미하기 때문에 원성실성을 가리키는 것입니다. 원래 원성실성은 수승한 근본무분별지의 경계이기 때문에 승의라고 말한 것입니다. 원성실성은 허공과 같이 모든 곳에서 일미의 상태이며, 무구이며 무변화의 상태이므로 승의라고 합니다. 인식의 대상으로서도 또 존재 자체로서도 최고인 것, 최고의 가치를 갖는 것으로 간주하여 '진실재'인 것입니다.

　좀 더 구체적으로 승의는 네 가지로 설명할 수 있습니다. 첫째는 세간의 승의제로 5온 12처 18계를 뜻하며, 둘째는 도리의 승의제로 고집멸도의 사성제의 승의를 뜻하며, 셋째는 증득의 승의제로 두 가지 공에서 나타난 진여를 뜻하며, 넷째는 승의 승의제로 참다운 법계를 뜻합니다.

완성된 것

- 또 '완성된 것'은 허공과 같이 모든 장소에 있어서 일미의 상태이며, 무구·무변화의 상태이므로 '승의'라고도 해석하고 있다.
- '완성된 것'은 인식의 대상으로서도 또 존재 자체로서도 최고인 것, 최고의 가치를 갖는 것으로서 간주되고 있다. '진실재'인 것이다.
- 변계소집자성-상무자성-공화
- 의타기자성-생무자성-환
- 원성실자성-승의무자성-허공

　그러므로 상무자성은 없는데 있는 것으로 착각하는 허공꽃이며, 생무자성은 있는 것을 착각하여 헛것, 환이며, 승의무자성은 공인 것입니다.

유식성

034 제25송 유식성

  지구에서 가장 분쟁이 많은 지역은 이스라엘 땅일 것입니다. 유태인에 의해 형성된 디아스포라라는 유태인의 집단은 아직도 존재합니다. 중동 지역은 기독교와 이슬람교의 전쟁이 끊일 날이 없습니다.

  지금은 집단에 의한 이기심이 만연해 있습니다. 어떤 집단이든 자신의 집단을 위해 이기적인 행동을 하고 있습니다. 특히 종교, 정치 등에 만연해 있습니다. 이런 이기심이 해소되어야 사람들의 삶이 자유로워지고 편해질 수 있습니다. 이것이 현대인들에게 주어진 큰 과제 중 하나입니다. 어떻게 하면 모든 집단이 잘 살아갈 수 있는가를 생각해야 합니다. 인과는 개인에 의한 인과도 있지만 집단에 의해 받는 인과도 있습니다. 예를 들어 우리는 이 시대에 태어났기 때문에 이런 인과를 받고 있는 것입니다. 능력과 인품이 훌륭한 사람이 있습니다. 그 사람은 좋은 대학을 나와 일류 기업에 취직을 했으나 당시 국제 정세, 국내 사회 문제 등으로 기업이 망해버렸습니다. 그로 인해 그 사람이 가난한 삶을 살아가게 되었다면 이것은 집단의 인과를 받은 것입니다. 만약 우리가 미국이나 영국 같이 영어를 쓰고, 전쟁 위험이 별로 없는 잘 사는 나라에 태어났다면 얼마나 편한 삶을 살았겠습니까? 그러나 현재 우리는 분단되어 전쟁 위험이 항상 도사리고 있는 한국 땅에 태어났습니다. 한국 땅에 태어난 것도 집단의 인과를 받았기 때문입니다. 우리의 업이 이 땅에 태어나게끔 움직이고 짜여진 것입니다. 그래서 환생을 하면 살았던 곳 근처에서 계속 태어나는 것입니다. 그러면서 불일불이입니다. 나와 내 사진의 관계입니다. 사진은 나와 같기도 하여 불일이며, 또한 다르기도 한 불이입니다.

유식 25송

• 유식 25송
차제법승의 此諸法勝義   역즉시진여 亦卽是眞如
상여기성고 常如基性故   즉유식실성 卽唯識實性

• 이것은 모든 법의 승의이며 또한 곧 진여이다.
• 상주하고 평등한 것이면서 그것의 자성이기 때문에 곧 유식의 참다운 성품이다.

유식 25송을 살펴봅시다. '차제법승의 역즉시진여 상여기성고 즉유식실성' '이것은 모든 법의 승의이며 또 진여이다. 상주하고 평등하며 그것의 자성이기 때문에 유식의 참다운 성품이다.'입니다.

이것은 원성실성에 대한 설명입니다. 원성실성은 본질이자 진여이며 유식성이기도 합니다. 원성실성을 바다의 파도에 비유해봅시다. 바다에 가면 갈매기들이 날아다니는 것을 볼 수 있습니다. 그러다가 파도가 잠잠해지니까 저 멀리 파도에 가려져 있던 청산이 보입니다. 파도는 바로 진여, 본질을 가리는 변계소집성, 의타기성이라고 할 수 있습니다. 청산은 원성실성, 진여, 본질인 것입니다.

진여

1) 진여에 대하여
스티라마티(Sthiramati, 안혜)는 '법계와 동의어에 속하는 모든 말로써도 표현된다'고 설명한다.
비니타 · 데바는 동의어로서 공성 · 실제 · 무상 · 불이성 · 무분별계 · 불가언성 · 불생불멸 · 무위 · 열반 등을 들고 있다.
이 외에 법성이라는 말도 동의어로서 들 수 있다.

원성실성은 진여입니다. 진여란 법계와 같은 말입니다. 공성, 실제, 무상, 불이성, 무분별계, 불가언성, 불생불멸, 무위, 열반입니다. 이것들이 진여의 특징이자 동의어입니다. 진여는 공하고 실재하는 본질이며, 끊임없이 변하며, 다르지 않으며, 분별이 없으며, 말로 표현할 수 없으며, 생하지도 않고 멸하지도 않습니다. 진여는 있는 그대로 존재하는 사물을 말하기도 합니다. 그래서 '그와 같은 존재'라고도 합니다. 진여는 성지의 소행(성인의 지혜가 행동으로 나온 것)이며 성지의 경계이며 무분별지의 경계(분별이 없는 단계)이며 반야의 경계입니다. 진여는 객관과 주관이 없어진 청정한 지혜에서 나타나는 존재의 모습입니다. 이렇게 진여, 원성실성에 대해 여러 가지 말로 설명을 했지만 결국 본인이 체험하고 체득해야 제대로 알게 됩니다. 말로는 다 표현할 수 없는 것입니다. 25송에서 원성실성, 진여가 평등하다고 했습니다. 평등하다는 것은 걸림이 없는 것입니다. 진여는 어느 누구에게나 똑같이 적용되는 것입니다. 삼라만상에 들어있는 진여의 성품은 하나인 것입니다. 나비에게는 나비의 특성이 있고, 개에게는 개의 특성이 있고, 사람에게는 사람의 특성이 있지만 진여의 성품은 다 같다는 것입니다.

유식인 것의 의미

- 3) 유식인 것의 의미
- '완성된 것'은 진여라고 하는데 그것은 또 '유식성'이라고도 한다.
- 유식성은 원어로 vijnapti-matrata라 한다. 즉 '모든 것은 오직 식에 지나지 않는다'라는 말인 vijnapti-matra에 추상명사를 만드는 접미어 -ta를 붙인 것으로 '유식인 것'이라는 것이 그 원뜻이다.

진여는 '완성된 것'을 의미하는데 이것을 유식성이라고 합니다.

25송을 보면 '유식의 참다운 성품'이란 말이 나옵니다. 이것은 유식성을 나타낸 것입니다. 유식성은 vijnapti - matrata이며, 뜻은 '모든 것은 오직 식에 지나지 않는다.' 입니다. 형상, 모양 즉 겉으로 나타나는 것을 유식상이라고 한다면 본질, 본성은 유식성이라고 합니다. 우리는 유식성을 체험해야 하는데 그 유식성을 체험하는 과정을 유식위라고 합니다.

안혜는 25송의 '그것은 바로 유식의 참다운 성품이다.'는 말은 현관을 말하는 것이라고 하였습니다. 현관이란 진리, 진여를 지혜 즉 무분별지로 보는 것을 말합니다. 이것은 안혜가 유식성을 객관으로서의 진여가 아니라 주관으로서의 무분별지로 파악하려고 했던 것입니다. 말하자면 유식성은 자기의 주관이 개입된 진여라는 것입니다. 그러니까 유식성이란 주관이 개입되어 객관적인 것이 아니라는 것입니다. 그러므로 유식성, 원성실성은 진리에 도달했을 때의 마음이기도 하지만 진리의 세계에 도달하기 위한 방편인 것입니다.

제
7
장

유식위

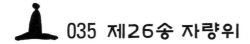

035 제26송 자량위

다음 다섯송의 게송에서는 유식의 수행단계를 밝힌다.

- 이상과 같이 설명된 유식의 성품과 양상을 누가 몇 가지 단계에 의지해서 어떻게 깨달아 들어가는가?
- → 대승의 두 가지 종성을 갖추는 것을 말한다.
- 첫째는 본성에 머무는 종성이니,
- 아득한 옛적부터 근본 식에 의탁해서 본래부터 있는 무루법의 원인이다.
- 둘째는 훈습으로 이루어진 종성이니,
- 법계로부터 평등하게 흘러나오는 법을 듣고나서, 들어서 얻는 지혜 등의 훈습으로 이루어진 것이다.

26송부터 30송까지는 유식의 수행 단계입니다. 유식위는 진여를 몇 가지 단계로 깨달을 수 있는지 설명한 것입니다. 우선 종성에 대해 살펴봅시다. 대승에는 두 가지 종성이 있습니다. 하나는 본성에 머무르는 종성입니다. 두 번째는 훈습으로 이루어진 종성입니다. 예를 들어 물은 원래 자연스럽게 맑아지는 것도 있지만 노력으로 맑게 할 수도 있습니다. 본성에 머무르는 종성은 선천적으로 타고나는 것, 본래부터 갖고 있는 것입니다. 훈습으로 이루어진 종성은 내가 배우고 노력해서 갖게 되는 것입니다. 그러나 아무리 노력해도 원래 내가 가지지 않았다면 할 수 없습니다. 노력해서 얻어지는 것도 원래 내 속에 들어있었던 것입니다. 원래 있던 것을 개발해서 잘 하는 것입니다. 그렇다면 선천적으로 잘하는 것은 어떻게 설명할 수 있을까요? 그것은 환생을 할 때 전생의 기억을 잊지 않으면 가능합니다.

유식의 수행 단계는 다섯 개로 나누어져 있습니다. 앞에서 유식위를 설명했습니다. 유식성을 체험하기 위해 깨달아가는 실천 단계입니다. 다섯 단계에는 자량위, 가행위, 통달위, 수습위, 구경위가 있습니다.

다섯 개의 유식위를 구사론과 연결시키면 자량위는 삼

유식위

- 자량위(資糧位), 가행위(加行位), 통달위(通達位), 수습위(修習位), 구경위(究竟位)

- (참고) 구사론에서 수행의 단계 삼현, 사선근, 견도, 수도, 무학도와 비교

유식과 구사론

자량위(資糧位)	▶	삼현
가행위(加行位)	▶	사선근
통달위(通達位)	▶	견도
수습위(修習位)	▶	수도
구경위(究竟位)	▶	무학도

현이고 가행위는 사선근이고 통달위는 견도이고 수습위는 수도이고 구경위는 무학도입니다. 화엄경에서 보살의 수행단계 52위를 보면 십신, 십주, 십행, 십회향, 십지, 묘각 입니다. 첫 번째 자량위는 삼현이며 십신, 십주, 십행이 여기에 속합니다. 이것은 대승에서 말하는 순해탈분을 닦는 것입니다. 식의 성품과 양상에 의지해서 깊이 믿고 이해하는 것입니다. 두 번째 가행위는 사선근이며 십회향이 여기에 속합니다. 이것은 대승에서 말하는 순결택분을 닦는 것입니다. 세 번째의 통달위는 견도이며 보살 십지의 초지에 해당합니다. 네 번째는 수습위이며 보살 십지에 해당합니다. 다섯 번째 구경위는 무학도이며 불과에 해당합니다.

　자량이란 영양분을 공급하는 것입니다. 스스로 쌓아가는 단계입니다. 자량위에 대한 설명이 바로 유식 26송입

- **유식 26송**
- 유식 26송
내지미기식 乃至未起識 구주유식성 求住唯識性
어이취수면 於二取隨眠 유미능복멸 猶未能伏滅

- 이에 식을 일으켜서 유식의 성품에 안주하기를
  구하지 않는데 이르기까지는 이취의 수면에 대해
  서 아직 조복하고 단멸할 수 없다.

니다. '내지미기식 구주유식성 어이취수면 유미능복멸'
'이에 식을 일으켜서 유식성에 주하기를 구해도 아직 이
취(능취와 소취)의 수면을 복멸시킬 수 없다.'입니다.

　이것은 자량위의 단계를 설명한 것입니다. 유식성에
식이 머물지 않으면 두 가지 집착을 일으키는 잠재 위험
이 소멸되지 않습니다. 유식성에 머물기 전의 단계입니
다. 아직 머물지 못한 것입니다. 부처가 되기 위해서는
열심히 공부를 해야 합니다. 자량위는 이런 것입니다.
예를 들어 우리가 높은 곳에 올라가려면 사다리가 있어
야 하고 먼 길을 떠나려면 교통수단과 먹을 것이 있어야
합니다. 사다리와 교통수단, 먹을 것을 챙겨 먼 길을 잘
다녀올 수 있게 하는 것이 자량위에 속합니다. 진심으로
마음을 내어 공부하는 것입니다. 이 단계에서는 번뇌망
상을 자제할 능력이 없어 번뇌망상이 마구 일어납니다.

여기서는 이취의 수면을 복멸시킬 수 없습니다. 이취인 능취와 소취, 주관과 객관이 있는 그대로 나타나는 것입니다. 이것들을 소멸시키기 위해서 공부하는 것입니다.

 의타기의 입장에서 보면 능연을 능취라 하며, 소연을 소취라고 합니다. 이것은 견분과 상분을 가리키는 것이며 견분은 능히 상분을 취하기 때문에 능취이며, 상분은 견분에 취해지는 것이기 때문에 소취인 것입니다.

 변계소집의 입장에서 보면 견집見執을 능취라 하며 상집相執을 소취라 합니다. 능취의 견분이나 소취의 상분을 인연으로 하여 내가 있다고 집착함으로써 무아, 공아를 체득할 수 없습니다. 이취를 집취하는 것이 번뇌장과 소지장이 됩니다. 번뇌장은 변계소집의 실재하는 내가 있다고 집착하는 아집我執에서 생기는 것입니다. 소지장은 변계소집의 실재하는 법(존재, 삼라만상)이 있다고 집착하는 법집法執으로부터 생기는 것입니다. 아집은 법의 작용으로부터 생하는 것이며 법집은 법의 본체로부터 생하는 것입니다. 그러므로 아집을 소멸해도 법집은 남지만 법집을 소멸하면 아집은 그냥 없어지게 됩니다. 법집으로부터 일어난 대상 경계가 실상을 가리고 있어 이것으로 인해 보리의 묘지를 얻지 못하는 것입니다. 그래서 번뇌장을 끊어 열반에 들고 소지장을 끊어 보리를 증득 하는 것입니다.

036 제27송 가행위

　불교 교리의 핵심 개념 중 하나가 연기입니다. 연기의 기본적인 속성 중 하나가 원을 세우고 노력하면 그 노력한 만큼 이루어진다는 것입니다. 예를 들면 기도가 그렇습니다. 기도는 자석과 같습니다. 내 속에 흩어진 것들을 하나로 모으는 것입니다. 한쪽 방향으로 모으는 것입니다. 연기는 연속성과 보복성을 가지고 있습니다. 이 생에서의 삶이 다음 생을 결정합니다. 다음 생의 삶은 이번 생의 삶을 연속해서 이어갈 뿐입니다. 못 살다가 잘 살아지지는 않습니다. 우리는 수행을 해야 합니다. 수행이 쌓여 다음 생에 더욱 좋은 삶을 살 수 있습니다. 수행의 가장 좋은 방법에는 위빠사나와 사마타가 있습니다. 삶을 관조하고 그 관조에 집중해야 합니다. 보복성이란 이번 생에 한 만큼 다음이나 다다음 생에 돌아오는 것입니다. 베푼 만큼 돌아오는 것입니다. 내가 좋은 삶을 살고 싶으면 선한 행동을 해야 합니다. 이것이 바로 연속성과 보복성입니다. 이러한 연속성과 보복성도 수행과 공부의 바탕이 잘 되면 수월해 질 수 있습니다.

 공부가 쉬우면 하는 맛이 없습니다. 돌이켜보면 공부를 잘 하려고 애쓸 때가 가장 좋습니다. 가행위란 자량위의 다음 단계로 유식성에 머물려고 애쓰는 단계입니다. 무엇인가 맛을 보고 더 잘 하기 위해 거기에 몰두하는 것과 같습니다. 진여, 본질, 유식성의 맛을 좀 본 것이라고 할 수 있습니다. 예를 들어 공부를 하여 일등을 한 사람은 공부에 재미가 붙어 아무리 말려도 듣지 않고 공부만 합니다. 이와 같이 맛을 보고 끊임없이 노력하는 것이 가행위입니다.

유식 27송

• 유식 27송
현전립소물 現前立少物 위시유식성 謂是唯識性
이유소득고 以有所得故 비실주유식 非實住唯識

• 현전에 작은 사물을 건립하여 유식의 성품이라고 말하면 얻은 바가 있기 때문에 진실로 유식의 성품에 안주하는 것이 아니다.

유식 27송을 봅시다. '현전립소물 위시유식성 이유소
득고 비실주유식' '현전에 작은 사물을 세워 유식성이라
고 말하는 것이다. 얻어야 하는 것이 있기 때문에 진실
로 유식성에 주하는 것은 아니다.'입니다.

이것은 가행위를 말한 것입니다. 사진(현전의 작은 사
물)을 보고 실물(유식성)이라고 생각하는 단계입니다.
실물을 아직 보지 못한(유식성에 주하지 못한) 단계입니
다. 아직 얻어야 하는 것(유식성, 실물)이 있습니다.

가행위
- 유식성에 주하려고 애써는 단계
- 직접 진여를 보지 못하고
- 사진을 찍어서 알게 하는 단계
- 사진을 찍어서 사진을 진여로 인식하는 단계이기
  때문에 아직 실물을 보지 못한단계
- 아직 생각이 남아서 무소득이 못되고 유소득인
  단계

가행위는 직접 진여를 보지 못하고 사진을 통해서 보
는 단계입니다. 실물을 보지 못하고 가짜인 그림자만 보
는 것입니다. 사진을 찍으면 사진을 진여로 인식하는 단
계라고 할 수 있습니다. 아직 실물을 보지 못한 단계로

생각이 남아 무소득이 되지 못하고 유소득인 상태입니다. 이득을 떠나지 못한 것입니다. 본질에 들어가려면 이득을 떠나야 합니다. 사진이라도 보고 목적이 생겨 온 몸을 던져 노력하는 것이 가행위의 단계입니다. 가행위와 같은 상태를 겪어보지 않으면 그 다음 단계로 나갈 수가 없습니다. 가행위와 유사한 경험이라도 하지 않으면 알 수 없습니다.

가행위는 내지에 아닐 '비非'자가 들어있어서 주 하려고 애쓰는 단계입니다. '시是'자가 들어가지 못하는 것은 이취二取가 섞이기 때문입니다. 이취만 하는 것이 아니라 이취를 취하는 것입니다. 견분한 능취, 상분한 소취, 실법으로 생존하는 것, 또 이취를 취하는 것이 능취, 소취, 견분, 상분입니다. 이취를 취하는 것이 집착입니다. 자량위는 '내지'로 주 하려고 애쓰지 못하는 단계이며 그것은 이취가 섞여 요달하지 못하는 것입니다. 가행위에 와서는 이취를 요달하는 것이 쉽지만 초지에 들어가면 이지가 명합해서 그림자와 형상이 합해지는 것입니다. 가행위에는 아직도 이지가 명합이 되지 않지만 거기에 들어가기 전에는 전7식이 8식입니다. 세상에 내놓은 실상은 5위 100법입니다. 자기 식으로 인식하는 것입니다.

여기까지는 직접으로 진여를 관여하지 못합니다. 진여

는 카메라에 의해 사진을 찍은 것과 같습니다. 실물을 인식하는 것이 아니라 눈이 사진을 찍어서 인식하는 것입니다. 진여인 본성을 관여하지 못하고 사진 찍어서 알게 하는 것입니다. 현전립소물現前立少物은 현전에 작은 사물을 건립하는 것입니다. 그림자 찍힌 것을 소물이라 하는데 이것을 진여로 인식하여 직접 명합하는 것입니다. 실물이 아니라 찍은 그림자로 반연하는 것입니다. 현전에서 소물을 세워서 그림자를 진여로 보니까 참 진여를 보지 못한 것입니다. 사진 보고 진여라고 하는 것입니다. 중매를 할 때 먼저 사진을 보는 것처럼 실물은 아직 보지 못한 상태입니다. 그것을 현전에 소물을 세워서 유식하게 하는 것으로 사진을 진짜라 하여 소득이 있으면 진여에 계합하지 못합니다. 아직 생각이 남아서 무소득이 되지 않고 유소득이 되는 것으로 가행위까지는 유식성이 주가 되지 못한 것입니다.

가행위는 삼매에 들어 자비심을 획득하려고 목숨을 걸고 수행 정진하는 단계입니다. 수행의 계위에 따라 난煖, 정頂, 인忍, 세제일법世第一法의 4단계가 있습니다. 난은 번뇌의 불길을 모두 태워 부처를 이루는 전조의 단계이며, 정은 높은 정상에 오른 것처럼 수승한 지혜와 깨달음을 얻은 심경이 되는 단계이며, 인은 물러남이 없는 결정적인 인가를 얻은 단계이며, 세제일법은 세간에서 최고의 지혜와 도를 얻은 단계입니다.

 가행위에서 수행을 하다보면 이러한 4단계를 경험하게
됩니다.

037 제28송 통달위

유식 28송

• 유식 28송
무득불사의 無得不思議 시출세간지 是出世間智
사이추중고 捨二麤重故 편증득전의 便證得轉依

• 얻은 바가 없고 사량 분별할 수 없으며 이는 출
세간의 지혜이다. 두 가지 추중을 버리기 때문에
문득 전의를 증득한다.

유식 28송은 통달위입니다. '약시어소연 지도무소득
이시주유식 이이취상고' '만약 어느 때에 인식 대상에
대해서 지혜로 전혀 얻는 바가 없을 때 유식성에 주하게
된다. 이취의 모습을 떠났기 때문이다.'입니다. 유식의
본질, 본성, 원성실성에 들어간 상태입니다.

통달위에 가면 이지명합二智冥合이 됩니다. 능증지의 지智와 소연지의 이理가 한 덩어리가 되어 버립니다. 논증지에서 밝은 지혜가 나타나는 지와 소연할 때 사물의 이치에 철저하게 밝은 소연지를 말하며 이때 지는 진여를 말하는 것입니다. 가행위의 세제일법을 얻고 난 다음 찰나에 무루지의 하나가 비로소 발득하는데, 이것을 무분별지無分別智라고 합니다. 진여를 증득하는 무분별지는 실로 모든 지혜의 근본이기 때문에 근본지라고도 합니다. 이 지가 발득해서 유식의 실재 성품을 비추어 보고 난 뒤에 다시 분별에 의해 남아있는 것을, 감지하기 어려운 지를 일으켜 의타의 사상事相들을 알게 됩니다. 그렇기 때문에 이 지를 후득지後得智라고 합니다. 통달위에서는 무분별지가 나타나고 수습위에서 비로소 후득지가 나타나게 됩니다. 이 지에 의해서 진여의 도리를 발득하는 것입니다. 소연에 가서는 지혜가 도무지 소득이 없습니다. 소득이 없으면 비로소 유식이 주가 되어 능취 소취가 떠나게 됩니다.

돋보기에 햇빛을 쬐면 빛이 한곳에 모여 물건이 타듯이 우리는 무엇을 모아야 일을 이룰 수 있습니다. 가행위를 지나면 통달위에 이릅니다. 통달위란 실물을 보는 단계입니다. 체험을 통해 진여를 보는 단계입니다. 진리

통달위
- 진짜 실물을 보는 단계, 체험을 통해 진여를 보는 단계, 견성했다 하는 단계.
- 성철스님과 향곡스님
- 이지명합하는 단계
- 능증지의 지와 소연지의 이가 한덩어리가 되는 단계
- 지혜가 도무지 소득이 없는 무소득의 경지로 비로소 유식이 주가 되어 능취와 소취가 떠나는 단계

와 지혜가 합해지는 단계입니다. 이지명합이 되는데 여기서 지는 능증지의 지이고 소연지의 이입니다. 이것이 하나가 되는 것입니다. 능증지는 주관이고 소연지는 객관입니다. 주관과 객관이 하나가 되는 것, 즉 나와 대상이 하나가 되는 단계입니다. 지금 이 상태에서는 나와 대상이 하나가 될 수 없습니다. 하지만 뿌리를 보고 나면 모두 다 같습니다. 하나의 뿌리로 되어 있습니다. 통달위는 나와 이 세상이 하나가 된 단계입니다. 지혜가 소득이 없는 무소득의 경지가 되고 비로소 유식이 주가 되어 능취, 소취가 떠난 단계입니다. 흔히 말해 견성을 한 단계입니다. 한 단계를 넘어서려면 커트라인 점수를 뛰어넘어야 하는 것과 같은 이치입니다. 자량위와 가행위를 통해 열심히 한 것이 드디어 터지는 단계가 통달위

입니다. 현대 한국 불교의 전환기가 된 성철스님, 향곡스님 등이 중심이 되어 봉암사에서 결사가 있었습니다. 어느 날 성철스님이 지나가던 향곡스님을 붙잡고 "죽은 사람을 죽여 다 하여야 산 사람을 보고 죽은 사람을 살려 다 하여야 죽은 사람을 본다고 했는데, 이것이 무엇인가?"고 물었습니다. 향곡스님은 대답을 하지 못했습니다. 향곡스님은 그 후 약 3주 동안 식음을 전폐하고 잠도 자지 않고 그 질문에 대한 생각만 했습니다. 비가 억수같이 오는 어느 날 향곡스님은 그 생각을 하며 걸어가고 있었는데 자신의 팔이 움직이는 것을 보고 깨달음을 얻습니다. 이 순간 확철대오한 것입니다. 향곡스님은 이때 깨달음의 순간을 오도송으로 나타냅니다.

홀연히 두 손을 보니 전체가 살아났네.
삼세의 불조들은 눈 속의 꽃이요.
천경만론이 모두 무슨 물건이었던고?
이로부터 불조들이 모두 몸을 잃었도다.
忽見兩手全體活 三世佛祖眼中花
千經萬論是何物 從此佛祖總喪身

봉암사의 한 번 웃음 천고의 기쁨이요.
희양산 구비구비 만겁토록 한가롭네.

내년에도 또 있겠지 둥글고도 밝은 달.
금풍이 부는 곳에 학의 울음 새롭구나.
鳳巖一笑千古喜 曦陽數曲萬劫閑
來年便有一輪月 金風吹處鶴淚新

　깨달음을 얻는 향곡스님은 성철스님을 찾아가 자신이 받았던 질문을 그대로 성철스님께 되물었습니다. 향곡스님이 깨달은 지혜가 바로 통달위인 것입니다. 향곡스님의 일화에서도 알 수 있듯이 몰두하지 않으면 통달위를 얻을 수 없습니다.

　깊은 산 속 암자에 두 젊은 스님이 견성을 결심하고 무문관 결사를 하고 있었습니다. 겨울이 지나고 봄이 되자 마을 처녀가 나물을 캐러 그 암자까지 오게 되었습니다. 잘 생긴 스님과 처녀는 눈이 맞아 마을로 내려가 결혼하였습니다. 10년이 지나도 아이가 생기지 않았습니다. 그러던 어느 날 태기가 있고 사내아이를 낳았습니다. 두 부부는 금이야 옥이야 키웠습니다. 겨울이 지나고 따뜻한 봄 날이 되었습니다. 남편은 아이를 업고 마당으로 나왔는데 나오자마자 아이가 등 뒤에서 저것 저것 하고 아버지는 뭐? 뭐? 하다가 아이가 숨이 넘어갔습니다. 성질 급한 아이는 그대로 죽었습니다. 장례를 치루어 놓고 아버지는 도대체 아이가 등 뒤에서 저것 저것 한 것이 무엇인지 생각하다가 그대로 무념이 됩니다. 무념이 지속되면 견성하게 됩니다. 이 상태가 통달위입니다. 깨치고 보니 아이는 전생에 자신의 도반이었습니다. 도반은 친구를 견성하게 하려고 아이로 환생하여 이 집에 태어난 것입니다.

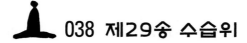

038 제29송 수습위

유식 29송

· 유식 29송
무득불사의 無得不思議 시출세간지 是出世間智
사이추중고 捨二麤重故 편증득전의 便證得轉依

· 얻은 바가 없고 사량 분별할 수 없으며 이는 출
세간의 지혜이다. 두 가지 추중을 버리기 때문에
문득 전의를 증득한다.

유식 29송은 수습위를 말한 것입니다. '무득부사의 시
출세간지 사이조중고 변증득전의' '얻은 바가 없고 사량
분별할 수 없는 것이 출세간지라고 한다. 두 가지 조중
한 것을 버리기 때문에 문득 전의를 증득한다.'입니다.
지혜를 증득하는 것입니다. 수습위는 무심이며 무득의

단계입니다. 무념이고 무상인 상태가 무심이며, 무심이기 때문에 무득입니다. 중생들은 끊임없이 무엇인가를 추구하지만 견성하고 도를 얻으면 추구할 것이 없어집니다. 원래 있는 그대로, 얻을 것이 없어집니다. 6식이든, 7식이든, 8식이든 꼭 작용하는 것은 다섯 개의 변행입니다. '촉, 작의, 수, 상, 사'입니다. 어떤 생각을 하던 다섯 변행이 작용합니다. 6식, 7식, 8식은 전부 내 속에 수억 겁 동안 쌓여 있던 업에 의해 작용합니다. 다섯 개의 변행이 작용하는 순간 업이 작용합니다. 변행은 업과 작용해서 일어납니다. 수습위에서 말하는 무심의 단계란 변행이 업의 작용과 연결되지 않고 일어나는 것입니다. 업의 작용이 끊어진 단계입니다. 업에 의해 대상이 비치지 않고 있는 그대로 비치는 것입니다. 그것이 되면 본질을 보게 됩니다. 무엇인가 작용을 해서 내 속에 축적되고 저장이 되어야 그것을 쓸 수 있습니다. 그러나 본질을 보면 쓸 필요와 이유가 없어집니다. 그래서 얻을 것이 없어집니다. 이것이 무득입니다. 우리는 내 안에 든 것만 내 것이라고 착각하기 때문에 무엇이든지 내 안에 넣으려고 합니다. 이것만 내 것이 아니다는 것을 알게 되면 구태여 내 안에 축적시킬 필요가 없습니다. 있는 그대로 다 받아들이면 되는 것입니다. 인식하는 것(능취), 인식하는 주체가 존재하지 않는 것이 무심이며 인식되는 것(소취)을 인식하지 않는 것이 무득입니다. 29송에 나온 출세간지는 곧 세간을 떠난 세간적이지 않는 마음입니다. 세간을 초월한 것입니다. 유식에 머문 마음은 주관과 객관이 대립하는 세간적인 마음이 아닙니다. 주관과 객관의 대립이 없는 무분별지입니다. 전의란 자기 존재를 번뇌의 상태에서 청정의 상태로 변화시키는 과정, 결과를 말합니다. 대상과 부딪혀 일어나는 것은 모두 식입니다. 이 식이 전부 지혜로 바뀌는 것입니다. 본질을 알게 되면 업의 창고가 그대로 지혜의 창고로 바뀌는 것입니다. 앞에서도 이야기했듯이 어둠에서 불을 켜면 그대로 밝아집니다. 어둠이 다른 곳에 가는 것이 아닙니다. 업이 다른 곳에 가는 것이 아니라 업이 지혜로 바뀌는 것입니다. 번뇌가 청정으로 바뀌는 것입니다. 전의에 대해 좀 더 자세히 살펴봅시다. 전의는 식이 지혜로 바뀌는 것입니다. 여덟 개의 식이 변하여 네 가지 지혜를 얻습니다. 5식은 성소작지, 6식은 묘관찰지, 7식은 평등성지, 8식은 대원경지의 지혜를 얻습니다. 우리는 안 이 비 설 신을 통해 어떤 것을 만들고 일으킵니다. 성소작지를 얻으면 만들고 일으키는 것이 모든 것에 좋게 작용합니다. 묘관찰지는 묘하게 모든 것을 관찰하여 자유자재로 의혹을 끊게 하는 지혜입니다. 평등성지는 다 똑같은 것을 알게 되는 것입니다.

모든 것이 평등한 것을 알게 됩니다. 그리고 마지막으로 견성하면 대원경지가 됩니다. 본질은 원래 청정합니다. 하지만 아무리 좋은 본질도 그대로 보여 주면 사람들이 잘 이끌리지 않습니다. 그렇지만 아름답게 단장하고 나온다면 사람들은 주목하게 될 것입니다. 본질이 아름답게 나오는 것이 바로 식이 전의한 지혜들입니다. 우리는 식을 아름다운 지혜로 가져갈 수 있어야 합니다.

밀린다왕문경에 다음과 같은 이야기가 나옵니다. 밀린다 왕은 나가세나 존자가 손을 다쳐 붕대를 싼 모습을 보았습니다. "존자여, 당신은 손에 상처를 입어 붕대로 싸맸는데 상처가 그렇게 소중합니까?"라고 묻습니다. 그러자 나가세나 존자는 다음과 같이 말합니다. "대왕이시여, 상처가 소중한 것이 아니라 손의 상처를 낫게 하기 위해 귀하게 싸맨 것입니다." 이처럼 우리도 식이 좋아서 공부하는 것이 아닙니다. 상처가 나으면 정상이 되듯 식을 알면 지혜가 되기 때문에 공부하는 것입니다. 그래서 끊임없이 일어나는 번뇌 망상이 필요 없는 것이 아니라 지혜를 얻기 위해 필요한 것입니다. 내 속에 들어있는 것을 잘 쓰면 됩니다. 그러나 우리는 이기심이 앞서기 때문에 잘 쓸 수 없습니다. 무심의 상태가 되면 이기가 없어져 객관적이며 보편적으로 보게 됩니다.

29송에서 '두 가지의 추중한 것을 버린다.'고 했습니다.

두 가지의 추중한 것이란 번뇌장과 소지장을 말합니다. 번뇌장을 끊으면 해탈하여 자유를 얻고 소지장을 끊으면 보리를 증득 합니다. 번뇌장이란 내가 일으키는 번뇌 망상 덩어리입니다. 정의적인 마음의 번뇌로 자아가 존재한다고 생각하는데 집착함으로써 생깁니다. 나에게서 일어나는 모든 번뇌를 해결하면 해탈을 하게 됩니다. 초기불교에서 아라한이라고 하는 사람들은 전부 해탈한 도인입니다. 자기 자신의 모든 문제를 해결한 사람들입니다. 소지장이란 세상에서 일어나는 번뇌 덩어리입니다. 이것은 지적인 마음의 번뇌로 마음을 떠나서 사물이 실재한다고 보는 집착에서 생깁니다. 내가 갖고 있는 번뇌 덩어리는 번뇌장이고 세상(대상)이 갖고 있는 번뇌 덩어리는 소지장입니다. 29송에서 두 가지 추중한 것을 버리면 어떻게 되겠습니까? 번뇌장을 버리고 해탈하면 자유로워지고 소지장을 버리고 열반하면 평등해집니다. 그래서 해탈을 하고 열반을 해야 부처가 될 수 있습니다.

동산 양개 스님의 이야기를 봅시다. 육조 혜능 아래서 다섯 개의 선불교의 종파가 갈라져 나옵니다. 이 가운데 조동종을 연 사람이 동산 양개입니다. 동산 양개는 어려서 출가했습니다. 그가 어렸을 때 스승 밑에서 반야심경을 배우고 있었습니다. 그런데 반야심경에서 안 이 비

설 신이 없다고 하는 것입니다. 동산은 자신의 눈과 코, 귀를 만져보니 다 있는데 말입니다. 그러자 동산은 스승에게 "스님 분명 눈, 코, 귀, 혀, 몸은 다 있는데 왜 없다고 합니까?"라고 묻습니다. 스승은 동산의 날카로움에 감탄하여 덕이 높은 스님에게 보냈다고 합니다. 그래서 동산 양개는 굉장히 사실적이고 직설적으로 말합니다. 보통 어린 스님은 출가를 해도 성인이 되기 전에는 정식적인 승려가 아닙니다. 성인이 되면 승려를 계속할 것인지 세속으로 돌아갈 것인지 결정하게 됩니다. 동산 양개는 승려가 되기로 결심하고 어머니께 작별 편지를 보냈습니다. 편지를 받아본 동산의 어머니도 동산에게 마음 먹은대로 수행하여 부처되라는 편지를 보냅니다. 이 모자가 주고 받은 편지가 세상에서 가장 아름다움 편지 중 하나로 남게 되었습니다.

엎드려 듣자오니,
모든 부처님이 세상에 나올 때는 모두 부모에 의탁하여 삶을 받았으며, 만물이 생겨날 때는 모두 하늘이 덮어 주고 땅이 실어 주는 힘을 빌었다 하였습니다.
그러므로 부모가 아니면 태어나지 못하고 천지가 없으면 자라나지 못하니, 모두가 길러주는 은혜에 젖어 있으며 모두가 덮어 주고 실어 주는 은덕을 받았습니다.

오호라, 일체의 중생과 만 가지의 형상들은 모두 무상無常에 속하기에 태어나고 죽는 것을 여의지 못하는 것입니다.

어려서는 곧 젖을 먹여준 정이 무겁고 길러준 은혜가 깊으니 만약 재물을 가지고 공양하고 돕더라도 결국에는 보답하기 어려우며, 만약 베어 낸 살로 음식을 지어 시봉하더라도 어찌 오래도록 장수를 얻을 수 있겠습니까.

그러므로 《효경》에 이르기를,

"날마다 세 가지의 희생물을 잡아 봉양하더라도 여전히 효를 다하지 못한다" 하였으니, 서로 끌어당기며 잠겨들면 영원히 윤회의 길로 들어가게 되는 것이므로 망극한 은혜를 보답하고자 하면 출가하는 공덕만한 것이 없을 것입니다.

삶과 죽음으로 이어지는 애증愛憎의 물줄기를 끊어버리고 번뇌로 가득 찬 고통의 바다를 뛰어넘어 천생千生의 부모에게 보답하고 만겁萬劫의 자애로운 육친에게 보답한다면 삼계三界의 네 가지 은혜를 갚지 않음이 없을 것입니다.

그러므로 이르기를 "한 아들이 출가出家하면 구족九族이 천상天上에 난다" 했습니다.

양개는 금생今生의 몸과 생명을 버리더라도 맹세코 집으로 돌아가지 않고 영겁永劫의 근진根塵으로 반야般若를 깨쳐 밝히려 합니다.

엎드려 바라건대,

부모님께서는 마음으로 들으시고 기꺼이 버리시어 뜻으로

새로이 인연을 짓지 마시고 정반왕(부처님의 아버지)을 배우시며 마야부인(부처님의 어머니)를 본받으십시오.

다른 날 다른 때에 부처님의 회상에서 서로 만날 것이오니 지금 이 때에는 잠시 서로 이별하는 것입니다.

양개는 오역죄五逆罪를 저지르고자 부모공양을 거절하는 것이 아니라 세월이 사람을 기다려 주지 않기 때문이니, 그러한 까닭에 "이 몸을 금생에 제도하지 않으면 다시 어느 생을 기다려 이 몸을 제도할 것인가"라고 한 것입니다.

엎드려 바라건대 부모님의 마음에 이 자식을 다시는 기억하지 마십시오.

팔복전에 대해 살펴봅시다. 복전이란 복을 심고 가꾸는 터전입니다. 복전에는 크게 세 가지가 있습니다. 경전, 은전, 비전입니다. 경전은 우리가 공경하고 받들어야 할 복밭이고 은전은 은혜로운 복밭이고 비전은 비천하여 내가 도와줘야 할 복밭입니다. 비전은 최후의 수단입니다. 은전과 경전을 제대로 하지 않고 비전을 먼저 하면 안 됩니다. 경전은 부처님, 성인, 승가가 있고 은전에는 부모, 스승, 수행자가 있습니다. 비전에는 걸인, 병자가 있습니다.

통달위 다음에 수습위가 나옵니다. 전의를 짓는 단계입니다. 진여 자리로 돌아가는 단계입니다. 능취와 소

수습위

- 전의를 짓는 단계. 진여의 자리로 들어 감.
- 능취 소취를 여윈 까닭에
- 보리와 열반이 한덩어리가 되고 비로소
  그림자가 없어진다.
- 무득이며 무소득이다.
- 귀가수분득자량 – 수인을 닦음. 행함.
  귀가에 분수에 따라 자량을 얻는다.
- 성덕 – 십지를 닦음
- 이다라니무진보

취의 이취가 없어져 보리와 열반이 한 덩어리가 되면 비로소 그림자는 사라지고 실물만 남게 됩니다. 이 단계에 오면 무득이고 무소득이 됩니다. 아무리 행을 하고 베풀어도 이득이 없으면 소득이 없습니다. 귀가수분득자량입니다. 보살 십지를 닦는 단계로 자기 본질, 본성으로 돌아가는 것입니다. 이것은 고향에 돌아가는 것과 같습니다. 진정한 보배를 얻게 되는 것입니다.

039 제30송 구경위

> **유식 30송**
> • 유식 30송
> 차즉무누계 此即無漏界 불사의선상 不思議善常
> 안락해탈신 安樂解脫身 대모니명법 大牟尼名法
>
> • 이것(보리와 열반)은 곧 무루이고 계이며, 생각으로 헤아릴 수 없으며, 선이고, 상주하는 것이며, 안락하고, 해탈신이며, 대모니 이니, 이를 법신이라 이름 한다.

다시 유식성을 이루기 위한 다섯 유식위로 돌아가 봅시다. 마지막 단계로 구경위가 있습니다. 구경위란 최상의 바른 깨달음에 주하는 것을 말합니다. 장애를 벗어나 원만한 지혜를 갖추는 것입니다. 구경위의 경지에 이르면 미래세가 다 하도록 유정의 중생을 교화합니다.

구경위를 말한 제30송을 살펴봅시다. '차즉무누계 불
사의선상 안락해탈신 대모니명법' '이것은 곧 무루이고
계이며 생각으로 헤아릴 수 없으며 선이고 상주하는 것
이다. 안락하고 해탈신이고 대모니이니 이를 법신이라
고 이름한다.'입니다.

다름 아닌 부처를 나타낸 말입니다. 30송은 완성 단계
로 이름의 나열을 말한 것입니다. 무루는 다음 생으로
갈 업의 원인이 없는 것입니다. 모든 업은 유루와 무루
로 나눌 수 있습니다. 우리가 행위하는 모든 것은 다음
생에 몸을 받는 원인이 되는 유루입니다. 깨친 자의 행
위는 다음 생에 태어날 업의 원인이 없는 무루인 것입니
다.

계는 모든 존재하는 것이 모여 사는 삼계를 나타내는
것입니다. 그러므로 이것은 생각으로 헤아릴 수 있는 것
이 아닙니다. 그래서 부사의인 것입니다.

존재하는 것의 실상은 진리인데 이것을 선으로 나타낸
것입니다. 정확하게 여기서 선은 선을 넘어선 무기를 지
칭하는 것입니다.

존재를 연기적 입장에서 볼 때 생멸이지만 실상의 입
장에서 볼 때는 영원입니다. 그래서 그냥 있을 뿐이며
상주하는 것입니다. 생멸은 고인데 상주이기 때문에 낙
이며 확신에 바탕을 둔 편안하고 즐거움이기 때문에 안

락인 것입니다. 우리의 삶은 번뇌의 소용돌이 속에서 헤매다가 가는 것인데 깨치고 보니 번뇌가 없는 해탈입니다.

대모니를 봅시다. 부처님을 보고 석가모니라고 합니다. 석가모니란 바로 석가족의 성인이라는 뜻입니다. 그러므로 모니는 성인이며 대모니는 큰 성인을 말하는 것으로 가장 위대한 성인에게 부치는 호칭인 것입니다.

법신이란 법의 색신, 법의 몸체를 말합니다. 불성은 자성과 법성으로 나눌 수 있으며, 이 성품을 품고 있는 본체는 자신과 법신으로 나눌 수 있습니다. 자신의 성품이 자성이며 자신의 성품을 보는 것이 견성이며, 법의 성품을 보는 것이 법성입니다.

30송을 구체적으로 살펴봅시다.

'이것은 무루이고 계이며'라는 말은 소의를 옮긴 것으로 모든 악한 종자를 없앤 것이기 때문에 마음의 더러움, 번뇌가 일어나지 않은 것을 말합니다. '이것'은 전의의 결과로 열반과 보리를 말합니다. 무루는 번뇌를 영원히 끊어서 번뇌가 자라지 않으며 체성이 청정하고 원만하고 지혜로운 것을 말합니다. '계'란 함장하다의 뜻입니다. 무엇인가 담고 포함하고 있다는 말입니다. 이 가운데 한량없는 큰 공덕을 함유하고 있음을 말합니다.

'부사의'란 살펴서 생각하고 언어로 표현하는 길을 초

월했기 때문에 전의 증과는 생각으로 헤아릴 수 없음을 말합니다. 미묘하고 심오하며 스스로 증득하기 때문에 세간의 모든 비유로써 표현할 수 없으며 생각하고 언어로 표현할 수 있는 단계를 초월한 것입니다. 30송에 나오는 선은 순백한 성품입니다.

본질을 깨친 청정 법계는 생멸로부터 벗어났고 유위와 무위가 모두 이로운 모습이기 때문에 선입니다. '상주하는 것이다.' 즉 상常은 견고하여 허물어지지 않으므로 견이라고도 합니다. 체상이 변하고 바뀌지 않기 때문에 상주한다는 것입니다. 청정법계는 생함도 없고 멸함도 없습니다. 세상에는 두 가지 관점이 있습니다. 연기의 관점, 실상의 관점입니다. 연기의 관점에서 보면 모든 것은 끊임없이 생하고 멸합니다. 그렇지만 실상의 관점에서 보면 생멸하지 않습니다. 단지 이 우주는 있는 그대로 일 뿐인데 우리 눈으로 볼 때 생하고 멸하는 것입니다. 그래서 상을 연기와 실상의 관점에서 보면 연기는 무상이고 실상은 상합니다. 우리가 보는 가짜 세계는 끝없이 생멸을 되풀이 하지만 진여의 세계는 생멸하지 않습니다. 그러나 우리의 세계와 진여의 세계는 다른 것이 아닙니다. 내가 번뇌 속에 있으면 끝없이 생멸하는 세계이지만 진여를 보면 진리의 세계가 펼쳐집니다. '낙'은 극락과 열반에 드는 상태입니다. 우리는 고에서 낙으로 가기 위해 열심히 수행하고 공부를 합니다. 청정법계에서는 갖가지 모습이 적정하기 때문에 고하지 않고 낙합니다. 괴로움이나 핍박을 떠났기 때문에 안락합니다. 무상한 것은 고이지만 소의를 옮긴 것은 낙입니다. 소의란 전의입니다. 식이 변해서 지혜가 되는 것입니다. 세세생생 살면서 편안하고 자유롭고 즐거우면 그 자체가 극락입니다. 이런 사람은 죽어서도 극락에 갑니다. 그렇지 않은 사람은 살아있을 때 극락을 모르기 때문에 갈 수가 없습니다. 그래서 이 생을 살 때 잘 살아야 합니다. 해탈신이란 해탈장을 끊고 열반에 든 상태입니다. 법신이란 청정법신으로 소지장을 끊고 깨달음을 성취하여 보리를 증득 한 상태입니다. 부처란 해탈신이고 법신인 것입니다.

법신의 본질은 불성이며 법성을 나타냅니다. 불성에는 자성과 법성이 있으며, 불신에는 법신과 자신(나)이 있습니다. 자신의 본래 성품이 자성이며, 자성을 보는 것이 견성이며 해탈이며 열반인 것입니다. 법신의 본래 성품이 법성이며 법성을 증득 하는 것이 보리이며 부처인 것입니다. 사무쳐 깨치면 자성이 법성이며 법성이 자성을 품고 있음을 알아 둘이 하나임을 알게 되며 원래 둘은 하나일 뿐인 것입니다. 그래서 견성을 하면 신통이 생기기도 하고 없기도 합니다. 보리를 증득 하면 그냥 신통문이 터져버립니다.

대모니는 큰 성인이라고 했습니다. 대모니가 되면 최고의 적묵성을 갖습니다. 적묵성이란 열반적정의 적과 묵묵함의 묵을 말합니다. 모니 안에 침묵한다는 뜻도 있습니다. 대모니가 되면 영원히 두 가지 장애(번뇌장과 소지장)를 떠납니다. 그러므로 법신이라고도 합니다. 법신의 본질은 청정법신 비로자나불입니다. 이 세상에 진리를 펴기 위해 나타난 법신의 응신이 석가모니불입니다. 하나의 화신입니다. 법신을 자세히 나누면 자성신, 수용신, 변화신입니다. 자성신이란 모든 여래의 진실하고 청정한 법계의 수용신이고 변화신의 평등한 의지처입니다. 양상을 떠나 고요하며 모든 희론을 끊었고 과가 없고 진실하며 상주하는 공덕을 갖추고 있으므로 이것은 법의 참다운 성품입니다.

원래 진언은 '옴' 하나입니다. 이것이 우주 전체의 생멸을 포함하고 있습니다. 옴을 풀어 쓰면 옴마니반메훔이 됩니다.(P125 그림참조) 옴이 바로 법신, 청정법신, 비로자나불을 말합니다. 우주의 중심입니다. 마는 동방 아촉여래로 자성신입니다. 촉지는 항마촉지인입니다. 마귀를 물리치고 지신을 항복시킨 인입니다. 니는 남방화주, 보생여래입니다. 여원인으로 원을 전부 받아들이는 것입니다. 반은 아미타불로 타수용신입니다. 선정인으로 부처되기 위한 지권인입니다. 메는 북쪽으로 불공성취여래, 변화신입니다. 시무외인으로 두려움을 없애줍니다. 그리고 현상 세계에서 그 뜻이 이루어지는 것이 훔입니다. 참선을 할 때 대부분 선정인이나 촉지인을 합니다. 호흡을 고를 때는 선정인이 좋고 호흡이 잘 되면 선정인에서 촉지인으로 넘어가면 좋습니다. 우리가 살고 있는 현상 세계가 식입니다. 식을 돌이켜 잘 보면 진리를 보게 됩니다. 절에 가면 석가모니불을 모셔 놓은 곳이 대웅전입니다. 지금 이 세상의 가장 높은 사람은 석가모니불입니다. 그래서 다른 부처들은 석가모니불의 아랫자리에 놓습니다. 그러나 비로자나불은 석가모니불과 같은 자리에 놓거나 그 위에 모셔 놓을 수 있습니다. 비로자나불을 모시는 절에는 석가모니불을 따로 모시지 않습니다.

자성신을 설명할 때 열 가지 양상이 있습니다. 청황적백, 남여, 생주이멸이 열 가지입니다. 업의 모든 양상을 나타내는 것입니다. 빨강 노랑 파랑의 삼원색이 있으면 모든 색을 나타낼 수 있습니다. 또한 흰색은 업이 물들기 전의 상태를 나타냅니다. 세상의 성질은 음과 양과 음양을 합하면 무이기도 하고 양성이기도 한 성질을 나타냅니다. 존재하는 모든 것은 생겨났다가 존재하다가 없어지기도 하고 멸하기 마련입니다. 법신을 수용신으로도 나타냅니다. 수용신에는 자수용신과 타수용신이 있습니다. 자수용신은 모든 여래가 무수겁 동안 한량없는 복덕과 지혜의 자량을 닦아서 일으킨 가 없는 참다운 공덕과 원만하고 청정하고 항상 두루하는 색신입니다. 타수용신은 모든 여래가 평등성지에 의지해서 나타낸 미묘하고 청정한 공덕의 몸입니다. 변화신은 모든 여래가 성소작지에 의지해서 변화한 중생의 부름에 따르는 한량없는 것을 말합니다. 중생을 제도하기 위해 나타난 모든 부처의 몸이 변화신입니다. 어떤 때는 거지가 되기도 하고 어떤 때는 지도자가 되기도 합니다. 이 세상을 극락으로 만들어 갑니다.

 강을 건너고 나면 뗏목은 필요가 없듯이 목적에 도달하면 공부는 의미가 없어집니다. 공부는 목적에 도달하기 위해 필요한 것입니다. 유식은 진리, 지혜를 깨치면 의미가 없어집니다. 유식은 뗏목과 같은 존재입니다. 뗏목이 없으면 강을 건널 수 없듯이 우리의 몸과 삶에 의지하지 않고서는 부처가 될 수 없습니다. 우리는 번뇌하고 고민하는 사이에서 부처됩니다. 우리의 삶을 떠나 부처가 있는 것이 아니라 삶 속에 있습니다. 유식을 배우는 것은 번뇌 망상을 극복하고 부처의 꽃을 피우기 위해서입니다. 진리를 알기 위해서는 진리를 맛보아야만 합니다.

태어나기 전에 나는 무엇이었을까? 생각해봅시다. 이 답을 얻으면 목적지에 도달한 것이 됩니다. 우리는 현재 뗏목에 의지해서 강을 건너가고 있는 중입니다. 답을 얻는다는 것은 강을 건너 목적지에 도달한 것입니다. 이것을 위해 유식을 배운 것입니다. 유식 30송에 10대 논사가 있었습니다. 그 가운데 호법 스님이 유식에 대한 논사를 쓰고 마침의 발원을 씁니다. 마지막으로 위대한 열 분의 논사도 함께 찬탄합니다. 호법(護法, Dharmapala), 안혜(安慧, Sthiramati), 친승(親勝, Bandhusri), 화변(火辨, Citrabhana), 덕혜(德慧, Gunamati), 난타(難陀, Nanda), 정월(淨月, Sudhacandra), 승우(勝友, Visesamitra), 최승자(最勝子, Jinaputra), 지월(智月, Jnanacandra)을 찬탄합니다.

또한 모든 유정에게도 부처님의 자비가 함께 하기를 기원합니다.

성스러운 가르침과
다른 논리에 의거하여
유식의 성품과
양상의 뜻을 판별하였습니다.
얻은 공덕을
유정들에게 나누어

함께 속히 최상의 깨달음에
오르기를 원합니다.

　우리가 이 공부를 하는 목적은 다 함께 부처가 되는 것
입니다. 이 세상을 부처의 세계로 만드는 것입니다.

제 8 장

유식콘서트

040 유식과 연기

오늘은 유식을 총정리하는 시간입니다. 전생에 대해 쌍둥이를 통해 과학적으로 접근한 일이 있었습니다. 여기서는 전생이 없다고 가정하고 쌍둥이를 각각 다르게 키웁니다. 한 명은 본래 태어난 집에서 키우고 한 명은 유태인 가정에서 키웠습니다. 40년 후에 보니 둘 다 생물학 교수가 되어 있었으며, 미국 미네소타대학에서 열린 세계생물학 학회에서 마주치게 되었습니다. 놀라운  것은 둘이 입은 옷차림새도 완전히 똑같았습니다. 둘이 전에 만난 적도 없는데 말입니다. 40년 동안 다른 환경에서 자랐는데

도 불구하고 둘은 같았습니다.

 1996년 단세포생물의 게놈 지도를 풀어보니 단세포 생물이 죽고 살았던 35억 년의 역사가 그 속에 들어있었습니다. 우리가 살고 죽었던 흔적들이 축적되어 있었던 것입니다. 이것으로 전생이나 인과가 있다는 것을 확인할 수 있습니다. 미국 트윈스버그의 쌍둥이 축제에 세계의 많은 쌍둥이가 모여 얼마나 같은지를 자랑합니다. 이와 같이 일란성 쌍둥이는 업과 모습이 거의 같습니다. 그러나 이란성 쌍둥이도 어떤 경우에는 거의 같습니다.
 만약 연기, 전생, 윤회, 인과를 안 믿는 사람에게는 없다고 하면 문제는 간단합니다. 안 믿으면 그만입니다. 그러나 인과는 믿는 사람이나 안 믿는 사람이나 다 적용됩니다. 인과는 어느 누구나 피할 수도 없고 속일 수도 없습니다. 그렇다면 우리는 인과를 제대로 알고 대처해야 합니다. 윤회란 끊임없이 생멸을 되풀이 하는 것을 말합니다.

 신라에는 삼국 통일의 주역인 김유신 장군이 있습니다. 김유신 장군의 전생은 고구려의 추남이라는 사람이었습니다. 추남은 점술가였는데 상당히 유명했습니다. 고구려 왕이 그를 불러 실험을 합니다. 함 속에 쥐

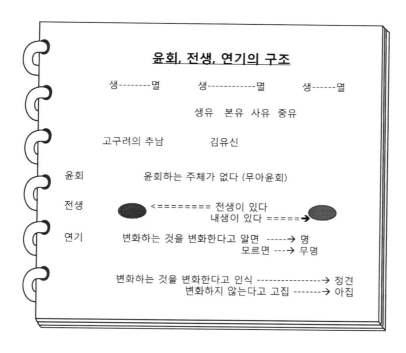

윤회, 전생, 연기의 구조

생-------멸   생-----------멸   생------멸

생유 본유 사유 중유

고구려의 추남   김유신

윤회   윤회하는 주체가 없다 (무아윤회)

전생   <======== 전생이 있다
                      내생이 있다 =====➡

연기   변화하는 것을 변화한다고 알면 -----➡ 명
                        모르면 ---➡ 무명

        변화하는 것을 변화한다고 인식 ---------------➡ 정견
        변화하지 않는다고 고집 -------➡ 아집

를 한 마리 넣고 쥐가 몇 마리 있는지 알아보라고 했습니다. 추남은 8마리라고 대답했는데 고구려왕은 그것도 못 맞춘다고 하면서 추남을 죽여버렸습니다. 그런데 신하들이 가만히 보니 쥐의 배가 부른 것이었습니다. 왕에게 쥐의 배를 갈라보자고 청했습니다. 쥐의 배를 갈라보니 7마리의 새끼가 나왔습니다. 추남은 쥐의 수를 맞추었으나 억울하게 죽은 것이었습니다. 추남은 죽기 직전에 이런 말을 남겼습니다. "만약 나를 죽이면 나는 다음 생에 장수로 태어나서 고구려를 꼭 멸망시키겠다." 추

남은 뒷날 김유신 장군으로 태어났습니다. 김유신과 추남은 아무런 관계성도 없습니다. 이번 생은 김유신 장군이지만 다음 생은 다른 사람으로 태어나 살아가게 됩니다. 이와 같이 우리는 주체가 없이 계속 윤회를 반복합니다. 이런 윤회를 무아윤회라고 합니다. 내가 윤회하는 것이 아니라 내 업이 윤회하는 것입니다. 이번 생에 내가 살았다면 다음 생은 나의 흔적을 갖고 다른 누군가가 살아가는 것입니다. 그래서 현재 내 삶을 보면 전생에 어떤 삶을 살았는지 알 수 있습니다. 그리고 현재 나의 생을 돌이켜 보면 나의 다음 생(내생)이 어떨 것인지 알 수 있습니다. 예를 들어 학교 다닐 때 풀 수 있었던 수학 문제는 세월이 한참 지나서도 풀 수 있습니다. 이와 같이 이 생에서 내가 해결했던 문제는 다음 생에서도 해결할 수 있습니다. 그렇지만 이 생에서 해결하지 못했던 문제는 죽다 깨어나도 해결할 수 없습니다. 그래서 아는 것은 역시 아는 것이고 모르는 것은 역시 모르는 것입니다. 모든 문제는 공부를 하고 수행을 해서 진리를 깨치면 다 해결됩니다. 만약 우리가 이 한 생만 살고 끝이면 공부나 수행은 하지 않아도 그만입니다. 하지만 우리의 삶은 끝없이 윤회하는 삶이기 때문에 공부를 안 한 결과는 다음 생으로 이어집니다. 누구는 진리를 얻어 행복하게 잘 사는데 또 누구는 진리를 얻지 못하여 세세생생

불행하게 살게 되는 것입니다. 이 생에서 살아가는 모습을 보면 다음 생에도 똑같이 살게 됩니다. 그래서 공부와 수행을 게을리 하면 안 됩니다. 공부, 수행하는 습을 만들어 놓아야 다음 생에는 행복한 삶을 살 수 있습니다.

부처님은 연기를 말씀하실 때 존재하는 모든 것은 끊임없이 생멸한다고 했습니다. 나라고 할 만한 주체가 없음에도 불구하고 끊임없이 생멸하고 변화하는 것(무상)입니다. 그래서 존재하는 것들에 대한 본질을 알면 명이라고 하고 모르면 무명이라고 합니다. 가장 큰 문제는 무명입니다. 진리를 모르기 때문에 모든 문제가 생깁니다. 내가 알고 있는 범위만큼 문제들이 해결됩니다. 만약 70%를 알고 있다면 70점의 삶을 살아가게 됩니다. 본질에 대해서 아는 것만큼 더 중요한 것은 없습니다. 우리는 수억 겁 동안 쌓아온 업만큼 능력을 가지게 됩니다. 능력과 본질에 대해 알기 위해서는 내 속에 들어있는 것이 무엇인지 알 필요가 있습니다. 우리는 내 속에 무엇이 들어있는지 모릅니다. 밖으로 나와봐야 알 수 있습니다. 나의 행동이나 사고를 통해서 어떤 업과 능력이 있는지 알 수 있습니다. 이것을 아는 것이 연기입니다. 존재와 본질에 대해서 명쾌하게 아는 것이 연기입니다. 인생의 모든 것은 판단입니다. 삶의 모든 분별심이 판단입니다. 우리는 갖고 있는 업, 능력만큼 판단합니다. 그 판단이 정견, 바른 것이라면 그보다 더 좋은 것은 없습니다. 연기를 하면 정견이 됩니다. 정견이 아닌 것은 아집입니다. 자기 고집, 자기 생각입니다. 일반 중생들은 평생 자기 생각이라는 우물 속에서 살아갑니다. 객관성과 보편성을 가져야 하는데 그렇지 못합니다.

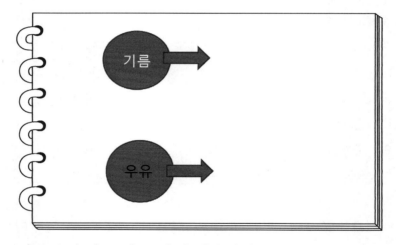

기름통 속에는 기름 밖에 없습니다. 통을 부으면 기름 밖에 나오지 않습니다. 우유통 속에는 우유 밖에 없습니다. 통을 부으면 우유밖에 나오지 않습니다. 부처와 보살 속에는 선 밖에 없습니다. 나오는 것마다 선입니다. 지옥, 악마 속에는 불선 밖에 없습니다. 나오는 것마다 불선이며 악입니다.

그러나 중생은 어떤 때는 선이 나오고 어떤 때는 불선이 나옵니다. 중생 속에는 선과 불선이 함께 있기 때문

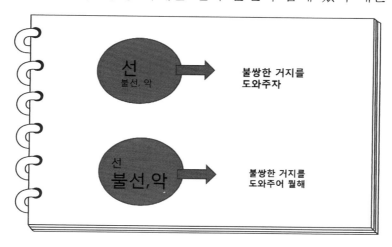

입니다. 공부, 수행하는 것은 선으로 채우고 바꾸는 것입니다. 그래서 제대로 알고 선을 끄집어 내야 합니다. 만약 불선이 대부분이고 선이 거의 없는 사람이라도 선을 끄집어 내야 하는 것을 알고 선을 끄집어 낸다면 선한 사람이 됩니다. 하지만 그 반대인 경우에 불선을 계속 끄집어 낸다면 속에 선이 많더라도 불선한 사람, 악인이 됩니다. 병은 불선이 형상화된 것입니다. 그래서 각자 다른 병으로 나타납니다. 그러나 좋은 가르침을 만나 불선을 쓰지 않으면 병 없이 한 평생 건강하게 살 수 있습니다. 만약 나쁜 사람을 만나 불선을 계속 쓰면

건강한 사람이라도 몹쓸 병에 걸리게 됩니다. 그렇게 불선과 병이 나타나면 다음 생에도 세세생생 그 불선과 병에 의해 고통에 시달리게 됩니다. 그래서 중생들은 선을 더욱 채우고 불선을 줄여가야 합니다. 우리 속에 선이 많으면 다른 사람에게 항상 베풀 수 있는 준비가 된 것입니다. 그래서 선이 많은 사람은 보시를 잘 합니다. 하지만 불선이 많고 생각이 바르지 않으면 보시를 잘 하지 못합니다.

공부, 수행은 상당히 단순합니다. 단지 그 단순한 것을 계속 반복해야 합니다. 무엇이든지 잘 하려면 연습해야 하듯이 공부도 계속 반복해야 합니다. 연습도 중요하지만 생각도 해야 합니다. 공부나 수행을 잘 하려면 예습과 복습이 중요한 것입니다. 부처님 당시 인도에는 계급제도가 있었습니다. 부처님께 귀의한 사람들 가운데는 천민들도 많았습니다.

그 가운데 주리반특 존자(주다반탁가, 주도반탁가, 주리반타가, 주리반토)가 있었습니다. 주리반특 존자는 부처님께 특수교육을 받은 예라고 할 수 있습니다. 주리반특의 형도 출가자입니다. 주리반특의 형이 출가하자 동네 천민들이 다 출가합니다. 주리반특도 '평생 청소를 하느니 형과 다른 사람들을 따라 출가해보자.'고 생각합니다. 출가를 하고 약 6개월 정도 지나자 같이 출가를 했던 다른 사람들은 불교의 교리를 잘 배우며 출가생활을 잘 했습니다. 그러나 주리반특은 부처님의 가르침을 하나도 기억하지 못합니다. 그래서 부처님을 찾아가서 수행을 그만 두겠다고 합니다. 부처님께서 이유를 묻자 주리반특은 부처님의 말씀을 하나도 모르겠고 기억도 나지 않는다고 말했습니다. 그러자 부처님께서는 "그렇다면 내가 시키는 것을 한 달만 하고 내려가거라."고 합니다. 부처님께서는 주리반특이 속세에서 했던 청소를 시킵니다. 주리반특은 전혀 알 수 없던 공부를 하다가 잘 했던 청소를 하니까 신이 났습니다. 그렇게 신나게 청소를 하던 주리반특은 생각을 합니다. '부처님께서는 왜 나에게 청소를 하라고 했을까?' 문득 한 생각이 떠오릅니다. 바로 부처님께서 청소를 시킨 것은 마음을 청소하라고 시킨 것이라는 것입니다. 그렇게 주리반특은 마음이 청정하게 되어 아라한과를 얻게 됩니다. 부처님의 뜻을 스스로 터득한 것입니다. 깨달음을 얻은 주리반특은 그 다음부터는 청소를 하지 않습니다. 그러자 부처님께서 "빗자루는 어떻게 했느냐?"고 묻습니다. 주리반특은 "제 마음의 먼지를 쓸어냈습니다."고 대답했습니다. 주리반특이 반복적으로 청소를 해서 깨달음을 얻었듯이 우리도 공부와 수행을 계속 반복 하면 깨달음을 얻을 수 있습니다. 일어나자마자 30분 정도 참선이나 명상을 해

봅시다. 그것이 예습, 복습의 시작입니다. 우리는 공부, 수행을 잘 하기 위해서는 생활 속에 습관이 되어야 합니다.

 부처님의 제자 가운데 미묘 비구니가 있었습니다. 부처님의 10대 제자 가운데 신통 제일이 목련 존자라면 비구니로 신통이 제일 뛰어났던 비구니이였습니다. 미묘 비구니는 브라만 출신입니다. 당시 인도에서는 아기를 친정에 가서 낳는 풍습이 있었습니다. 이 미묘 비구니도 남편과 아이와 함께 친정으로 가다가 들판에서 하루를 묵다가 아기를 낳게 됩니다. 아기를 낳고 잠이 들었는데 일어나보니 피 냄새를 맡고 몰려든 뱀들이 남편을 물어 죽였습니다. 미묘 비구니는 어쩔 수 없이 갓난아기를 업고 아이를 데리고 친정으로 갑니다. 그러나 가는 길에 강이 있어서 두 아이를 한 번에 데리고 갈 수가 없어서 일단 큰 아이는 기다리게 하고 먼저 갓난아기를 옮겨 놓습니다. 엄마가 돌아오니 큰 아이는 손을 흔듭니다. 미묘 비구니도 손을 흔들었는데 아이는 그것이 오라는 신호인 줄 알고 강물로 뛰어 들어옵니다. 그러나 아이는 미묘 비구니가 도착하기도 전에 그 강물에 빠져 죽고 말았습니다. 큰 아이의 시체를 들고 다시 강을 건너와 보니 갓난아기가 들짐승에 물려 죽어 있었습니다. 미묘 비구니는 남편과 두 아이를 모두 잃고 반 실성한 상태로 친정으로 갑니다. 친정에 가 보니 일주일 전에 친정집에 불이 나서 부모님이 돌아가셨다는 것입니다. 친정집이 있었던 자리에 우두커니 서있던 미묘 비구니에게 이웃집 사람이 머무르게 해줍니다. 그러다 이웃집 사람이 중매를 서 미묘 비구니에게 새로운 남편을 찾아줍니다. 그렇게 몇 년을 살다가 남편이 갑자기 병사합니다. 당시 미묘 비구니가 살던 곳에는 남편이 죽으면 아내도 생매장하는 풍습이 있었습니다. 미묘 비구니는 꼼짝 없이 무덤 속에서 죽을 처지에 처했습니다. 그러나 밤에 도굴꾼이 도굴을 했는데 살아있는 여자가 있는 것입니다. 도굴꾼은 신이 나서 무덤 안에 있던 금은보화와 미묘 비구니를 데리고 갑니다. 그렇게 미묘 비구니는 도굴꾼과 몇 년을 삽니다. 그러나 도굴꾼은 관리에게 잡혀 사형을 당하게 됩니다. 기구한 인생을 살아왔던 미묘 비구니는 완전히 미쳐 왕사성 거리를 돌아다니게 됩니다. 미쳐 돌아다니던 미묘 비구니가 부처님을 보는 순간 제정신으로 돌아왔습니다. 부처님의 신통으로 제정신으로 돌아온 미묘 비구니는 출가합니다. 그 후 다른 비구니들이 미묘 비구니에게 일어났던 일은 어떤 과보에 의해 일어난 것이냐고 물었습니다. 미묘 비구니가 말합니다. "내가 전생에 바라문 집안에 태어나서 돈 많은 부잣집에 시집을 갔는데 아이를 낳지 못했다네. 그러자 남편이 두 번째 부인을 데리고 왔지. 두 번째 부인이 아이를 낳자 나는 질투에 눈이 멀어 아이의 정수리에 침을 꽂아 죽여버렸네. 그러자 남편과 두 번째 부인이 따지자 내가 그렇게 하지 않았다고 시치미를 떼었네. 그 때 전생의 내가 한 말이 '만약 내가 아이를 죽였다면 내 부모는 불에 타 죽을 것이고 남편은 독사에게 물려 죽을 것이고 아이는 물에 빠져 죽을 것이다.'이었네. 그 전생의 업이 이번 생에 나타난 것이네." 그렇게 말하자 다른 비구니들이 그럼 어떻게 부처님을 만났느냐고 묻습니다. "그 때 그 마을에 수행승들이 있었는데 그 사람들이 탁발을 오면 정성스럽게 대접을 한 공덕으로 부처님을 만나 깨달음을 얻을 수 있었네."라고 합니다. "하지만 지금도 내 정수리에서 발끝까지 찌릿한 느낌이 드는데 그것은 아이의 정수리를 찔러 죽인 과보 때문에 그렇다."고 했습니다.

 다음은 연화색 비구니의 이야기를 봅시다. 연화색 비구니는 웃제니성의 부유한 집에서 뛰어난 미모를 가지고 태어났습니다. 연화색 비구니의 아버지가 돌아가시자 어머니가 연화색 비구니에게 의탁하러 왔습니다. 그런데 문제가 발생합니다. 연화색 비구니의 어머니가 자신의 남편을 공유하는 것입니다. 그 사실을 알게된 연화색 비구니는 집을 뛰쳐나와 다른 남자에게 시집을 갑니다. 그런데 공교롭게 그 남편은 전 남편 사이에 낳은 딸을 첩으로 데리고 온 것이었습니다. 황당한 운명에 연화색 비구니는 결국 부처님을 만나 출가를 하게 됩니다. 연화색 비구니는 왜 이번 생에 이런 과보를 받게 되었는가 하고 전생을 살펴보았습니다. 연화색 비구니의 전생은 다음과 같았습니다. 석가모니 부처님 이전 가섭불 당시 한 장자가 있었습니다. 그 장자가 바로 연화색 비구니의 전생입니다. 그 장자는 마음씨는 착했으나 뛰어난 인물 때문에 색을 탐하여 홀로 된 장모를 탐하고 아내를 버린 뒤 뭇 여성들을 편력하며 남자 기생이 되었습니다. 연화색 비구니는 전생의 그 업보를 받아 한 남자를 두고 어머니와 딸과 같이 살아야 하는 처지에 놓이게 된 것이었습니다. 그러나 다행히도 전생에 꽃놀이를 갔다가 거룩한 사문을 만나 환희심을 내고 출가를 원했던 인연으로 연화색 비구니는 부처님을 만나 비구니가 될 수 있었던 겁니다.

부처님 당시 사위성에 동원정사라는 큰 사원이 있었습니다. 이 사원은 위사카 부인이 기증했습니다. 위사카 부인은 왕사성에서 태어났는데 아버지가 큰 부자였습니다. 이 위사카 부인은 사위성의 부호에게 시집을 갑니다. 위사카 부인의 종교는 불교였는데 시집간 집은 다른 종교를 믿고 있었습니다. 다른 종교를 믿고 있다는 사실이 미워서 그 집 사람들은 위사카 부인에게 사사건건 시비를 겁니다. 어느 날 부처님이 사위성에 오셨다는 이야기를 들은 위사카 부인은 시아버지에게 말합니다. "이제까지 아버님이 저를 종교로 구박하셨는데 부처님을 한 번 만나보고 계속 그렇게 할 것인지 결정하십시오." 라고 합니다. 친정으로 쫓겨가는 한이 있더라도 부처님을 부르겠다고 했습니다. 그렇게까지 나오니까 시아버지도 마지못해 허락을 합니다. 부처님이 집에 찾아온 날 그 집의 후원을 받고 있던 다른 종교의 사람들도 총집결을 합니다. 시아버지는 부처님이 오셔도 나오지도 않고 뒷방에서 부처님의 말씀을 듣고만 있었습니다. 그런데 부처님의 말씀을 듣고 보니 기존에 믿고 있던 종교보다 훨씬 훌륭한 것이었습니다. 그제서야 위사카 부인의 시아버지는 마음을 열고 불교를 받아들입니다. 불교를 알고 보니까 몇 년 동안 구박했던 며느리가 그야말로 보살이었습니다. 예전에는 하나부터 열까지 다 눈엣가시였는데 다시 보니까 대견하고 바른 것이었습니다. 그래서 시아버지는 며느리가 마음에 들어 녹자모라는 이름을 줍니다.

녹자모란 어머니라는 말입니다. 어머니와 같은 며느리라는 뜻입니다. 며느리가 어머니만큼 위대해서 명칭을 붙여준 것이었습니다. 위사카 부인의 시아버지가 불교로 돌아선 사건이 사위성에서 불교를 믿게 하는 결정적인 사건이 되었습니다. 그 후 위사카 부인은 부처님과 아난이 있는 기원정사를 찾아갑니다. 위사카 부인은 모피 외투를 입고 부처님을 찾아갑니다. 그 모피 외투는 그 나라의 왕비도 입을 수 없는 비싸고 진귀한 것이었습니다. 그런데 위사카 부인은 깜빡하고 그 외투를 기원정사에 놔 두고 왔습니다. 아난이 외투를 보관해 두었습니다. 그리고 위사카 부인에게 외투를 가져가라고 말합니다. 그런데 위사카 부인은 이왕 기원정사에 놔 둔 것, 이미 자신의 것이 아니라는 생각을 했었습니다. 그래서 외투를 절에 기증합니다. 아난은 워낙 귀한 옷이기에 보시를 거절합니다. 그러자 위사카 부인은 시아버지를 데리고 와서 절에 놔둔 외투를 다시 삽니다. 그 돈을 절에 기증한 것이었습니다. 그 돈으로 지은 사원이 동원정사입니다. 위사카 부인의 전생을 보니 과거 여러 생부터 널리 베푸는 시주자였고 부처님의 법을 열성적으로 포교하는 사람이었습니다. 전생으로부터 많은 선업을 쌓아온 사람이었습니다. 부처님께서는 그것을 "마치 화훼 전문가가 농장에서 꽃으로 꽃다발을 만드는 것 같이 아름다운 일이었느니라."고 칭찬하십니다. 부처님께서 위사카 부인을 칭찬한 게송은 다음과 같습니다. '정원사가 꽃밭에서 꽃을 주워 꽃둘레를 만들 듯 사람은 태어나 죽을 때까지 착한 행위를 많이 해야만 한다.' 이 위사카 부인을 통해 우리가 살아가면서 행하는 선업만큼 중요한 것이 없음을 알 수 있습니다.

 이와 같이 인과와 관련된 일화들을 살펴보았는데 이런 인과는 연기와 관계가 있습니다. 연기에는 크게 두 가지 법칙이 있습니다. 첫째는 끌어당김의 법칙이며 둘째는 인과응보의 법칙입니다. 인과는 연기가 갖고 있는 하나의 현상입니다. 인과에는 연속성이 있습니다. 예를 들어 이 생에서 공부를 하면 다음 생에도 공부 하기가 수월합니다. 이렇듯 이번 생에 한 것은 다음 생에도 하기가 수월합니다. 연속성에 준해서 우리의 삶이 이루어지는 것입니다. 인과응보의 응보는 보복성이 있습니다. 인과가 내가 행한 것에 대해 받는 것이라면 응보는 내가 다른 사람에게 베푼 것을 다른 사람이 내게 되돌려 주는 것입니다. 내가 다른 사람에게 어떤 행동을 하면 다른 사람이 그 행동에 걸맞는 것을 내게 돌려주는 것을 말합니다. 예를 들어 선생님의 가르침으로 학생의 삶이 크게 달라져 깨달음과 행복을 얻었다면 선생님은 그 학생에게 무엇인가 보답을 받게 됩니다. 이 세상의 어떤 것도 내가 하지 않았는데 내게 돌아오는 것은 없습니다. 우리가 선행을 해야 된다고 말하는 것도 다름이 아니라 그것이 내게 돌아오기 때문입니다. 이번 생에 부유하게 살고 훌륭한 외모와 능력, 인품을 받은 사람은 전생에 착하게 살고 다른 사람에게 잘 베푼 응보를 받은 것입니다. 미국의 교육은 대단합니다. 미국은 아이들이 어렸을 때부터 그들에게 기부 즉 보시에 대해 가르칩니다. 미국의 정치인, 거부들이 기부를 많이 하는 것도 그 교육의 덕입니다. 기부, 보시가 몸에 배여 있습니다. 인간은 제대로 된 교육이 없으면 다른 동물들과 크게 다를 것이 없습니다. 동물들을 살펴봅시다. 동물은 자신과 자신의 가족들 밖에 모릅니다. 중생들의 삶도 이와 다르지 않습니다. 나와 가족들 밖에 챙기지 않습니다. 이런 삶을 깨트리고 부처의 삶으로 나아가는 데는 교육과 수행이 필요합니다. 아무튼 우리의 삶은 인과응보가 항상 존재하기 때문에 끊임없이 기부, 보시를 해야 합니다. 그렇게 베푼 것이 결국 자신에게 돌아옵니다.

연기는 끌어당김의 법칙이 있습니다. 끌어당김의 법칙이란 방향성의 법칙입니다. 우리는 원이 있으면 기도를 열심히 합니다. 기도란 나의 원이 이루어지기 위해 힘을 모으는 것입니다. 모든 기도는 성취되게 되어 있습니다. 문제는 자신에게 있습니다. 예를 들어 원이 100이면서 기도나 노력을 10만큼도 안 하는 경우에 기도가 성취되겠습니까? 내 능력 안에서 하는 원은 기도나 노력을 조금만 해도 이루어지지만 능력 밖의 원은 내가 목숨 걸고 해야 이루어지게 될 것입니다. 나의 업 안에는 선도 있고

악도 있고 무기도 있습니다. 기도를 하는 것은 내 업의
방향성을 만드는 것입니다. 흩어져 있던 선과 악과 무기
가 기도를 통해 하나로 모여 형태를 이루게 되는 것입니
다. 한쪽으로 모인 덩어리만큼 원이 이루어지는 것입니
다.

041 유식과 법성게

　장자에 나오는 포정이라는 백정은 19년 동안 소를 잡았습니다. 19년 동안 소를 잡고 나니 길에서 소가 지나가면 가죽은 가죽대로 뼈는 뼈대로 나누어 보였습니다. 어떤 일에 집중하여 경지에 들어가면 윤곽이 보이게 됩니다. 글을 오래 보면 포정처럼 글이 똑똑 떨어져 보입니다. 말 뜻을 알고 들으면 쉽습니다. 글을 볼 때 갈라져 보는 것을 과목科目이라 합니다. 포정이 소를 볼 때 갈라져 보이고 분해되어 보이듯이 글도 그렇게 보이면 대의를 정확하게 알게 됩니다.

　법성게法性偈란 마치 소 한 마리를 두고 어디까지 머리고 어디까지 가죽이고 심줄이고 뼈인지를 아는 것입니다. 의상대사는 존재의 실상인 법성에 대한 과목을 법성도로 그려 놓았으며, 법성게로 표현하였습니다. 법성게를 분삼分三으로 표현하고 있습니다. 첫째는 법法이고 둘째는 지지知이며 셋째는 행行으로 보았습니다. 그리고 법은 실상과 연기의 두 가지로 나눌 수 있습니다. 심도 있고 책도 있고 불상도 있어 그것들이 하나가 되었던 것입니다. 서까래와 대들보 등이 어울린 것이 집인 것과 같은 것입니다. 실상은 본래 모양이며, 연기는 작용인 것입니다. 유식론에서 실상은 원성실성의 본질이고 의타기성을 연기라고 합니다. 실상은 본질이고 연기는 현상입니다. 겉모양은 연기이고 속 모양은 실상입니다. 유식은 연기입니다. 진여는 실상이고 파동으로 퍼진 것을 연기라고 합니다. 물이 있을 때 물은 실상이며 바람이 불어 파동을 일으키면 연기에 대한 현상으로 이해하면 됩니다. 파도는 연기이고 물 자체는 실상입니다. 연기를 통하여 실상을 보자는 뜻입니다.

법성게의 원문은 다음과 같습니다.
1. 법성원융무이상法性圓融無二相
   제법부동본래적諸法不動本來寂
   무명무상절일체無名無相絶一切
2. 증지소지비여경證智所知非餘境
3. 진성심심극미묘眞性甚深極微妙
   불수자성수연성不守自性隨緣性
4. 일중일체다중일一中一切多中一

일즉일체다즉일一卽一切多卽一
일미진중함시방一微塵中含十方
일체진중역여시一切塵中亦如是
5. 무량원겁즉일념無量遠劫卽一念
일념즉시무량겁一念卽時無量劫
구세십세호상즉九世十世互相卽
잉불잡란격별성仍不雜亂隔別性
6. 초발심시변정각初發心時便正覺
생사열반상공화生死涅槃常共和
이사명연무분별理事冥然無分別
7. 십불보현대인경十佛普賢大人境
8. 능인해인삼매중能仁海印三昧中
번출여의부사의繁出如意不思議
9. 우보익생만허공雨寶益生滿虛空
중생수기득이익衆生隨器得利益
10. 시고행자환본제是故行者還本際
파식망상필부득叵息妄想必不得
11. 무연선교착여의無緣善巧捉如意
12. 귀가수분득자량歸家隨分得資量
13. 이다라니무진보以多羅尼無盡寶
장엄법계실보전莊嚴法界實寶殿
14. 궁좌실제중도상窮坐實際中道床
구래부동명위불舊來不動名爲佛

법성게의 구조는 다음과 같습니다.

실상 — 1. 소증所證, 2. 능증能證

법   연기 — 소증 3. 능연기

소연기 — 4. 호상互相연기

차제次第연기 — 5. 세간연기

6. 출세간연기

법
성
게   7. 능증

증   8. 자증덕自證德

9. 이타덕利他德

10. 멸과滅果

행   수인修因——— 11. 계진契眞, 12. 진수進修,

13. 성덕成德

14. 극과極果

1. 실상의 소증

'법성원융무이상法性圓融無二相 제법부동본래적諸法不動本來寂'이라 했습니다. 법성은 원융하여 두 가지 모양이 없으니 실상 속에서 보면 제법은 본래 적적하다는 것입니다. '무명무상절일체無名無相絶一切' 그 자리는 이름도 없고 모양도 없어 일체가 끊어졌다는 것입니다. 실상의 소증을 설명하고 있습니다. 눈에 보이는 바깥에서는 파도가 치고 온갖 모습을 연출하지만 바다 깊이 들어가면 고요할 뿐입니다. 깊은 바다는 하나여서 두 가지 모양도 없고 고요할 뿐이며 이름도 명명할 필요가 없으며 모양도 의미가 없습니다. 오고 가는 이 없어 일체가 끊어진 상태입니다.

2. 실상의 능증

'증지소지비여경證智所知非餘境' 증지라야 아는 것이지 다른 경계가 아니라는 것입니다. 알고 보면 실상 그대로입니다. 실상의 능증을 설명한 것입니다. 실상이라 할 때 보통 중생들은 분별하여 6식 7식 8식으로 알며 증지證智는 부처님이 가지는 평등지입니다. 증證한 지智는 부처님이 가지는 것으로 보살들은 증한 지로 알지만 우리들이 아는 것과는 다릅니다. 증득한 지혜로 알 뿐이고 나머지 경계가 아닙니다. 이것은 실상에 대해서 능연과 소연을 논한 것입니다.

3. 연기 소증의 능연기

실상은 본체인데 연기에서는 소연과 능연으로 나누어집니다. 유식에서 능연은 8식, 소연은 5위 100법입니다. '진성심심극미묘眞性甚深極微妙' 진여의 성품은 매우 깊어서 미묘하다는 것입니다. 진성자리는 적적하여 움직임이 없습니다. 연기는 능연기로 진성자리는 깊고 깊어서 본래 미묘합니다. 이것은 기신론 연기와 같습니다. 유식연기에서는 망妄이 연기緣起를 하고 진성은 연기를 하지 않습니다. 대승에서는 이것에 진성이 연기한다고 합니다. 본성은 원성실성이지만 우리가 사는 자리는 의타기성으로 자성을 지키는 것이 아니고 연을 따라서 이루어지는 것입니다. '불수자성수연성不守自性隨緣成' 자성을 지키지 않고 연을 따라 성립한다는 것입니다. 자성은 본래 적적하지만 연기에서 적적에 머물지 않고 작용을 하여 움직임이 있는 곳으로 나오는 것입니다. 연기법에는 소증, 능증이 있는데 소증 가운데 능연기가 있고 소연기가 있습니다. 소연기는 능연기로 변해서, 즉 실상이 변해서 5위100법이 되는 것입니다.

4. 연기 소증의 소연기의 호상연기

소연기는 호상연기互相緣起와 차제연기次第緣起로 나눌 수 있습니다.

연기는 중론에서 이렇게 설명하고 있습니다. 실상자리가 움직이면 한편은 공간으로 퍼지고 한편은 시간입니다. 퍼진 물건끼리 서로 비교해 보면 이것이 있기 때문에 저것이 있습니다. 가루가 수백 개 수천 개 되지만 삼 단으로 된 수풀, 삼 단으로 된 짚단만 공간적으로 나가는 것입니다. 서로 의지하는 것을 호상연기라고 했습니다. 유식론에서도 호상연기가 나옵니다. 서로 맞대는 것은 공간적으로 사용하는 것입니다. 전념이 툭 꺼지고 후념이 나오듯이 종자가 생종자 할 때에 그것은 차제연기라고 합니다. 다시 말해서 호상연기는 공간적이고 차제연기는 시간적으로 구분해 놓은 것입니다.

법성게에서 호상연기의 이치를 설명하고 있습니다. '일중일체다중일一中一切多中一', '일즉일체다즉일一卽一切多卽一' 하나 가운데 모든 것이 들었으며 여러 개가 하나이네. 하나가 곧 일체이고 일체가 곧 하나라는 말입니다. '일미진중함시방一微塵中含十方' '일체진중역여시一切塵中亦如是' 먼지 하나에도 온 우주가 들어있고 모든 먼지가 역시 그러하다는 말입니다. 많은 가운데 하나 들었다는 것은 하나 속에 시방이 들었듯이 낱낱이 그렇게 되었다는 것입니다.

예를 들어서 파도와 물은 하나입니다. 파도가 천파만파 해도 하나 속에 들어 있습니다. 파도는 여러 개이지만 물은 하나로, 하나 가운데 들었듯이 물결마다 파도마다 물 아닌 것이 없습니다. 일체가 물 가운데 여러 가지 파동이 들었고 일중일체가 된 것입니다. 파도가 모두 물입니다. 다중일多中一, 일一에서는 하나를 이야기하는데 물을 이야기하는 것이며 다多라고 하는 것은 파도를 이야기하는 것입니다. 이것은 바로 하나 속에 다 들어있다는 것입니다. 물 가운데 많은 파도가 들었고 파도마다 모두 물이라고 할 때에 모두는 다 하나입니다. 하나 가운데 일체는 파도고 하나는 물이고 많은 가운데 많은 것도 물이고 파도도 낱낱이 물이지 다른 것이 아닙니다. 그러니까 하나가 곧 일체로 물이 파도고 파도가 물이라는 것입니다.

그 다음은 하나가 곧 일체로 시간연기적인 것이 공간으로 가는 것은 집단입니다. 이놈을 이렇게 하고 저놈을 저렇게 하듯이 수풀이 서로 의지하는 것은 하나가 곧 일체로 이것은 매우 복잡한 것입니다. 십행문에 가면 전유錢喩가 나옵니다. 돈 열 냥을 가지고 있는데 한 냥을 빼놓으면 열 냥이 안됩니다. 그렇지만 한 푼 한 푼 낱낱이 열 푼을 대표할 수도 있습니다. 그렇게 되는 것은 전유의 비유입니다. 예를 들어 우리나라 국민은 칠 천 만 명입니다. 한 사람 한사람이 한국을 대표할 수 있습니다. 그것이 민주주의로 누구든지 대통령이 될 수 있습니다.

5. 연기 소증의 소연기의 차제연기의 세간연기

차제연기는 시간적 관점에서 연기를 설명하는 것입니다. 무량원겁즉일념無量遠劫卽一念, 일념즉시무량겁一念卽是無量劫. '무량겁이 일념이고 일념이 곧 무량겁'이라고 했습니다. 시간적으로 보아 과거, 현재, 미래에서 과거와 현재가 관련되어 있는데 무엇이 현재인가 파악해 보아도 현재라는 것은 없습니다. 물체가 없는 것입니다. 관념이지 어떤 형상이 있는 것이 아닙니다. 현재라는 것은 시간적으로 있을 수가 없으며 단지 우리가 느낄 뿐 현재는 벌써 지나가 버려 파악할 수가 없습니다.

시간을 여러 가지로 벌려서 이무애, 사무애. 이사무애, 사사무애로 설명하고 있습니다.

무소득이라는 말은 실물이 손에 잡히는 것이 없다는 것입니다. 중생은 식심으로 갖는 것이지 실물은 없다는 것입니다. 천지만물을 따져보면 전부 다 그렇습니다. 허깨비일 뿐 알맹이가 들어 있는 것이 하나도 없다는 말입니다. 책상을 부수어 먼지를 내면 그 낱낱의 먼지 속에

책상이라고 할 아무 것도 없습니다. 나무도 마찬가지고 책상도 마찬가지로 그것은 이름만 있을 뿐입니다.

유가설아법에서 명언名言으로 설했다고 했습니다. 명언으로 설하는 것은 실물이 없다는 것입니다. 우리 몸도 마찬가지입니다. 과거에 익혔던 성질이 뭉쳐서 그 속에 무엇인가 들어있는 것 같지만 나라는 것은 없습니다. 나라는 것이 없으면 어떻게 됩니까? 그림자로 치면 그것은 변계소집성입니다. 생명을 모르니 생명의 본질에는 무엇인가 있는 것 같습니다. 즉 변계소집성은 그림자라는 말입니다. 법이라 할 때에 5위 100법 하든지 5위 1법 하든 간에 모든 것의 벌어진 것을 법이라고 했습니다.

'구세십세호상즉九世十世互相即' '잉불잡난격별성仍不雜亂隔別成' 구 세와 십 세가 서로서로 즉하였지만, 그래도 잡난하지 않고 격별히 성립함이로다 입니다. 일념은 앞에서 물결과 파동이야기를 했듯이 무량 겁은 긴 것을 얘기하는 것이고 일념은 짧은 것을 말합니다. 이왕 시간 속에 사니까 시간을 두고 얘기해 봅시다. 현재에서 지나온 것은 과거이며 아직 오지 않은 것은 미래입니다. 그러면 현재에도 과거, 현재, 미래가 있고 과거에도 현재, 과거, 미래가 있었을 것입니다. 또 미래에도 과거,

현재, 미래가 있어 그것을 구 세라고 하는데 삼삼은 구입니다. 그래서 과거 현재 미래가 구 세입니다. 구세를 꿰는 무엇인가 있을 것입니다. 염주를 꿰는 끈과 같이 삼세를 연결하는 무엇이 십 세입니다. 그러므로 구 세 십 세는 티끌과 티끌이 시간을 꿰뚫어 공간적으로 합하여 나타난 것이라 할 수 있습니다. 구세십세호상즉 해야만 그것이 과거가 현재가 될 수 있고 미래가 현재가 될 수 있다는 것입니다. 또 현재가 과거가 될 수 있고 미래가 될 수 있는 것을 관념상으로 알아봤는데 그것은 구세 십 세가 서로 붙어 있어서 그렇습니다. 또한 뒤집어 과거가 미래 될 수 없고 미래가 과거 될 수 없습니다. 그대로 과거 삼 세는 과거 삼 세이며 현재 삼 세는 현재 삼 세이고 미래 삼 세는 미래 삼 세란 말입니다. 구 세를 꿰뚫어 연결해 놓았는데 혼란스럽지 않고 끼리끼리 잘 나누어져 있더라는 것입니다. 일념즉시무량겁一念卽是無量劫 구세십세호상즉은 세간연기를 말하는 것입니다.

6. 연기 소증의 소연기의 차제연기의 출세간연기

다음은 출세간연기를 말합니다. '초발심시변정각初發心時便正覺' '생사열반상공화生死涅槃常共和' '초발심을 낼 때가 정각을 이루는 것이니, 생사와 열반이 항상 서로 어울림이로다' 입니다.

출세간연기는 세간연기의 모양과 다릅니다. 냄새도 다릅니다. 생사와 열반이 조화를 하며 또한 다르지 않다는 것입니다. 실상법에 있어서 여러 가지 법성, 연기, 무상 그런 내용을 진리로 정하여 나머지 경계에 드는 것을 부처님이 알고 보살이 안다는 것입니다. 그래서 이제 구 세 십 세가 되었지만 이런 법이 있는 줄 누가 알겠습니까? 아는 것을 증證이라고 합니다. 증자는 알아차리는 것으로 주관과 객관인 이理와 사事가 합한 것을 말하니까 알아듣는 사람을 말하는 것입니다. 부처님이 첫 번째로 알았다는 것입니다. 증이란 자기가 증한 것과 증한 것을 남한테 베푸는 것인데 물건을 임지자성任持自性하는 것이 있고 임지하는 동시에 궤생물해軌生物解하는 것이 있습니다. 대의적으로 부처님이 증지했습니다.
'이사명연무분별理事冥然無分別' '실상과 연기가 섞여 있어 분별이 없다'는 것입니다. 증하고 나니까 생사와 열반이 둘이 아닌 하나로 이와 사 즉 본질과 현상이 서로 섞여 불분명하니 분별할 필요가 없습니다.

7. 연기의 능증

연기의 능증에 해당하는 것이 이러한 경지로 '십불보현대인경十佛普賢大人境' '시방의 부처님과 보현의 경계이다.'입니다. 중생들은 듣고 보는 것을 자신의 업으로 경계를 만들지만 부처는 있는 그대로를 보는 것입니다.

8. 자증덕

'능인해인삼매중能仁海印三昧中' '번출여의부사의繁出如意不思議' '능인의 해인삼매중에 여의와 부사의를 번출함이로다.'입니다.

나름대로 증한 것이 있고 능인은 설한 것이라고 하니까 잉불잡난이 있어 잘못이 드러난 것입니다. 삼매 가운데 드러나는 것은 중생의 연기와 달라서 우리는 진여 연기속에 파묻혀 있지만 부처는 그것을 드러냈습니다. 그것을 입으로 몸으로 드러낸 것이 팔만대장경인데 번출한 것이라고 합니다. 가만히 앉아 있지를 못합니다. 속에서 그 기운이 북받쳐서 눈으로 입으로 나오는 것입니다. 번출한 것은 자전식하고 다르지만 그 많은 가운데 여의주 같은 것을 보배라고 합니다. 말하자면 중생을 이익되게 하는 것으로 꽉 차 있습니다. 팔만대장경을 깨친 경지에서 삼라만상은 그대로 드러나는 것입니다. 석가여래 부처님 입으로 설했다고 했습니다.

번출여의부사의는 대통령이 어디를 나가면 사진을 찍는데 사진 찍는 사람은 여럿이지만 대통령은 하나입니다.

9. 이타덕

'우보익생만허공雨寶益生滿虛空' '중생수기득이익衆生隨機得利益' '보배의 비를 내려 중생을 이익되게 하여 허공을 가득 채우니 중생의 그릇에 따라 이익을 얻음이로다' 입니다.

법화경에서 비는 똑같이 내리는데 큰 나무는 큰 나무대로 작은 나무는 작은 나무대로 중간 나무는 중간 나무대로 양에 차도록 맞습니다. 밥이 아무리 많아도 사람은 세 공기 이상 못 먹습니다. 사람들에게 망심이 생기는 것은 원성실성은 하나인데 모자란 것도 없고 남는 것도 없기때문입니다. 그것을 모르니까 여러 모양의 몸을 받는데 파리의 몸도 받았습니다. 파리의 몸을 받고 보니까 충만한 법성자리가 허전합니다. 못 깨치면 허전하여 밖에서 보태야 괜찮은 줄 압니다. 하느님과 똑같이 만드는 것을 몰랐기 때문에 에덴의 동산에 들어가서 선악과를 따 먹어야 인과가 나타나는 것을 압니다. 깨치지 못하면 저절로 허전해지니까 밖으로 물건을 탐하게 되고 탐하게 되면 괴로움이 생기는 것입니다. 하나로 보지 못하는 것을 불각이라고 했습니다. '중생수기득이익衆生隨機得利益'으로 몸은 살지만 불각이 여기에 가하면 밑자리가 씨가 됩니다. 씨라는 말은, 아는 것에 병이 든 것입니다. 아는 것이 병들었으니까 모른다는 것입니다. 치

痴도 모르는 것입니다. 불각이 치痴가 됩니다. 치가 되니까 큰 것은 잊어버리고 작은 것만 찾습니다. 사람은 사람대로 그 하나의 셈으로 하나를 모르는 것이 생긴 것입니다. 하나에 합하지 않으면 하나가 아닌 것이 생겨납니다. 하나에 합하면 부처인데 합하지 못하면 중생입니다. 하나를 모르는 것은 아뢰야식으로 하나를 합하지 못한 것입니다. 하나하고 다릅니다. 하나 아닌 것이 생겨서 하나가 아닌 것입니다. 합해서 하나가 되지 못한 것이 치痴가 되었습니다. 즉 치가 되니까 탐하게 됩니다. 치는 식이 아닙니다. 병으로 탐을 하는 것입니다. 안 되니까 탐을 하고 또 탐을 안 하면 증證이 되는 것입니다. 구지에 가서는 탐 진 치가 아니라 망이 되는 것입니다.

　부처님은 말씀을 하면 진언이 나옵니다. 망이 아닙니다. 망이 되면 거짓말이 나옵니다. 남한테 나가면 복되는 소리가 나옵니다. 우리는 깨치지 못해서 그렇게 하지 못합니다. 우리한테는 망이 되어 복음이 아닌 세 가지가 나옵니다. 첫째 양설, 혓바닥을 둘로 써먹는데 뱀이 혓바닥 내미는 것과 같습니다. 둘째 기어라는 것은 겉 다르고 속 다른 것으로 겉으로 비단처럼 번지르르하게 꾸미는 것입니다. 그래도 기어와 양설은 순경입니다. 더 심한 것은 욕이 나오고 악구가 나오는데 이것은 역경입니다. 구口에서는 망妄이 나오고 신身에서는 정情이 나오는 것입니다. 이것은 남녀 간에도 벌어지는 것입니다. 벌레도 숫놈 있고 암놈이 있어 새끼치고 가정을 가지는 데 희한한 일입니다.

10. 멸과

'시고행자환본제是故行者還本際''파식망상필부득叵息 妄想必不得' 이러한 연고로 행자가 본제에 환원함에 쉴 레야 쉴 수 없던 종전의 망상이 다시는 일어나지 않음이 로다 입니다.

불각인 상태에 있으면 앞에서 증하는 그것까지 하는 것을 뜻합니다. 우리가 눈을 뜨지 못해 안 보이는 것입 니다. 증을 알아 해인삼매에 들면 자기가 증해지는 것으 로 남에게도 득이 갑니다. 예를 들어서 전깃불이 환한 것은 자증득 때문입니다. 그것은 여러분이 눈 뜨고 밝 은 것을 보는 것입니다. 환한 전깃불은 자기대로, 또 촛 불이 자기대로 밝습니다. 밝은 것은 자증득이고 밝은 것 이 남한테 밝게 비춰 주는 것은 이타득利他得이라 그랬 습니다. 그러면 악한 사람은 악한 빛을 자증득으로 익혀 남에게 해독을 끼치게 됩니다.

문아명자면삼도聞我名者免三道라, 내 이름 듣는 이는 나쁜 고통 벗어나며, 견아행자득해탈見我行者得解脫이라, 내 모양 보는 이는 생사번뇌를 해탈합니다. 문아명자라 했을 때 밝은 촛불을 보는 것이 면삼도免三道이고, 견아행자라 했을 때 날 보는 사람, 듣는 사람은 해탈을 얻는다는 것입니다. 앞에서 능인해인삼매중能仁海印三昧中 번출여의부사의繁出如意不思議라 했습니다. 그렇게 해놓으니까 중생이 얻어 가지더라는 것입니다. 이타득리他得이 됐습니다. 이와 타는 마치 종지에 물 떠 놓으면 종지에 나쁜 것이 지고 사발에 물 떠 놓으면 사발도 그렇게 되는 것입니다. 중생의 수에 따라 물드는 것입니다. 중생들은 아직 부처님 덕을 못봤습니다. 스스로 눈을 떠야 하는데 언제나 꿈속입니다.

부처님의 덕을 언제 보느냐? 이것이 문제입니다. 밤에 악몽을 꿈니다. 호랑이가 달려들거나 또는 악귀나 도적놈이 와서 덮칩니다. 꿈속에선 아무리 도망가고 몸을 비틀어도 꼼짝을 안합니다. 밖에서 오는 핍박은 악입니다. 꿈을 깨면 같이 와서 면할 수 있습니다. 이것이 증에 가서는 부처님의 덕을 말합니다. 표에서는 멸과滅果라고 합니다. 고집멸도에서 고는 실과입니다. 나무 끝에 실과가 생기듯이 과거의 과가 고입니다. 과거의 그릇된 신구의身口意 삼업으로 고의 몸뚱이를 받게 됩니다. 그러니까 부처님이 소승한테 가르치는 것과 우리한테 가르치는 것이 달랐습니다. 소승은 약하니까 '너희들 봐라, 저 것이 무섭지 않느냐? 이것이 너희 몸에 붙어있는 온갖 고인 것이다.' 라고 고를 먼저 걸어 놓습니다. 고과를 파헤쳤는데 과거에 중국에서는 나쁜 이들이 온갖 것으로 저지해 놓아도 몸의 독기로 소도 잡아 먹었다는 것입니다. 그런 것이 모여 신구의 삼업으로 고가 됩니다. 무서운 고를 받는 것이 겁나서 공부를 하고 수행을 하여 선업을 보여 주고 고를 끊게 하는 것입니다.

그렇게 수행으로 출세간이 되어 열반이 됩니다. 부처님의 해인삼매 가운데 37조도품으로 닦아야 깨닫는다고 했습니다. 부처님은 재주가 있어 그렇게 가르쳤습니다. 부처님은 잠을 깨게 하는, 꿈꾸는 것은 없어도 된다고 했습니다. 멸이라 그랬는데 고를 먼저 보이고 과를 보입니다. 과는 인을 살펴 비추면 인과는 계도가 되는 것입니다. 그 과목을 멸과라 했습니다. 꿈을 깨고 18계를 벗어 놓으면 열반적정을 증했다고 하는 것입니다. 악몽을 꾸다가 꿈을 깨면 악몽은 없어집니다. 즉 멸과를 깨면 잠 밖으로 나오는 것으로 멸과를 토했다는 얘기입니다. 18계를 벗어나 본질에 돌아가면 망상으로 살 때 벗어날래야 벗어날 수 없고, 끊을래야 끊을 수 없던 망상을 가히 두 자로 쓰면 불가不可 파자叵字입니다. 여기서 불은 아닐 불不자가 아닙니다. 가히 쉴래야 쉴 수 없는 망상 그것을 깨고 나면 없어진다는 것입니다. 그 멸과를 깨달은 것을 표지라고 합니다. 또한 이것을 불가 파자不可叵字라고 합니다. 불가파자는 가히 쉴래야 쉴 수 없었던 망상을 깨고 나면 모두 없어져 흔적이 없습니다.

그 다음에 표했으므로 표했다고 하는 것이고 또 그 다음에 수인을 닦는 인을 했다는 것입니다. 악몽이 떠나면 중생이 고통 당한 체계가 싹 끊어진다는 것입니다. 싹 끊어진다는 소리는 거기서 인을 닦아야 하는 것입니다. 고를 면하려면 집을 끊어야 하는데 이것은 수인을 해석 한다고 표현합니다. 거기에 들어가려면 진에 계합해야 하며 진여 자리를 깨쳐야 합니다. 반연이 없는 선교방편 입니다.

11. 수인의 계진

'무연선교착여의無緣善巧着如意'는 무연으로 보는 그것을 깨치는 것입니다. 무연선교로 여의주를 딱 잡아야 됩니다. 이런 연고로 종전의 망상이 다시 일어나지 않게 됩니다. 그리고 무연선교로 여의는 본성을 깨친 것이 파자 叵字를 하는 것입니다. 파자를 해서 계진이 되므로 진에 계합하는 것입니다.

12. 수인의 진수

'귀가수분득자량歸家隨分得資糧' '진리의 세계로 돌아가면 분에 따라 자량을 얻는다'는 것입니다. 귀가하는 것은 진여의 세계로 돌아가는 것입니다. 귀진은 귀가에 첫걸음을 놓는 것입니다. 그때부터 차차 집으로 돌아가면서 분을 따라 자량을 얻는 것입니다. 이제 그대로 가면 저절로 수행이 됩니다. 이때부터는 진리에 어긋나지 않습니다.

그 다음 진수進修입니다. 법화경에 나오는 장자와 궁자의 비유에서 부잣집 아들이 거지 생활을 하면서 아버지 집에 올 때까지 육도를 윤회했습니다. 빌어먹는 거지가 되어 아버지의 집 대문으로 들어왔다고 그랬습니다. 그러니까 고향집 문 앞에서 기가 죽은 그때부터 망이 없는 줄 알고 대신 진이 있는 줄로 깼으니까 그때부터 하는 짓 마다 진과 계합한 행동이 나옵니다. 귀진歸眞한 다음에는 그저 뭉그러지거나 자빠지거나 늘 그 자리가 진보일 뿐 퇴보는 안됩니다. 진과 계합했으니까 시간이 갈 수록 좋은 것만 생겨서 진수라 합니다.

13. 수인의 성덕

'이다라니무진보以多羅尼無盡寶'

그 다음에 성득成得이라 그랬습니다. 성득에서 개진은 오가 되고, 진수는 소가 되고, 중이 서가 되어 차차 생기는 것 마다 계합하는 재주가 생깁니다.

'장엄법계실보전藏嚴法界實寶殿'이라, 계합하는 것은 다량의 무진보를 써서 특히 보전寶殿을 장엄하게 됩니다. 진수를 하면 저절로 성득이 되는 것입니다.

14. 극과

'궁좌실제중도상窮坐實際中道床 구래부동명위불舊來不動名爲佛이 마지막입니다.

부처를 이루어 과보가 다한 상태인 극과極果입니다.

실제로 궁좌는 마침내 중도의 자리에 앉았다는 것입니다. 중도는 본성이 아니므로 구래로 중생이 되어 어디로 가든 본래대로 가는 것입니다. 그래서 구래부동명위불舊來不動名爲佛이라, 구래로 이름을 부처라 한다는 것입니다. 신부초생이라. 이것은 마지막으로 집에 돌아가서 가만히 앉아 보니까 자기 몸이 태어났던 그 집이 바로 자기 몸이라는 것입니다. 자기 집에 들어와서 보니까 그전에 집을 나가 돌아다니는 동안의 모든 고통이 다 없어져버렸습니다. 처음으로 스스로 깨달아 알게 되니 지각기신知覺己身하니 본래 처음이고 끝이 없더라는 것입니다. 처음이고 끝이 없습니다.

042 부처님, 누구인가?

부처님

- 인간은 자신이 스스로 안식처이다. 다른 누가 있어 대신 안식처가 될 수 있겠는가?
- 인간은 스스로의 노력과 지혜를 통하여 굴레에서 벗어날 수 있는 힘을 가지고 있다.
- 부처님은 해탈과 열반에 이르는 길을 발견하고 보여줄 뿐.
- 모든 종교의 역사를 볼 때, 부처님이 허용한 것과 같은 사고의 자유는 그 어디에도 전례가 없다.

부처님은 스스로의 노력과 지혜를 통해 굴레에서 벗어날 수 있는 힘을 보여 줍니다. 해탈과 열반의 길을 보여주며 보리를 증득하여 깨달음의 길을 보여 줍니다. 종교의 역사를 살펴볼 때, 부처님께서 허용한 것과 같은 사고의 자유는 어디에도 없습니다.

불교는 약 2600년의 역사를 겪어 옵니다. 부처님 열반 이후 약 100년 동안은 부처님 당시의 가르침이 지속됩니다. 그 후 부파불교가 일어납니다. 부파불교가 약 4 - 5백 년 갑니다. 부파불교 후 대승불교가 오백 년 이루어집니다. 우리가 불교라고 인식하고 있는 대부분은 대승불교에서 나온 것입니다. 금강경, 묘법연화경, 화엄경, 반야경 등이 대승경전입니다. 부처님 초기의 불교와 대승불교 이후의 불교는 성격이 많이 달라집니다. 대승 이전에는 부처님은 성자 정도의 위치였으나 대승 이후는 부처님이 신격화됩니다. 부처님 사후 약 100년 후부터 부처님과 직접 관계가 없는 사람들로부터 불교가 종교적 특성을 가지고 부처님이 신격화되기 시작합니다. 그리고 대승불교에서 신격화가 완성됩니다. 그러나 연기와 유식은 종교적 관점과 전혀 상관없는 이야기입니다. 인간들이 어떻게 만들어졌고 어떻게 인식하고 대상과 관계를 어떻게 받아들이고 형성되는지 그 체제를 본 것입니다. 존재는 어떻게 생겼고 어떤 역학 관계를 가지고 있는지 본 것입니다. 종교적 내용이 없기 때문에 진리는 모두 같습니다. 2600년 전 부처나 2000년 전 예수나 지금 깨친 사람의 진리는 모두 같습니다. 우리는 지금까지 그 깨달음에 도달하기 위해서 어떻게 해야 하는지 공부했습니다. 이것은 대승이다 소승이다 하는 것과 아무 상관이 없습니다. 경전이 편찬되면서 부처님께서 말씀하신 내용들이 다듬어집니다. 그 다듬어진 내용에는 다듬은 사람들의 생각이 미치기 때문에 그것들을 보기 전에 원류를 공부했던 것입니다. 예를 들어 제가 지금 여러분에게 강의를 하면 나중에 배운 자신에게 인상 깊었던 부분을 중심으로 다른 사람들에게 이야기하거나 가르칠 것입니다. 그래서 시간이 지나면 한쪽으로 특화된 흐름이 생깁니다. 원류를 가지고 서로 다른 옷이 입혀지는 것입니다. 이런 과정을 거쳐 각 지역마다 다른 불교가 형성됩니다. 이러한 것이 부파불교 입니다. 부처님의 본래 말씀보다 많이 다듬어지고 각색된 내용이 전해지게 됩니다. 부처님의 인간적인 성스러움보다는 종교적인 성스러움이 강조되게 됩니다. 절대자, 신격화가 진행된 것입니다. 그래서 경전에 나오는 부처님은 신격화된 절대자의 모습이 많습니다.

석가모니 부처님에 대해 자세히 살펴봅시다. 이 세상에는 법칙을 발견한 사람이 많이 있습니다. 사소한 법칙의 발견이 인간들의 삶에 엄청난 영향을 미칩니다. 인간은 어떤 법칙을 발견하고 그 법칙을 토대로 물질적인 풍요를 이끌어왔습니다. 부처님이 발견한 법칙은 어떻게 살아야 할 것인가를 가르쳐 준 것입니다. 부처님의 위대함은 모든 실현과 성취가 인간적 노력과 지성의 결과에 있습니다. 부처님은 누구나 노력하면 부처가 될 수 있다는 것을 말씀하셨습니다. 종교, 종파의 지도자로 절대권위를 누린 것이 아니라 평등한 가르침을 펴신 것입니다. 부처님에 따르면 인간은 스스로가 안식처입니다. 불교는 다른 누군가의 문제가 아닙니다. 자기 자신의 문제입니다. 자기 자신이 좋아지면 모든 것이 좋아집니다. 불교는 신이나 뛰어난 스승에게 의지하지 않습니다. 중생들은 자신이 무조건 맞고 상대방은 틀리다는 착각을 합니다. 나 자신만 바꾸면 되는데 중생들은 자신이 옳다고 생각하고 자신을 바꾸려고 하지 않습니다. 상대방을 바꾸려고 합니다. 그러나 상대방도 자신이 옳다고 생각하기 때문에 바뀌지 않습니다. 그래서 자기 마음대로 되지 않으니 화가 나고 싸우게 됩니다. 화가 나는 가장 큰 이유는 나는 옳고 상대방은 틀린다는 생각 때문입니다. 우리는 화가 날 때 이것을 생각할 수 있어야 합니다. 이것이 되면 상대방을 객관적으로 이해할 수 있게 됩니다. 우리가 풀어야 할 모든 문제는 나 자신에게 있는 것입니다. 내가 바뀌면 세상이 바뀌게 되는 것입니다. 우리는 자신이 가진 것만큼 세상을 봅니다. 그래서 가진 것을 점점 진리, 부처로 바꾸어 가면 극락이 펼쳐지는 것입니다. 불교에서는 문제가 나에게 있지 대상과는 아무 관계가 없습니다.

그렇다면 불교가 어떻게 세상을 구할 수 있을까요? 본인이 잘 하면 모든 것을 구할 수 있습니다. 본인이 잘못하면서 대상에게 책임을 전가 시킵니다. 거기서 문제가 발생합니다. 인간에게는 스스로의 노력과 지혜를 통하여 굴레에서 벗어날 수 있는 힘이 있습니다. 스스로 깨칠 수 있어 삶의 행복을 가져 올 수 있다는 말입니다. 굴레는 바로 집착의 굴레입니다. 부처님은 해탈과 열반에 이르는 길을 발견하여 주었을 뿐입니다. 초기 불교에서는 종교적 신앙심이 없습니다. 앞에서 믿음이란 말을 쓰긴 했으나 부처님은 믿으라는 말씀을 하신 적이 없습니다. 본인이 알면 확신이 생기고 확신이 생기면 믿음이 자동적으로 생깁니다. 우리는 자신의 추측, 생각을 가지고 행동합니다. 부처님의 말씀은 '인간으로서 알아야 할 것을 바로 알아라.'는 것입니다. 자기 생각을 갖지 않고 있는 그대로로 보고 알면 모든 문제가 해결됩니다. 다른 종교의 역사를 보면 부처님께서 말씀하신 사고의 자유는 그 어디에도 없습니다. 이런 인간의 자유정신은 신의 은총, 절대자의 기적에 의해 이루어진 것이 아니라 스스로 진리의 실현을 이룸으로써 되는 것입니다. 부처님의 가르침의 출발은 '나의 있다, 없다'의 문제였습니다. 사람들은 육체가 있고 사고를 하므로 있다고 생각합니다. 사람들이 있다고 말하면 부처님께서는 있다는 것을 증명해보라고 합니다. 부처님께서는 제자들과의 문답을 통해서 안 이 비 설 신을 통해 내가 있다는 것을 인식한다고 말씀하십니다. 인식이라는 것이 본인 스스로에서 나온 것임을 말씀하신 것입니다. 여래란 말은 부처님께서 다른 부처를 지칭할 때 씁니다. 여래란 산스크리트어로 '진리에 다다른 사람', '진리를 발견한 사람'을 말합니다.

부처님께서 코살라 왕국의 케사부처님라는 작은 마을에 가신 적이 있습니다. 마을의 촌장이 부처님께 묻습니다. "부처님이시여, 예전에 어떤 수행자들과 브라만들이 이 마을을 방문한 적이 있었습니다. 그들은 자신들의 교의를 설명하고 가르치면서 다른 교리는 비난하고 멸시했습니다. 어떤 수행자나 브라만이 와도 똑같았습니다. 부처님이시여, 저희들은 수행자들과 브라만 가운데 누가 진리를 말하고 거짓을 말하는지 의심스럽고 혼란스럽습니다." 모든 수행자와 브라만이 자신만이 옳다고 하는데 누가 옳은지 모르겠다는 말이었습니다. 그러자 부처님께서는 다음과 같이 말씀하십니다. "그렇다. 당신들의 의심과 혼란은 당연하다. 의심이란 의심스러운 것에서 비롯되기 때문이다. 풍문이나 소문 같은 것에 현혹되지 말라. 종교의 성전의 권위든 단순한 논리나 추론이든 그럴 듯한 겉모습이나 공허한 논리의 기쁨이나 표면적인 가능성이나 그런 관념에 현혹되지 말라." 본인 스스로 알아 듣고 이해하고 판단하는 것이지 다른 사람의 말에 현혹되지 말라는 것입니다. 다른 사람의 말을 듣고 판단하지 말고 스스로 체험하고 판단하여 답을 내라는 것입니다. 부처님은 이어서 다음과 같이 말씀하십니다. "그러나 어떤 것이 건전하지 못하고 잘못되고 악한 것임을 확신한다면 그것을 버리도록 하라. 어떤 것이 선한 것이고 건전한 것임을 확신한다면 받아들이고 따르도록 하라." 내가 옳다고 생각한 것은 과감하게 따르고 내가 틀리다고 생각되면 과감하게 버리라는 말입니다. 옳다고 생각하면 실천하고 틀린다고 생각하면 버리는 것입니다. 우리의 삶은 거기서부터 바뀝니다. 하지만 오랜 세월 속에 쌓인 업들이 그렇게 하지 못하게 만듭니다. 그래서 우리는 버려야할 것임을 아는 데도 그렇게 하지 못합니다. 부처님의 말씀대로 틀린 것을 과감하게 버린다면 결국에는 내 속에 옳은 것만 쌓여갈 수밖에 없습니다. 내가 바르게 살면 죽고 난 뒤의 인과는 두려워할 필요가 없습니다.

아는 것은 명확하게 이해하고 통찰하는 것이지만 믿음이란 명확하게 이해하고 통찰했다는 것을 의미하지 않습니다. 사실 공부해서 진리를 알게 되면 그것으로 끝입니다. 하지만 그 진리를 체계적으로 알기 위해서 종교적 의식과 절차가 있습니다. 종교적 의식은 덮어 씌워진 것에 불과합니다. $x^2-x-6=0$ 의 답은 −2와 3입니다. 그런데 이 문제를 믿는다고 문제가 풀립니까? 풀리지 않습니다. 어떻게 풀리는지 알아야 풀립니다. 이와 같이 절대자나 신을 믿어도 우리 삶의 문제는 풀리지 않습니다. 하지만 우리는 대충 편의에 따라 있다거나 없다고 생각해버립니다. 절대자나 신도 그렇고 진리나 인과에 있어서도 마찬가지입니다. 믿는다는 것은 절대적으로 받드는 것이 아니라 내 생각 속에 자리 잡는 것입니다.

대충 있다고 생각하고 무턱대고 믿는 것은 지적인 태도라고 할 수 없습니다. 원리를 알고 문제를 해결할 수가 없습니다. 그러므로 연기의 법칙, 인과의 법칙과 같은 원리와 법칙을 알면 문제를 내 속에서 관조해볼 수 있습니다. 왜 이렇게 사는지 알 수가 있는 것입니다. 하지만 원리와 법칙을 모르면 내 삶은 황당함의 연속입니다. 어떻게 해야 할지, 왜 일어나는지 모릅니다.

부처님의 위대성은 가르침인 불교만 고집하지 않았습니다. 가르침의 다양성을 인정하였습니다.

나란다의 우팔리라는 니간타 나따부처님(자이나교)의 재가 신자가 있었습니다. 재가 신자란 출가하지 않고 종교를 후원하며 가르침을 따르는 사람입니다. 어느 날 우팔리가 부처님과 만나 업에 대해 논쟁을 하게 됩니다. 우팔리는 나따부처님에게 배웠던 내용이 잘못되었음을 알게 됩니다. 그 후 우팔리는 부처님께 재가신자로 받아달라고 합니다. 하지만 부처님께서는 우팔리와 같은 저명한 사람은 신중히 고려할 필요가 있다며 끝까지 거절합니다. 만약 우팔리가 부처님께 오면 우팔리에게 의지했던 나따부처님의 종파가 완전히 망하기 때문입니다.

우팔리의 이야기에 나온 부처님의 태도처럼 아소카왕도 그랬습니다. 아소카왕은 인도를 통일하고 불교 국가로 만든 사람입니다. 아소카왕은 불교 신자였지만 다른 종교를 탄압한 것이 아니라 그들을 존중해 주고 심지어 후원도 해주었습니다.

부처님의 말씀을 봅시다. '이름 가운데 무엇이 있는가?

우리가 장미라고 부르는 것이 다른 어떤 이름을 붙이더라
도 향기는 그대로이다.' 어떤 이름, 개념으로 설명하더라
도 그 진리 자체를 이해하면 된다는 것입니다. 장미를 국

부처님
- 이름 가운데 무엇이 있는가?
- 우리가 장미라 부르는 것에
- 다른 어떤 이름을 붙이더라도
- 향기는 그대로이다.

- 진리는 어떠한 명칭도 필요로 하지 않는다.
- 불교, 기독교, 힌두교, 이슬람도 또한 그렇다. 진리는 누구의 독점물일 수 없다.

화라 이름하더라도 장미향이 납니다. 이름을 다르게 붙여
도 아무 상관이 없다는 것입니다. 진리는 어떠한 명칭도
필요치 않습니다. 그리고 불교, 기독교, 이슬람교, 힌두
교든 진리는 누구의 독점물이 될 수 없습니다.
 믿음에 대한 의혹은 보지 못했을 때 일어납니다. 보면
의혹이 풀립니다. 부처님께서 다음과 같이 말씀하셨습
니다. '확실히 이해하라. 손바닥 안의 보석을 보듯이.'
손바닥 안에 무엇이 있는지 보듯이 확실하게 이해하라
는 것입니다. 가르침에 대한 진정한 이해가 중요한 것이

부처님

- 믿음에 대한 의혹은 보지 못했을 때 일어난다.
  보는 순간 믿음에 대한 의혹은 사라진다.
- 확실히 이해하라. 손바닥 안의 보석을 보듯이
- 붓다의 가르침의 핵심
- 와서- 보라.

지 믿음이 그 이해보다 중요하지 않습니다. 바로 부처님 가르침의 핵심은 와서 보고 알아라는 것입니다. 앞에서 틀린 것을 버리고 옳은 것은 받아들여야 한다고 했습니다. 중생들은 자신의 기득권을 죽어도 놓지 못합니다. 그래서 기존의 습을 바꾸기가 쉽지 않습니다. 옳은 것을 받아들이고 틀린 것을 버리는데 스스로와 타협하면 안 됩니다.

사성제에 대해 살펴봅시다. 사성제는 고집멸도입니다. 오늘은 고에 대해서만 알아보도록 하겠습니다. 사성제를 하기 전에 명백하게 이해해야 할 세 가지가 있습니다. 만족, 즐거움과 불이익, 손실과 비난, 벗어남에 대해 알아야 합니다. 어떤 것이 즐거움이고 불이익이며 무엇에서 벗어나야 자유로워지는지 알아야 합니다. 만족,

즐거움이란 상냥하고 매력적이고 아름다운 사람을 보면 그 사람을 좋아하게 되고 이끌리게 되고 그 사람을 보는 것이 즐거워집니다. 그 사람으로 인하여 내 속에서 즐거움과 만족이 일어나게 됩니다. 이것은 경험을 통해 알 수 있는 경험적 사실입니다. 불이익, 손실은 이와 반대입니다. 내게 즐거움을 주는 사람이 나를 떠나거나 나를 괴롭게 하는 것입니다. 즐거움, 만족, 불이익, 손실도 경험을 통해 알 수 있는 사실입니다. 우리가 그 만족과 불만족을 포기하면 그로부터 벗어나게 됩니다. 사성제의 고는 바로 이런 만족, 불만족에서 나옵니다.

부처님

- Dukkha, 고
- Dukkha-dukkha, 고고성
  일상적인 괴로움
- Viparinama-dukkha, 괴고성
  변화로 인하여 발생하는 괴로움
- Samkhara-dukkha, 행고성
  조건 지워진 상태에서의 괴로움

고에는 고고성인 일상적인 괴로움, 변화로 인하여 일어나는 괴고성인 괴로움, 조건된 상태에서 일어나는 행고성의 괴로움 등이 있습니다. 먹고 싶은데 먹지 못하는 일상적인 괴로움이 있습니다. 변화로 인하여 일어나는 괴로움은 무상으로 인한 것입니다. 실재하지 않는데 있다고 조건을 만듭니다. 무아에서 조건된 상태의 괴로움이 생깁니다. 부처님께서는 고고성, 괴고성, 행고성으

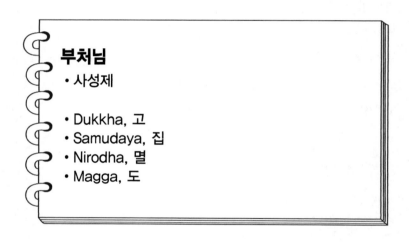

부처님
• 사성제

• Dukkha, 고
• Samudaya, 집
• Nirodha, 멸
• Magga, 도

로 모든 것은 고다 라고 설하신 것입니다.

 고에서 벗어나는 길이 있습니다. 바로 집Samudaya 에 의해서 가능하다는 것입니다. 집은 고가 발생하는 원인이 무엇인지를 아는 것입니다. 원인을 정확하게 알면 해결되는 것이 세상사 모든 문제입니다. 바로 집을 하면 고가 해결됩니다.

 멸 Nirodha 은 고가 해결된 상태입니다. 고가 해결되

어 낙이 됩니다. 낙이 극에 달한 상태가 극락이며, 열반인 것입니다.

멸에 도달하기 위한 방법론이 도Magga입니다. 멸에 이르기 위한 실천방법은 팔정도입니다. 이것이 부처님께서 우리에게 준 메시지이며, 교리체계이며, 깨달음에 이르는 길인 것입니다. 누구나 이 목적지에 다다를 수 있습니다.

이 유식이 잘 회향되었으면 좋겠습니다.
많은 중생에게 이로움이 있기를 부처님 전에 기원합니다.

회향

기다림은
만남은 전제로 하지 않아도 좋다.

그물에 걸리지 않는
바람처럼
인연이란
허공에 피는 허공 꽃일 뿐.

인연의 성숙으로
기다림이 필연적으로 만남이 될 뿐.

성취는
회향을 전제로 하지 않아도 좋다.

욕망에 걸리지 않는
지혜처럼
인과는
우주에 피는 우주 꽃일 뿐.
인과의 결정으로
성취는 필연적으로 회향되는 것.

그리움은
교감을 전제로 하지 않아도 좋다.

모양과 모습에 걸리지 않는
허공처럼
애정은
자비를 향한 몸부림일 뿐
지혜의 성숙으로
그리움은 그냥 부처와 만나게 될 뿐.

부 록

유식 30송

유식 1송

유가설아법 由假說我法　　　　유종종상전 有種種相轉

피의식소변 彼依識所變　　　　차능변유삼 此能變唯三

허망된 것에 의거해서 자아와 법이 있다고 말하니, 자아와 법의 갖가지 모습들이 생겨난다. 그것들의 식이 전변된 것에 의지한다. 이 능변식能變識은 오직 세 종류이다.

유식 2송

위이숙사량 謂異熟思量　　　　급료별경식 及了別境識

초아뢰야식 初阿賴耶識　　　　이숙일체종 異熟一切種

이숙식異熟識과 사량식思量識 및 요별경식了別境識을 말한다. 첫 번째 능변식은 아뢰야식이고 이숙식이며, 일체 종자식이다.

유식 3송

불가지집수 不可知執受　　　　처료상여촉 處了常與觸

작의수상사 作意受想思　　　　상응유사수 相應唯捨受

집수執受와 기세간과 요별작용을 감지하기 어렵다. 항상 촉觸, 작의作意, 수受, 상想, 사思의 심소心所와 상응한다. 오직 사수捨受이다.

유식 4송

시무부무기 是無覆無記　　　촉등역여시 觸等亦如是
항전여폭류 恒轉如瀑流　　　아라한위사 阿羅漢位捨

이것은 무부무기성이니 촉 등도 역시 그러하다. 항상 유전流轉하는 것
이 폭포수와 같다. 아라한 위에서 버려져 없어진다.

유식 5송

차제이능변 次第二能變　　　시식명말나 是識名末那
의피전연피 依彼轉緣彼　　　사량위성상 思量爲性相

다음은 제 2능변이다. 이 식은 마나식이라고 이름하니 그것(야뢰아식)
에 의지해서 유전하고 그것을 반연한다. 사량하는 것은 자성과 행상行
相으로 삼는다.

유식 6송

사번뇌상구 四煩惱常俱　　　위아치아견 謂我癡我見
병아만아애 并我慢我愛　　　급여촉등구 及餘觸等俱

네 가지 번뇌와 항상 함께하니 곧 아치와 아견과 아울러 아만과 아애이
다. 또한 다른 촉 등과도 함께 한다.

유식 7송

유부무기섭 有覆無記攝　　　수소생소계 隨所生所繫
아라한멸정 阿羅漢滅定　　　출세도무유 出世道無有

유부무기에 포섭된다. 생겨난 것에 따라서 매인다. 아라한과 멸진정과
출세도에서는 마나식이 존재하지 않는다.

유식 8송

차제삼능변 次第三能變　　　차별유육종 差別有六種

료경위성상 了境爲性相　　　　　선불선구비 善不善俱非

다음 제3능변은 구별하면 여섯 종류가 있으니 대상을 요별하는 것을 자성과 행상으로 삼는다. 삼성의 성품은 선과 불선과 무기이다.

유식 9송

차심소편행 此心所遍行　　　　　별경선번뇌 別境善煩惱

수번뇌부정 隨煩惱不定　　　　　계삼수상응 계三受相應

이것의 심소는 변행. 별경, 선, 번뇌. 수번뇌, 부정의 심소이다. 모두 세가지 감수작용과 상응한다.

유식 10송

초변행촉등 初遍行觸等　　　　　차별경위욕 次別境謂欲

승해념정혜 勝解念定慧　　　　　소연사부동 所緣事不同

처음의 변행심소는 촉 등이다. 다음의 별경심소는 욕구, 승해, 기억, 집중, 혜의 심소이니, 인식대상의 자체가 같지 않다.

유식 11송

선위신참괴 善謂信慚愧　　　　　무탐등삼근 無貪等三根

근안불방일 勤安不放逸　　　　　행사급불해 行捨及不害

선심소는 믿음, 참, 괴와 무탐 등 세 가지 선근과 정진, 경안, 불방일과 행사 및 불해이다.

유식 12송

번뇌위탐진 煩惱謂貪瞋　　　　　치만의악견 癡慢疑惡見

수번뇌위분 隨煩惱謂忿　　　　　한부뇌질간 恨覆惱嫉慳

번뇌심소는 탐욕, 성냄, 어리석음, 거만, 의심, 악견이다. 수번뇌심소는 분노, 고뇌, 질투, 인색과

유식 13송

광첨여해교 誑諂與害憍   무참급무괴 無慚及無愧
도거여혼침 掉舉與惛沈   불신병해태 不信并懈怠

속임, 아첨과 해, 방자함, 무참과 무괴, 들뜸과 혼침, 불신 아울러 게
으름

유식 14송

방일급실념 放逸及失念   산란부정지 散亂不正知부정위
회면 不定謂悔眠   심사이각이 尋伺二各二

방일 및 실념 산란, 부정지이다. 부정심소는 뉘우침, 수면, 심구, 사찰이
니 둘에 각각 둘이 있다.

유식 15송

의지근본식 依止根本識   오식수연현 五識隨緣現
혹구혹불구 或俱或不俱   여도파의수 如濤波依水

근본식이 의지하나니 오식은 연에 따라 일어난다. 어느 때는 함께하고
어느 때는 함께 하지 않나니 파도가 물에 의지하는 것과 같다.

유식 16송

의식상현기 意識常現起   제생무상천 除生無想天
급무심이정 及無心二定   수면여민절 睡眠與悶絕

의식은 항상 일어난다. 무상천에 태어나는 것 및 무심의 두 선정과 잠
잘 때와 기절했을 때는 제외된다.

유식 17송

시제식전변 是諸識轉變   분별소분별 分別所分別
유차피개무 由此彼皆無   고일체유식 故一切唯識

이 모든 식이 전변하여 분별(견분)과 분별되는 것(상분)이다. 이것에 의지하여 그것(실아실법)은 모두 존재하지 않는다. 따라서 일체는 오직 식뿐이다.

유식 18송

유일체종식 由一切種識   여시여시변 如是如是變
이전전력고 以展轉力故   피피분별생 彼彼分別生

일체 종자식이 이렇게 전변함에 의거해서 전전하는 세력 때문에 그들 분별이 생겨난다.

유식 19송

유제업습기 由諸業習氣   이취습기구 二取習氣俱
전이숙기진 前異熟旣盡   부생여이숙 復生餘異熟

모든 업의 습기와 이취의 습기와 함께 함으로써 이전의 이숙식이 이미 멸하면 다시 다른 이숙식을 생겨나게 한다.

유식 20송

유피피변계 由彼彼遍計   편계종종물 遍計種種物
편계소집 此遍計所執   자성무소유 自性無所有

그들 두루 계탁함에 의해서 갖가지 사물을 두루 계탁한다. 이 변계소집의 자성은 실재하지 않는다.

유식 21송

의타기자성 依他起自性   분별연소생 分別緣所生
원성실어피 圓成實於彼   상원리전성 常遠離前性

의타기자성의 분별은 연에서 생겨난 것이다. 원성실자성은 그것에 있어서 항상 앞의 것을 멀리 떠난 자성이다.

유식 22송

고차여의타 故此與依他   비이비불이 非異非不異
여무상등성 如無常等性   비불견차피 非不見此彼

그러므로 이것은 의타기자성과 다른 것도 아니고 다르지 않은 것도 아니다. 무상 등의 성품과 같은 것이다. 이것(원성실성)을 보지 않고서는 그것(의타기성)은 보이지 않는다.

유식 23송

즉의차삼성 卽依此三性   입피삼무성 立彼三無性
고불밀의설 故佛密意說   일체법무성 一切法無性

곧 이 세 가지 자성에 의거해서 그 세 가지 무자성을 건립한다. 그러므로 부처님께서 밀의로써 모든 법은 자성이 없다고 말씀하셨다.

유식 24송

초즉상무성 初卽相無性   차무자연성 此無自然性
후유원리전 後由遠離前   소집아법성 所執我法性

처음의 것(변계소집성)에서는 곧 상무자성을 말하고 다음의 것(의타기성)에서는 무자연성을 말한다. 나중의 것(원성실성)에서는 앞(변계소집성)에서의 집착된 자아와 법을 멀리 떠난 것에 의거하는 자성을 말한다.

유식 25송

차제법승의 此諸法勝義   역즉시진여 亦卽是眞如
상여기성고 常如其性故   즉유식실성 卽唯識實性

이것은 모든 법의 승의이며 또한 곧 진여이다. 상주하고 평등한 것이면서 그것의 자성이기 때문에 곧 유식의 참다운 성품이다.

유식 26송

| 내지미기식 乃至未起識 | 구주유식성 求住唯識性 |
| 어이취수면 於二取隨眠 | 유미능복멸 猶未能伏滅 |

이에 식을 일으켜서 유식의 성품에 안주하기를 구하지 않는데 이르기까지는 이취의 수면에 대해서 아직 조복하고 단멸할 수 없다.

유식 27송

| 현전립소물 現前立少物 | 위시유식성 謂是唯識性 |
| 이유소득고 以有所得故 | 비실주유식 非實住唯識 |

현전에 작은 사물을 건립하여 유식의 성품이라고 말하면 얻은 바가 있기 때문에 진실로 유식의 성품에 안주하는 것이 아니다.

유식 28송

| 약시어소연 若時於所緣 | 지도무소득 智都無所得 |
| 이시주유식 爾時住唯識 | 리이취상고 離二取相故 |

어느 때에 인식대상에 대해서 지혜가 전혀 얻는 바가 없게 된다. 그 때에 유식의 성품에 안주하니 이취의 모습을 떠났기 때문이다.

유식 29송

| 무득불사의 無得不思議 | 시출세간지 是出世間智 |
| 사이추중고 捨二麤重故 | 변증득전의 便證得轉依 |

얻은 바가 없고 사량 분별할 수 없으며 이는 출세간의 지혜이다. 두 가지 추중을 버리기 때문에 문득 전의를 증득한다.

유식 30송

| 차즉무루계 此卽無漏界 | 불사의선상 不思議善常 |
| 안락해탈신 安樂解脫身 | 대모니명법 大牟尼名法 |

이것(보리와 열반)은 곧 무루의 세계이고 생각으로 헤아릴 수 없으며, 선이고, 상주하는 것이며, 안락하고, 해탈신이며, 대모니이니, 이를 법신이라 이름 한다.

제8식 이숙능변異熟能變

1. 삼상문三相門
2. 소연행상문所緣行相門
3. 심소상응문心所相應門
4. 오수상응문五受相應門
5. 삼성분별문三性分別門
6. 심소예동문心所例同門
7. 인과비유문因果譬喩門
8. 복단위차문伏斷位次門

제7식 사량능변思量能變

1. 거체출명문擧體出名門
2. 소의문所依門
3. 소연문所緣門
4. 자성행상문自性行相門
5. 심소상응문心所相應門
6. 삼성분별문三性分別門
7. 계계분별문界繫分別門
8. 기멸분위문起滅分位門

제6식 요경능변了境能變

1. 능변차별문能變差別門
2. 자성행상문自性行相門
3. 삼성분별문三性分別門
4. 상응수구문相應受俱門
5. 소의문所依門
6. 구불구전문俱不俱轉門
7. 기멸분위문起滅分位門

유식 30송 조직과 구조

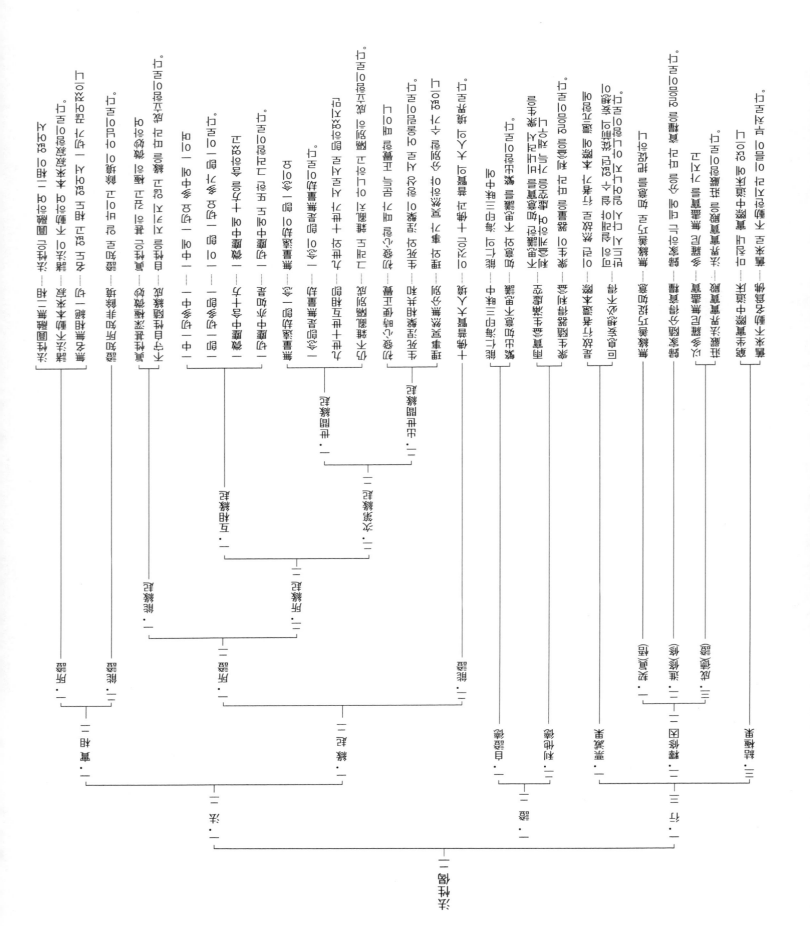

유식학 용어계통